HISTOIRE

POLITIQUE ET DIPLOMATIQUE

DE

PIERRE-PAUL RUBENS

Par M. GACHARD

DE L'ACADÉMIE ET DE LA COMMISSION ROYALE D'HISTOIRE DE BELGIQUE
CORRESPONDANT DE L'INSTITUT
DES ACADÉMIES DE VIENNE, MUNICH, MADRID, AMSTERDAM, BUDE-PESTH, ETC.

BRUXELLES

OFFICE DE PUBLICITÉ

46, RUE DE LA MADELEINE, 46

1877

HISTOIRE

POLITIQUE ET DIPLOMATIQUE

DE

PIERRE-PAUL RUBENS

Bruxelles. — Imprimerie de A.-N. Lebègue et Cie, 6, rue Terarken.

HISTOIRE

POLITIQUE ET DIPLOMATIQUE

DE

PIERRE-PAUL RUBENS

Par M. GACHARD

DE L'ACADÉMIE ET DE LA COMMISSION ROYALE D'HISTOIRE DE BELGIQUE
CORRESPONDANT DE L'INSTITUT
DES ACADÉMIES DE VIENNE, MUNICH, MADRID, AMSTERDAM, BUDE-PESTH, ETC.

BRUXELLES

OFFICE DE PUBLICITÉ

46, RUE DE LA MADELEINE, 46

1877

PRÉFACE.

I

On a longtemps ignoré la part que Rubens prit aux affaires publiques.

Michel, dont le livre (¹) a servi de guide à ceux qui ont écrit après lui, parlait, à la vérité, des voyages que le grand peintre avait faits, pour le service de l'État, en Hollande, en Espagne, en Angleterre : mais, dans le peu de

(1) *Histoire de la vie de Rubens, illustrée d'anecdotes qui n'ont jamais paru au public*, etc.; dédiée au duc Charles-Alexandre de Lorraine. Bruxelles, 1771. In-8°.

chose qu'il en disait, il y avait presque autant d'erreurs que de mots.

J'eus le bonheur, l'un des premiers, — il y a de cela quelque quarante ans — en parcourant, aux Archives des Affaires étrangères de France, les correspondances des envoyés de Louis XIII à Bruxelles, à la Haye, à Londres, d'y trouver, sur les missions diplomatiques qui furent confiées à Rubens, des renseignements plus authentiques que ceux dont on avait été en possession jusqu'alors. Je me fis un devoir de les livrer à la publicité (1).

D'importantes séries de pièces concernant la vie politique de l'illustre chef de l'école flamande ont vu le jour depuis ce temps-là.

M. Noël Sainsbury a fait paraître, à Londres, en 1859, une collection considérable de lettres et de documents divers tirés du *State paper Office*, entre lesquels il en est beaucoup qui regardent les négociations dont Rubens s'entremit (2).

---

(1) Voir, dans les *Bulletins* de la Commission royale d'histoire de Belgique, t. III, p. 36-39, la lettre que j'écrivis, de Paris, le 11 décembre 1839, à cette Commission, et, dans le *Trésor national*, année 1842, mes *Particularités et documents inédits sur Rubens*.

(2) *Original unpublished Papers illustrative of the life of sir Peter Paul Rubens, as an artist and a diplomatist, preserved in H. M. State paper Office*, etc. London, Bradbury et Evans. In-8° de 391 pages.

PRÉFACE

Le livre de M. Sainsbury, très-curieux à tous les points de vue, l'est spécialement par rapport à la correspondance que le peintre anversois eut, en 1627 et 1628, avec Balthasar Gerbier, peintre aussi et confident du duc de Buckingham, correspondance à la suite de laquelle Rubens fut appelé à la cour d'Espagne ([1]).

Sous le titre un peu hasardé de *Rubens diplomático español* ([2]), M. Cruzada Villaamil a mis en lumière, à Madrid, il y a trois ans, dix-huit dépêches adressées, de Londres, dans les mois de juillet, d'août et de septembre 1629, par l'éminent artiste, devenu l'envoyé de Philippe IV, au comte duc d'Olivarès, premier ministre et favori de ce monarque; il les a fait précéder de plusieurs lettres, des deux années antérieures, relatives aux préliminaires de la négociation avec l'Angleterre.

J'avais pris copie, aux Archives de Simancas, en 1843, de ces dépêches de Rubens ([3]). Je ne

---

(1) Chose singulière! C'est sur les négociations de Rubens à Londres que le livre de M. Sainsbury fournit le moins de renseignements.

(2) *Rubens diplomático español. Sus viajes á España, y Noticia de sus cuadros, segun los inventarios de las casas reales de Austria y de Borbon.* Madrid, Cárlos Bailly-Baillieri. In-12.

(3) Voy., dans le tome Ier de la *Correspondance de Philippe II sur*

crus pas devoir les publier alors, parce qu'elles ne formaient qu'une partie de sa correspondance avec Olivares (¹), — celle que le premier ministre avait jugé à propos de communiquer au conseil d'État — et qu'aucune des réponses d'Olivares n'y était jointe. Je ne désespérais pas qu'on ne parvînt à découvrir les lettres qui manquaient (²).

Vingt années plus tard je trouvai, aux Archives impériales, à Vienne, quatre dépêches de Rubens que je n'avais pas vues à Simancas (³).

---

les affaires des Pays-Bas, publié en 1848, mon rapport à M. le comte de Theux, ministre de l'intérieur, p. XXXIII.

M. Villaamil n'est donc pas fondé à dire, comme il le dit dans sa préface (p. 10), qu'avant lui personne n'avait examiné ces dépêches.

(1) Ce ne sont même que des copies : Olivares avait gardé pour lui les originaux.

(2) En 1865 le gouvernement belge chargea la légation royale à Madrid de s'enquérir de ce qu'étaient devenus les papiers du fameux *privado* de Philippe IV : malheureusement, malgré tous les soins que se donna M. le comte Auguste Van der Straten Ponthoz, qui à cette époque était en Espagne le représentant de notre pays, il ne put obtenir là-dessus que des renseignements vagues.

Dans un mémoire étendu sur les archives d'Espagne rédigé en 1726 par D. Santiago Agustin Riol, et qui est inséré au *Semanario erúdito*, t. III, pp. 76-234, on lit qu'à la mort d'Olivares Philippe IV ordonna à l'alcade de cour de se transporter chez la duchesse de San Lucar, sa veuve, d'y prendre tous les papiers qui ne concernaient pas les droits et propriétés de sa maison, et de les délivrer à don Luis de Haro.

Où auront-ils passé depuis ?

(3) Elles ne figurent pas non plus dans le livre de M. Villaamil. Les copies en furent envoyées à la cour impériale par le cabinet de Madrid, ainsi qu'on le verra dans le chapitre VI de cette Histoire.

Ces dépêches, datées du 30 juin et du 2 juillet, à Londres, offraient un intérêt capital en ce qu'elles faisaient connaître les points sur lesquels, dans ses premières démarches, le peintre diplomate s'était mis d'accord avec le roi Charles et ses ministres.

Une bonne fortune inespérée vint, quelque temps après, accroître encore ma collection de documents.

Occupé d'études sérieuses sur la guerre de trente ans (¹), M. le comte de Villermont envoya quelqu'un à Simancas pour explorer, dans l'intérêt des travaux qu'il avait entrepris, le riche dépôt des Archives de la couronne de Castille. Les recherches auxquelles s'y livra son mandataire lui firent rencontrer des pièces relatives à Rubens qui m'avaient échappé en 1843, étant rangées dans des liasses où je n'aurais pas soupçonné leur existence : il copia les unes et prit note des autres. A son retour, M. de

---

(1) M. de Villermont a publié, en 1860, *Tilly ou la guerre de trente ans, de 1618 à 1632*, deux volumes in-8°, et en 1865-1866 *Ernest de Mansfeldt*, aussi en deux volumes in-8°.

Ces deux ouvrages peuvent être cités parmi les meilleures productions historiques qui ont vu le jour en Belgique dans les vingt dernières années.

Villermont voulut bien me gratifier de cette partie du butin historique qu'il avait rapporté.

Lorsque, à la fin de l'année passée, je me mis à classer et à coordonner mes matériaux pour écrire cette Histoire, l'idée me vint qu'il ne serait pas impossible que, dans les Archives de Simancas, on fît encore des découvertes au sujet de Rubens : j'écrivis à l'honorable directeur de ce dépôt, don Francisco Diaz, et ma démarche fut appuyée, auprès du ministère de *fomento*, auquel les archives ressortissent, par la légation belge à Madrid. M. Diaz mît la plus grande complaisance à seconder mes désirs; il examina beaucoup de liasses de papiers de la Secrétairerie d'État. Ses investigations ne furent pas vaines : il put m'envoyer un certain nombre de documents que je ne possédais pas; plusieurs lettres de Rubens en faisaient partie.

II

Dans l'hiver de 1867 à 1868 je visitai les grands dépôts d'archives et les bibliothèques principales d'Italie.

Quelques années auparavant, M. le comte Greppi, aujourd'hui ministre de S. M. le roi Victor-Emmanuel à Madrid, avait eu la bonté d'extraire, des Archives royales de Turin, pour les mettre à ma disposition, les dépêches du secrétaire Lorenzo Barozzi, qui remplissait la charge de résident du duc de Savoie en Angleterre lorsque Rubens y arriva.

A Venise, dans le grand dépôt des *Frari*, les correspondances des ambassadeurs de la république me fournirent, sur le séjour de Rubens à Madrid et à Londres, d'intéressantes informations.

Je consultai, à Rome, les dépêches de Gio. Batt' Pamphili et de Cesare Monti, qui, en 1628 et 1629, furent successivement chargés de la nonciature d'Espagne : ces dépêches appartiennent aux collections diplomatiques que renferme la bibliothèque des princes Barberini. Dans un des manuscrits de la Minerve je découvris une lettre notable adressée par Rubens à l'infante Isabelle, pendant qu'il était à Paris, en 1625.

Je m'étais flatté de rencontrer, à Gênes, les papiers d'Ambroise Spinola. Rubens eut des relations suivies avec ce célèbre capitaine, « l'un des

» plus grands amis et patrons qu'il eût eus au
» monde (¹). » Nous savons qu'il possédait une
centaine de lettres de Spinola (²), et sans doute il
lui en avait écrit pour le moins autant. Que de
choses sur la vie, les sentiments, les aspirations
du chef immortel de l'école flamande cette correspondance ne nous eût-elle pas apprises! Aussi
fut-ce avec un véritable chagrin que je me vis
déçu dans mon espoir : aucun des archivistes, des
bibliothécaires auxquels j'eus recours ne sut me
dire où pouvaient être les papiers d'Ambroise
Spinola, ni même s'ils existaient encore.

En résumé, mon voyage d'Italie, s'il n'ajouta pas
beaucoup aux matériaux que j'avais amassés
pour l'histoire politique de Rubens, eut pourtant
des résultats dont j'eus à m'applaudir.

Les documents que je recueillis alors se sont
tout récemment augmentés, grâce à l'obligeance
de M. le commandeur Cecchetti, surintendant
des Archives d'État de Venise, de plusieurs dépêches des ambassadeurs de la république qui
m'ont été d'un grand secours pour l'éclaircisse-

---

(1) Lettre de Rubens à Pierre du Puy, écrite d'Anvers, en 1630. (*Bulletins de la Commission royale d'histoire de Belgique*, t. II, p. 191.)
(2) *Ibid.*

ment des démarches que fit Rubens, en 1632, 1633 et 1635, au sujet du renouvellement de la trêve avec les Provinces-Unies.

III

Sur ces démarches de Rubens, sur la part qu'il eut aux négociations plus ou moins secrètes de la cour de Bruxelles avec les princes Maurice et Frédéric-Henri de Nassau, j'avais pensé que les Archives de la Haye nous révéleraient bien des faits ignorés.

Je n'ai pas hésité à m'adresser à M. le général Mansfeldt, sous la direction duquel sont placées les Archives particulières de la maison d'Orange, et à mon honorable collègue aux Archives du royaume des Pays-Bas, M. Van den Bergh.

A mon grand désappointement, les recherches que M. le général Mansfeldt et M. Van den Bergh ont bien voulu faire faire dans les dépôts commis à leurs soins sont restées sans fruit.

J'avais aussi appelé l'attention de M. Van den Bergh sur la correspondance de l'ambassadeur des Provinces-Unies à Londres à l'époque où Rubens y séjourna. Il a eu la complaisance de la compulser, et il m'en a envoyé des extraits qui contiennent des particularités curieuses.

A la Bibliothèque royale de la Haye, dans le fonds Gérard, est un Recueil de lettres de Rubens, les unes en original, les autres en copie (¹); M. Campbell, directeur de cet établissement, m'en a gracieusement donné communication. Les lettres qui s'y trouvent sont étrangères à la politique; je leur ai toutefois fait quelques emprunts. Le même Recueil renferme un acte remarquable par sa singularité : c'est une ordonnance de l'infante Isabelle qui assigne à Rubens un traitement sur la caisse de la citadelle d'Anvers. On ne se serait guère attendu à voir le grand peintre inscrit sur la liste des gratifications militaires.

IV

Ayant interrogé sur Rubens les archives étrangères, on peut bien croire que je n'ai pas négligé de consulter celles que la Belgique possède.

Il faut que je le dise tout d'abord : une lacune

---

(1) Il est intitulé, de la main de Gérard : *Recueil des lettres du célèbre peintre Rubens à messieurs Pereysc et Valavez, et copies de lettres de Rubens à Gevartius et autres.* Il est marqué A 132.

des plus regrettables se fait remarquer dans nos Archives nationales; c'est vainement qu'on y cherche la correspondance de Rubens avec l'infante Isabelle et le secrétaire d'État Pedro de San Juan, le ministre de confiance de la princesse. Or, une seule observation fera comprendre l'intérêt que devait offrir cette correspondance : Rubens avait un chiffre particulier pour écrire librement et sûrement au secrétaire d'État [1].

Que seront devenues les lettres de Rubens à l'infante et à Pedro de San Juan, ainsi que les réponses de l'une et de l'autre? J'ai tenté sans succès de le découvrir. La conjecture qui me paraisse la plus vraisemblable est que le secrétaire d'État se sera attribué le droit de les garder, comme étant essentiellement confidentielles [2], qu'après lui elles auront passé à sa famille, et que dans la suite du temps elles auront péri comme tant d'autres papiers d'État qui n'ont pas été placés dans des dépôts publics.

---

[1] Lettre de l'infante Isabelle à Philippe IV du 9 septembre 1630. (*Correspondance*, t. XXVI, fol. 192.)

[2] Pedro de San Juan cessa ses fonctions de secrétaire d'État à la mort d'Isabelle; mais il continua de demeurer à Bruxelles, où il mourut dans l'été de 1647, laissant plusieurs enfants.

Heureusement que les Archives de Bruxelles conservent, dans son intégrité, la correspondance de l'infante Isabelle avec Philippe IV, où sont mises en une pleine évidence la politique et les vues de la cour de Madrid dans les affaires auxquelles Rubens fut employé, et où l'on trouve aussi, sur le rôle qu'il y joua, des indications certaines.

J'ai parcouru, d'un bout à l'autre, les vingt-deux volumes dont cette correspondance se compose (1). Si la tâche a été laborieuse, j'ai, comme on le verra, trouvé la récompense du travail qu'elle m'a coûté dans les résultats qu'il a eus.

Bien d'autres séries de pièces appartenant aux Archives du royaume de Belgique m'ont passé par les mains : je crois inutile de les citer ici.

Un manuscrit de la Bibliothèque royale, renfermant les dépêches adressées à Philippe IV par le marquis d'Aytona, qui, au mois de décembre 1629, vint remplacer à Bruxelles le

---

(1) Ils font partie du fonds de la Secrétairerie d'État espagnole, et portent les n°° XI-XXXII.
Les n°° I-X concernent la correspondance de l'archiduc Albert avec Philippe III et Philippe IV.

cardinal de la Cueva en qualité d'ambassadeur du roi auprès de l'infante Isabelle, m'a fourni de précieux renseignements sur les circonstances dont fut accompagnée la retraite de Marie de Médicis aux Pays-Bas, et sur la mission dont Rubens fut chargé auprès de la reine mère de France.

V

Le lecteur a sous les yeux l'énumération des documents qui ont servi à composer l'*Histoire politique et diplomatique de Rubens*.

Il peut juger si j'ai épargné quelque peine pour la rendre aussi exacte, aussi complète qu'il était possible.

Le sujet, je ne me le dissimule pas, aurait exigé une plume plus habile : j'ose espérer cependant qu'on me saura quelque gré d'avoir entrepris, malgré mon insuffisance, de montrer, sous un aspect nouveau, le génie merveilleux dont la ville d'Anvers s'apprête à célébrer le trois centième anniversaire.

Personne, j'en suis convaincu, ne contestera, après avoir parcouru ce livre, que Rubens n'eût une véritable aptitude pour la politique et la diplomatie.

C'est le jugement que porte du grand peintre anversois M. Noël Sainsbury (¹), qui a si bien étudié les documents dont nous lui devons la publication. Et il ajoute, à propos de la correspondance que le fondé de pouvoirs de l'infante Isabelle entretint avec le duc de Buckingham et Gerbier : « Ces lettres fournissent la plus » vivante peinture de son caractère. Un ton » élevé et noble, de la dignité et de la fermeté, » de la finesse unie d'une manière exquise à la » politesse la plus délicate, une composition » élégante, un sentiment élevé, tout montre à » la fois l'éducation du gentleman et le génie de » l'homme... (²) »

M. Cruzada Villaamil, appréciant Rubens d'après sa négociation à Londres, dit à son tour : « Si le maître flamand maniait bien le pinceau,

---

(1) «... The general reader will not fail to discover in these letters an extraordinary aptitude in the great artist for political negotiation... » (Pag. XVI.)

(2) «... His letters to the Duke of Buckingham and to Gerbier furnish a most vivid picture of his character. A high and noble tone, dignity and firmness, cautiousness, exquisitely united to the most polite courtesy, elegant composition, and elevated sentiment, at once schow the education of the gentleman and the mind of the man... » (*Ibid.*)

» il ne fut pas d'une médiocre force en diplo-
» matie. Infatigable, plein de zèle, avisé, prudent
» et loyal autant qu'on pouvait l'être, il se fit
» aimer à la cour du malheureux Charles Ier.
» Ne se donnant pas un moment de repos pendant
» sa mission, il suit tous les pas de ses ennemis;
» il découvre leurs secrètes et perfides machi-
» nations; il acquiert du crédit, inspire de la
» confiance aux ministres du roi, et gagne les
» sympathies de Charles lui-même; il leur signale
» les erreurs de leurs alliés; il ne promet rien
» au-delà de ce que ceux qui l'ont envoyé sont
» disposés à offrir; il dit la vérité franche et nue
» à ses chefs; avec une respectueuse sincérité et
» une circonspection chevaleresque il conseille
» ce qu'il convient de faire; il indique les dan-
» gers; il présente sans exagération les avantages,
» fait ressortir sans enthousiasme les résultats
» obtenus; enfin il oublie sa personne et ses
» intérêts pour se dévouer loyalement au ser-
» vice de son roi [1] ».

---

[1] « ... Y en verdad que, si bien manejaba el pincel el maestro flamenco, no fué lerdo para la diplomacía. Incansable, celoso, advertido, prudente y leal en extremo, se hizo querer en la córte del desgraciado Cárlos ; y sin darse un momento de reposo en su mision, sigue los pasos todos de sus enemigos, descubre sus secretas y

Que pourrais-je ajouter à ce double hommage rendu aux talents politiques et diplomatiques ainsi qu'au caractère de celui que l'ambassadeur anglais Carleton appelait « le prince des peintres et des gentlemen » (1)?

Dans le cours de cette préface j'ai nommé les personnes qui m'ont prêté une aide bienveillante, soit par les documents qu'elles m'ont communiqués, soit par les recherches qu'elles ont pris la peine de faire : je ne puis pas la terminer sans m'acquitter du devoir de leur offrir à toutes l'expression de ma vive et sincère gratitude.

Juillet 1877.

---

pérfidas maquinaciones, cobra crédito, inspira confianza á los ministros del rey, gana las simpatías del mismo Cárlos, adviérteles los errores de sus afines, no promete nada mas allá de lo que conviniere ofrecer á sus poderdantes, dice la verdad seca y desnuda á sus jefes, y con respetuosa llanura y caballeresca timidez aconseja lo conveniente, indica los peligros, presenta sin exageracion las conveniencias, encarece sin entusiasmo los benéficos resultados, y pospone su persona y provecho al leal servicio de su rey... » (Pag. 11.)

(1) « ... The prince of painters and of gentlemen... » (Sainsbury, p. 37.)

HISTOIRE
POLITIQUE ET DIPLOMATIQUE

DE

PIERRE-PAUL RUBENS.

CHAPITRE PREMIER.

Retour de Rubens à Anvers, après neuf années d'absence. — Son portrait à cette époque. — Il est nommé, par les archiducs Albert et Isabelle, peintre de leur hôtel. — Il épouse Isabelle Brandt. — Bienveillance que les archiducs lui témoignent. — L'infante lui assigne un traitement mensuel à la citadelle d'Anvers, dont le chiffre est augmenté par Philippe IV. — Il sollicite des lettres de noblesse; rapport que fait au roi, sur sa requête, le président du conseil de Flandre à Madrid. — Les lettres lui sont octroyées. — L'infante l'admet au nombre de ses gentilshommes. — Comment il vient à s'entremettre des affaires publiques. — Expiration de la trêve conclue avec les Provinces-Unies. — Conseils tenus à ce sujet à Madrid et à Bruxelles. — Communications faites à l'archiduc Albert, par le sieur de Villebon et la dame de T'Serclaes, sur les dispositions favorables de Maurice de Nassau. — Albert envoie à la Haye le chancelier Pecquius, pour proposer aux états généraux de reconnaître l'autorité du roi d'Espagne. — Refus énergique des états; blâme infligé par le prince d'Orange à la mission du chancelier. — Déception des archiducs. — La dame de T'Serclaes explique la conduite du prince et continue ses démarches pour le renouvellement de la trêve. — Autres personnes qui s'y emploient. — Rubens est du nombre de celles-ci; lettre qu'il écrit au chancelier Pecquius. — Lettre que le chancelier lui adresse. — Attention qu'éveille, à l'ambassade de France, son intervention dans cette affaire. — Point auquel en était la négociation lorsque Rubens part pour Paris. — Il écrit de cette capitale à l'infante Isabelle au sujet d'une commission dont il suppose que le duc de Neubourg est chargé par le roi d'Espagne à la cour de France, lui parle du sieur de Bie, des favoris de Louis XIII, etc. — Les négociations entamées avec Maurice de Nassau cessent par la mort de ce prince. — La part qu'y a prise Rubens contribue à développer son penchant pour la politique.

~~~

Il y avait neuf ans que Rubens avait quitté Anvers lorsqu'il y revint, à la fin de 1608 (¹). Pendant ce temps-là il avait visité Venise, Rome, Florence, Bologne, Milan, Gênes; il avait fait un long séjour à Mantoue, où l'avait attiré le duc Vincent Ier de Gonzague,

---

(1) Michel ni Van Hasselt ne donnent la date du retour de Rubens à Anvers. Dans une biographie écrite par son neveu Philippe, elle est indiquée au mois de janvier 1609. M. Alfred Michiels avait d'abord adopté cette date (*Rubens et l'École d'Anvers*, 1854, p. 99); mais, dans la 2e édition de son *Histoire de la peinture flamande* (t. VII, 1868, p. 33), il place le retour de Rubens à la fin du mois de novembre.

Je me suis adressé à M. Génard, archiviste de la ville d'Anvers, dans l'espoir d'avoir de lui des renseignements précis sur ce point : il n'a pu me les procurer, non plus que mon honorable confrère à l'Académie royale de Belgique, M. le chevalier de Burbure, qui a fait beaucoup de recherches sur les artistes anversois.

en le nommant son peintre; il avait été envoyé par ce prince à la cour d'Espagne, pour y porter des présents et pour exécuter des ouvrages de peinture destinés à enrichir sa galerie (¹).

Il se trouvait à Rome lorsque, le 26 octobre 1608, il reçut des lettres où on l'informait que sa mère, Marie Pypelinckx, était dangereusement malade. Deux jours après il montait à cheval, prenant le chemin du Brabant (²). Il eut la douleur d'apprendre, en route, que sa mère avait cessé de vivre (³).

Au moment où Rubens revoyait la ville dans laquelle s'était passée son adolescence, il était dans sa trente-deuxième année. Un de ses historiens nous fait ainsi son portrait : « Un front vaste et harmonieux, emblème de son
» intelligence, un œil fait pour le commandement, un
» regard digne et ferme, des traits d'une pureté peu
» ordinaire, une bouche mâle, dont une moustache

---

(1) Sur cette période de la vie de Rubens il faut lire les articles que M. Armand Baschet a fait insérer dans la *Gazette des Beaux-Arts* de 1866, 1867 et 1868, sous le titre de *Pierre-Paul Rubens, peintre de Vincent I*ᵉʳ *de Gonzague, duc de Mantoue (1600-1608). Son séjour en Italie et son premier voyage en Espagne, d'après ses lettres et autres documents inédits.*

C'est un travail complet et qui ne laisse rien à désirer, tous les faits que rapporte l'auteur étant appuyés sur des documents authentiques découverts par lui dans les Archives ducales de Mantoue.

(2) Lettre de Rubens écrite de Rome, le 28 octobre 1608, au secrétaire du duc de Mantoue, Chieppio. C'est M. Baschet qui nous l'a fait connaître.

(3) Le 19 octobre 1608.

» relevée couronnait la lèvre supérieure, puis une
» barbe élégante, une chevelure soyeuse et bouclée,
» un air magistral, une tournure fière et chevaleresque,
» lui gagnaient la bienveillance des dames et le res-
» pect des hommes. Le costume du temps — chapeau
» à larges bords, avec un gland de soie, collerette de
» dentelles, pourpoint serré où brillait une chaîne
» d'or, manteau jeté sur l'épaule — faisait d'ailleurs
» ressortir sa bonne mine. Il avait tout ce qui forme
» un cavalier accompli ([1]). » Ajoutez à cela qu'il n'était
pas seulement un grand artiste, mais qu'il possédait
des connaissances très-variées, qu'il parlait plusieurs
langues, et que, sur les questions d'antiquité et d'archéologie, il aurait pu discuter avec les hommes les
plus savants de son époque.

Dans la dernière année de son séjour en Italie,
Rubens n'avait plus eu à se louer, autant que par le
passé, de ses rapports avec Vincent de Gonzague ([2]).
Cependant il était resté son pensionnaire; à son départ
de Rome, il avait écrit au secrétaire du duc, Annibal
Chieppio (Gonzague se trouvait en France), pour lui
exprimer son regret de devoir partir sans le congé de
ce prince; il lui disait que son absence serait de peu
de durée; il ajoutait « que toujours il obéirait à toute
» volonté du sérénissime patron, et qu'il s'y confor-

[1] Alfred Michiels, *Rubens et l'École d'Anvers*, p. 93.
[2] Armand Baschet.

» merait, comme à une inviolable loi, en tous lieux et
» en tous temps (¹). »

Vincent de Gonzague ne manifesta-t-il point le désir de le voir revenir à sa cour (²)? Ou Rubens fut-il déterminé à rester aux Pays-Bas par l'accueil qu'il reçut des archiducs Albert et Isabelle et les propositions qu'ils lui firent? On ne peut là-dessus former que des conjectures. Toujours est-il que le pensionnaire du duc de Mantoue accepta l'office de peintre de leur hôtel que les archiducs lui conférèrent le 23 septembre 1609, et auquel ils attachèrent une pension annuelle de cinq cents livres, monnaie de Flandre, équivalentes à cinq cents florins de Brabant (³). Les lettres patentes qui lui furent délivrées (⁴) portaient, de plus, qu'il jouirait, dans tous les lieux de l'obéissance des archiducs, des droits, honneurs, libertés, exemptions et franchises appartenant aux serviteurs de leur hôtel, et qu'il aurait le pouvoir d'enseigner son art à qui il voudrait, sans être assujetti aux règlements des corps de métiers.

(1) Lettre du 23 octobre déjà citée.
(2) M. Armand Baschet nous apprend que, « depuis le moment
« où Rubens a mis le pied à l'étrier pour quitter Rome de façon si
« soudaine jusqu'à l'époque de la mort de Vincent I⁻ʳ de Gonzague,
« arrivée trois ans après, le nom du peintre flamand ne se trouve
« *même plus une seule fois* cité dans les correspondances conservées
« aux Archives de Mantoue. »
(3) Celle qu'il avait eue à Mantoue n'était que de quatre cents ducatons. (Armand Baschet.)
(4) Nous les avons publiées dans nos *Particularités et documents inédits sur Rubens*, insérés au *Trésor national*, t. 1ᵉʳ, année 1842.

Le mois suivant, Rubens épousa Isabelle Brandt, fille de Jean Brandt, l'un des greffiers de la ville d'Anvers.

Deux fils furent les fruits de leur union. Le premier, né le 5 juin 1614, fut tenu sur les fonts par l'archiduc Albert, qui lui donna son nom. Ce prince, protecteur éclairé des arts et des lettres, avait une haute estime pour l'artiste dont le génie allait répandre tant d'éclat sur l'école flamande : pendant tout le temps qu'il vécut [1], il ne cessa de l'honorer de sa bienveillance.

L'infante sa veuve hérita de ses sentiments. Le 30 septembre 1623 elle assigna à Rubens, en considération de son mérite, DES SERVICES QU'IL AVAIT RENDUS AU ROI, et pour qu'il pût continuer ceux-ci avec plus de commodité, dix écus d'entretien par mois à la citadelle d'Anvers, sans qu'il fût obligé de se présenter aux revues [2].

Il pourra paraître singulier que le peintre de la cour fût inscrit sur la liste des entretenus militaires : mais c'est là justement ce qui rend plus insigne la faveur faite à Rubens par l'infante. Les pensions ou gratifications de ce genre ne se payaient point par les finances des Pays-Bas comme celle qu'attribuaient à Rubens les lettres de 1609; elles étaient payées au moyen des fonds envoyés d'Espagne pour la solde de

---

[1] Albert mourut le 13 juillet 1621.
[2] Voir l'ordonnance de l'infante dans les *Appendices*, n° I.

l'armée royale. L'assignation mensuelle de dix écus fut plus tard augmentée par Philippe IV; elle était de quarante écus en 1630 (¹).

Les rapports que Rubens avait eus, depuis vingt ans, avec une foule de grands personnages, les visites qu'il avait faites à différentes cours, sa position à celle de Bruxelles, lui avaient inspiré le désir d'appartenir à l'aristocratie de son pays; il sollicita de Philippe IV des lettres de noblesse.

L'évêque de Ségovie, don Iñigo de Brizuela, président du conseil suprême de Flandre à Madrid (²), fit au roi, sur la requête de Rubens, le rapport suivant :

SIRE,

Pierre-Paul Rubens, peintre de la sérénissime infante doña Isabel, expose en sa requête qu'il descend de parents honorables, lesquels toujours ont été de très-fidèles vassaux de la couronne de Votre Majesté et ont rempli des charges principales; que son père, docteur ès lois, a été échevin d'Anvers,

---

(1) C'est ce que nous apprend une requête présentée par Rubens au magistrat d'Anvers en 1630, afin d'être maintenu dans l'exemption des impôts de la ville dont il avait joui jusqu'alors (Archives d'Anvers, *Requestboeck*, 1630, fol. 86 v°), requête dont nous devons la communication à M. l'archiviste Génard.

Rubens y dit, après avoir rappelé ses titres de secrétaire du conseil privé et de gentilhomme de la maison de l'infante : « ende « daerenboven by Syne Conincklyke Majesteyt noch synde vergunt « entretenement van veertich croonen ter maent, etc. »

(2) Il avait été confesseur de l'archiduc Albert jusqu'à la mort de ce prince. Philippe IV, au commencement de l'année 1622, le nomma président du conseil de Flandre, qu'il venait de rétablir.

et Philippe Rubens, son frère, secrétaire de cette ville; que lui, suppliant, s'est appliqué, dès son enfance, à la peinture; que, pour s'y rendre plus habile, il a visité différents pays, et que, pour la grande expérience et pratique qu'il a de son art, le seigneur archiduc Albert le nomma son peintre, avec deux cents écus de traitement annuel. Il supplie Votre Majesté de daigner lui accorder des lettres de noblesse, sans payer finance, attendu qu'il est serviteur domestique de Son Altesse.

Le suppliant, Pierre-Paul Rubens, est excellent en son art et très-estimé dans toute l'Europe. Il est certain que plusieurs princes ont tâché de le tirer d'Anvers par de grandes promesses d'honneurs et d'argent. Comme, en outre, il est issu de parents honorables et de fidèles vassaux de Votre Majesté, qu'à son rare mérite comme peintre il joint des talents littéraires et la connaissance des histoires et des langues, que toujours il a vécu splendidement, ayant pour cela les moyens nécessaires, il paraît que Votre Majesté pourrait daigner le favoriser de la noblesse à laquelle il prétend, en le dispensant de payer finance.

Votre Majesté en décidera ainsi qu'elle jugera à propos.

Madrid, 29 janvier 1624.

L'ÉVÊQUE DE SÉGOVIE (1).

Philippe IV approuva ce rapport. Le diplôme de Rubens fut expédié le 5 juin (2). Le blason qui y est attribué au grand peintre est un écu parti en fasce, le dessus d'or à un cornet de sable et deux quintefeuilles aux cantons, percées d'or, le dessous d'azur à une fleur

(1) Voir le texte dans les *Appendices*, N° II.
(2) Nous l'avons donné dans nos *Particularités et documents inédits sur Rubens*. Il a été reproduit depuis par le baron de Reiffenberg dans les Bulletins de l'Académie royale de Bruxelles, t. XI, part. II, p. 18.

de lis d'or, l'heaume ouvert et treillé, les hachements et bourlet d'or et d'argent, et pour le cimier la même fleur de lis d'or. Le roi motive la grâce qu'il lui fait par les raisons énoncées dans le rapport de l'évêque de Ségovie.

L'infante Isabelle ajouta à cette faveur en recevant Rubens au nombre des gentilshommes de sa maison (¹).

On aura remarqué les termes de l'ordonnance de l'infante du 30 septembre 1623 qui relatent les SERVICES RENDUS AU ROI par Rubens. Ne faut-il pas en inférer que déjà alors le peintre de l'hôtel s'était occupé de politique? Et en effet, si le premier document que nous possédions où on le voit entremis dans des affaires d'État porte, par une coïncidence singulière, cette même date du 30 septembre 1623, il suffit de le lire pour se convaincre que ce n'était pas là le début de Rubens dans la négociation qui en fait l'objet.

Nous donnerons tout à l'heure ce document. Mais, pour qu'on le comprenne, pour qu'on puisse apprécier le caractère de la négociation dont nous venons de parler, il nous parait nécessaire d'exposer les faits dont elle fut précédée; nous les prendrons même d'un peu loin, et cette digression nous servira à

(1) Ce titre lui est donné dans les comptes de la recette générale des finances de 1629 et 1630. (Voir nos *Particularités et documents inédits*.)

mettre en lumière plus d'une chose qui n'est pas venue à la connaissance des historiens.

La trêve conclue en 1609 par Philippe III et les archiducs Albert et Isabelle avec les états généraux des Provinces-Unies avait expiré le 9 avril 1621.

Bien avant ce jour-là on s'était préoccupé, à Madrid et à Bruxelles, de la question de savoir si on la renouvellerait.

A Madrid, aux mois d'août et de septembre 1619, les conseils des Indes et de Portugal et la junte de guerre des Indes en avaient délibéré longuement (1).

A Bruxelles, une junte de cabinet, composée d'Ambroise Spinola, du marquis de Bedmar, ambassadeur du roi d'Espagne, du comte d'Añover, l'un des ministres de l'archiduc, de fray Iñigo de Brizuela, de don Juan de Villela et du chancelier de Brabant Peckius, avait, le 3 avril 1620, examiné la question sous toutes ses faces.

Le cabinet de Madrid était peu disposé à proroger la trêve à cause des dommages qu'en avaient reçus les royaumes d'Espagne par rapport aux Indes orientales et occidentales (2). Les ministres que l'archiduc

(1) Leurs avis sont aux Archives du royaume dans le tome VIII de la *Correspondance des archiducs Albert et Isabelle avec Philippe III et Philippe IV*.

Nous nous bornerons dorénavant à indiquer ce Recueil par le simple titre de *Correspondance*.

(2) Lettre de Philippe III à l'archiduc Albert du 12 janvier 1620. (*Correspondance*, t. VIII, fol. 227.)

Albert avait consultés étaient d'avis, au contraire, qu'on la prorogeât, tout en tâchant d'en faire améliorer les stipulations autant que possible. L'archiduc partageait cet avis (¹).

Philippe III n'avait pris encore aucun parti, et l'année 1620 allait finir : le 28 décembre, l'archiduc lui fit la proposition formelle de traiter du renouvellement de la trêve telle qu'elle était en vigueur, au moins pour quelque temps (²). Le roi n'accueillit pas cette proposition; il ne voulait de trêve, ni longue ni courte, à moins que la rivière d'Anvers ne fût déclarée libre comme elle l'était avant la guerre; que les Hollandais ne renonçassent à trafiquer aux Indes orientales et qu'ils retirassent des Indes occidentales, dans un terme à fixer, les forces qu'ils y avaient. Il annonçait à l'archiduc qu'il allait lui envoyer l'argent nécessaire pour mettre l'armée et la flotte sur un pied respectable (³).

Dans ces entrefaites l'archiduc reçut des communications qui lui firent concevoir l'espérance de réduire les provinces confédérées sous son autorité. Déjà, le 3 février 1621, un gentilhomme français, qui commandait une compagnie de cavalerie en Hollande, le sieur de Villebon, passant par Bruxelles, avait assuré un

(1) Lettre de l'archiduc à Philippe III, du 14 avril 1620. (*Correspondance*, t. IX, fol. 33.)
(2) *Correspondance*, t. IX, fol. 326.
(3) Lettre du 4 février 1621. (*Correspondance*, t. X, fol. 24.)

de ses ministres des bonnes dispositions où était à cet égard le prince d'Orange, Maurice de Nassau (¹). Le 8 du même mois arriva dans cette capitale une dame hollandaise, Bertholde de Swieten, veuve de Florent de T'Serclaes. Son mari, mort à la Haye en 1612, avait été très-attaché à Guillaume le Taciturne et à la maison de Nassau (²); elle faisait profession du même dévouement pour les princes de cette maison et voyait souvent Maurice, qui avait beaucoup de familiarité avec elle. La dame de T'Serclaes était connue déjà, et sous des rapports avantageux, de l'infante Isabelle et de son époux; ayant marié deux de ses filles à des gentilshommes des Pays-Bas catholiques, elle venait de temps en temps dans ces provinces. Elle alla trouver le confesseur de l'archiduc (³), et voici ce qu'elle lui confia. Quelques semaines auparavant, causant avec le prince d'Orange, elle avait cru devoir lui représenter les avantages qu'il pourrait retirer de la réduction des Provinces-Unies à l'obéissance de leurs anciens souverains. Le prince s'en était d'abord of-

---

(1) Lettre de l'archiduc au roi du 10 février 1621. (*Correspondance*, t. X, fol. 42.)

On avait aussi donné à entendre à la cour de Madrid que le prince d'Orange désirait « se réconcilier avec le roi... » Le 4 février 1621 Philippe III envoya à l'archiduc Albert un pouvoir pour traiter avec ce prince de sa réconciliation. (*Ibid.*, fol. 26.)

(2) Goethals, *Dictionnaire généalogique et héraldique des familles nobles du royaume de Belgique*, t. IV.

(3) Fray Iñigo de Brizuela, comme il a été dit p. 7.

fensé; il avait répondu à la dame de T'Serclaes que, s'il ne la connaissait pas autant et s'il n'était pas assuré qu'elle désirait son bien, il aurait été très-fâché qu'elle eût osé lui tenir un discours semblable. Trois ou quatre jours après il l'avait fait appeler; il lui avait dit combien de telles pratiques étaient dangereuses, et le risque qu'il courrait si l'on venait à en entendre parler; que toutefois, sachant qu'il pouvait avoir une entière confiance en elle, il lui avouait que, si l'on proposait aux états de reconnaître l'autorité du roi d'Espagne et des archiducs, il contribuerait très-volontiers à ce qu'ils le fissent, au cas qu'une récompense signalée lui fût garantie ([1]). Un peu plus tard il l'avait mandée de nouveau, pour lui affirmer ses paroles précédentes, et lui promettre, en foi de prince, qu'il accomplirait ce qu'il avait offert ([2]). Il avait trouvé bon alors qu'elle se rendit à Bruxelles afin d'instruire les archiducs de ses sentiments, si elle trouvait pour cela un moyen convenable : mais il lui avait expressément recommandé de ne dire en aucune manière

---

([1]) «... Que conosciendo lo mucho que podia fiar della, le confessava que si se propusiese á los estados esta plática de que se redujessen á la obediencia, ayudaria él de muy buena gana, procurando se redujessen si le assegurassemos, Vuestra Magestad y nos, algunas señaladas mercedes... » (Deuxième lettre de l'archiduc Albert à Philippe III du 10 février 1621 : *Correspondance*, t. X, fol. 46.)

([2]) «... Al cabo de otros tres dias la bolvió á llamar y se affirmó en lo mismo, prometiendo, debaxo de palabra de príncipe (que assí lo refiere ella), que lo cumpliria... » (*Ibid.*)

qu'elle eût appris de lui-même sa détermination; elle devait en parler comme tenant la chose d'un des conseillers du prince (¹).

Fray Iñigo de Brizuela rendit compte à l'archiduc de la confidence de la dame de T'Serclaes.

Albert et Isabelle firent dire à celle-ci qu'ils avaient été charmés d'apprendre les dispositions du prince; qu'elle pouvait le lui faire savoir et l'assurer que si, par son moyen, les Provinces-Unies rentraient sous leur obéissance, il recevrait toutes les récompenses, les honneurs et les grâces auxquels il pouvait prétendre. L'archiduc et l'infante se rendaient cautions de l'accomplissement, par le roi d'Espagne, de tout ce que, en son nom, ils promettraient au prince (²).

La dame de T'Serclaes, qui était retournée à la Haye avec cette réponse, revint à Bruxelles au mois de mars. Elle était chargée de témoigner aux archiducs la satisfaction avec laquelle le prince avait entendu le rapport qu'elle lui avait fait de leur part; elle devait

---

(1) «... Tubo por bien que esta dama viniesse á Brusselas, y si hallasse buen medio para representarnos esto, lo hiziesse, pero encargándola mucho que en ninguna manera dixesse que havia entendido dél mismo esta su determinacion, pero que dixesse haverla entendido de un consejero suyo... » (Deuxième lettre de l'archiduc du 10 février 1621.)

(2) «... Assegurándole que consiguiéndose por su medio la reduzion de las provincias á la obediencia, Vuestra Magestad y nosotros le harémos las mercedes, honrras y gracias que buenamente podrá desscar y pedir, y que salimos fiadores de que V. M^d hará lo que nosotros le offreziéremos en su real nombre... (Ibid.)

aussi leur donner de nouveau l'assurance qu'il n'omettrait rien de ce qui serait en son pouvoir pour la réalisation de ses offres (¹). Elle s'acquitta de cette mission dans une visite qu'elle rendit à fray Iñigo de Brizuela. Elle lui fit savoir de plus que, selon le prince, il importait que, sans perdre de temps, les archiducs envoyassent une personne d'autorité à la Haye, pour exhorter les états généraux à reconnaître l'autorité du roi d'Espagne et la leur : si dans le principe la chose n'était pas accueillie avec faveur, il ne faudrait point s'en trop émouvoir; pendant la négociation le prince avertirait secrètement l'archiduc de ce qu'il y aurait à faire pour lever les difficultés qui se seraient présentées (²).

Albert et Isabelle, suivant le conseil de Maurice, firent partir pour la Haye l'un de leurs principaux ministres, le chancelier de Brabant Peequius. Avant qu'il se mît en route on savait déjà, dans les Provinces-

(1) «... La dama olandessa refirió á mi confessor avierta y decларadamente, de parte y en nombre del dho príncipe, que con toda sumission y respecto nos dixesse que havia holgado de entender lo que le havia referido, y que de nuebo nos assegurassemos que hará quanto pudiere en cumplimiento de lo que ha offrezido... » (Lettre de l'archiduc Albert à Philippe III du 24 mars 1621 : *Correspondance*, t. X, fol. 101.)

(2) «... En casso que no admitiessen la propuicion al principio, que no se estrañasse ni afloxasse desta parte, y que, durante el tratado, el príncipe se entenderá conmigo, advirtiéndome secretamente de lo que convendrá hazer para allanar las dificultades que se fueren offresciendo... »

Unies, qu'il allait y arriver, le secrétaire d'État des archiducs ayant dû en prévenir le greffier des états généraux, et bien qu'on n'eût pas pénétré le but de sa mission, en plusieurs villes les ministres réformés s'étaient efforcés de la rendre odieuse au peuple. Arrivé à Rotterdam le 21 mars, Pecquius y fut insulté publiquement. A Delft il n'eut pas seulement à entendre des paroles injurieuses et menaçantes, mais des pierres et des blocs de tourbe furent lancés contre la barque où il était monté pour se rendre à la Haye. A quelque distance de cette dernière ville il trouva le prince Maurice et le comte Frédéric-Henri, son frère, accompagnés d'une suite nombreuse, qui, par la distinction avec laquelle ils le reçurent, s'appliquèrent à lui faire oublier les avanies qu'il avait essuyées. Le 23 il eut audience des états généraux et leur proposa de reconnaître la souveraineté du roi Philippe et des archiducs, en leur remontrant les avantages qu'ils trouveraient dans une nouvelle union des provinces du Nord et de celles du Midi; le même jour il fut admis à l'audience du prince d'Orange : il avait, pour lui, aussi bien que pour les états, des lettres de créance des archiducs. Les états généraux lui répondirent le 25 : dans cette réponse ils rejetaient énergiquement, et même avec hauteur, la proposition qu'il était venu leur faire; ils déclaraient qu'ils formaient un État libre et indépendant, reconnu des plus grands rois de l'Europe, et qu'ils étaient résolus de maintenir cette liberté et cette indépendance à tout prix. Le prince d'Orange lui exprima sa surprise qu'on l'eût chargé de faire une proposition de cette nature, laquelle ne pouvait qu'être accueillie avec indignation dans un pays où l'on tenait pour maxime indubitable et infaillible que les états avaient depuis longtemps acquis une absolue et entière liberté : on devait, à son avis, avoir été mal informé, à la cour de Bruxelles et en Espagne, de l'état des choses et des esprits dans les Provinces-Unies (1).

Les archiducs s'étaient promis de grandes choses du voyage de Pecquius; leur déception fut cruelle lorsqu'ils en surent le résultat. Mais ce qui les étonna surtout, ce fut le blâme infligé par le prince d'Orange à une démarche qu'il avait conseillée lui-même. La dame de T'Serclaes reparut à Bruxelles quelque temps après; elle déclara alors à fray Iñigo de Brizuela, de

(1) «.... Diziendo y affirmando que la dha propusicion no podia dejar de ser muy odiosa por allá, donde se tiene por maxima indubitable y infalible que los estados han (tiempo ha) adquirido absoluta y entera libertad... : de manera que, al parezer y juizio del dho príncipe, devian de estar muy mal informados, en nuestra corte y en España, de la disposicion de las cossas y ánimos de por allá... » (*Relacion del viaje y negociacion del chanciller Pequius á la Haya en Olanda en el mes de marzo* 1621; lettre de l'archiduc Albert à Philippe III du 31 mars 1621 : *Correspondance*, t. X, fol. 139-150.)

Maurice avait fait demander à l'archiduc, par la dame de T'Serclaes, que la personne qui serait envoyée à la Haye ne sût rien de ce qui s'était traité entre eux. (Lettre de l'archiduc du 24 mars citée plus haut.) Mais peut-on croire qu'Albert en eût fait mystère à un ministre tel que le chancelier Pecquius?

la part du prince, qu'il regrettait beaucoup d'avoir vu échouer le dessein qu'il avait conçu; que ces gens (parlant des Hollandais) étaient tels qu'il fallait renoncer à y parvenir. Dans ces circonstances, il était d'avis de se contenter d'une prorogation de la trêve; il donnait l'espoir qu'il la ferait améliorer en quelques points (¹).

La reprise des hostilités ne suivit pas immédiatement l'expiration de la trêve : des deux côtés on attendait, on se tenait dans une attitude d'observation, et cette situation se prolongea pendant une partie de l'année 1621. Le 20 mai la dame de T'Serclaes revint à Bruxelles; elle fit encore ce voyage aux mois de juin et de septembre : le prince d'Orange la chargeait toujours d'assurer les archiducs de sa bonne volonté, mais il demandait que, par un acte formel, ils consentissent à la continuation de la trêve telle qu'elle avait été conclue en 1609, après quoi il tâcherait d'en faire modifier, à leur avantage, quelques stipulations. Albert, et après sa mort, l'infante Isabelle, n'étaient pas de cet avis : il

---

(1) «... La dama olandessa... ha buelto aquí dos vezes despúes que bolvió Pecquius, y ha declarado á mi confessor, de parte del príncipe de Orange (para que me lo diga), que le pessa mucho que se haya roto el intento y buen desseo que llevava de procurar encaminar la reducion de las provincias á la obediencia de Vuestra Magestad y nuestra, y que aquella gente está de manera que no vee medio ninguno para encaminarlo : haziendo instancias en que se trate agora de tregua, dando esperanza de mejorarla en algo de lo que ha corrido por lo passado... (Lettre de l'archiduc Albert à Philippe IV du 30 avril 1621 : *Correspondance*, t. X, fol. 190.)

leur paraissait plus naturel que d'abord des commissaires, à nommer de part et d'autre, s'assemblassent dans un lieu neutre, pour voir quels changements pourraient être apportés à la trêve (¹).

Les allées et venues de la dame de T'Serclaes continuèrent pendant plusieurs années (²) sans aboutir à aucun résultat. Elle ne fut pas la seule qui s'employât à ménager un renouvellement de la trêve. Le greffier du conseil des finances à Bruxelles, Guillaume de Bie, qui avait des relations en Hollande, s'y rendit à différentes reprises dans le même but. Un gentilhomme liégeois, le baron de Groesbeck, que les affaires de son pays appelaient quelquefois à la Haye, servit aussi

(1) Lettre de l'archiduc Albert à Philippe IV du 24 juin 1621. (*Correspondance*, t. X, fol. 264.) — Lettre de l'infante Isabelle au roi, du 22 septembre 1621. (*Ibid.*, t. XI, fol. 99.)

(2) Dans une lettre d'elle à Ambroise Spinola, qui ne porte point de date mais qui est de 1623 ou de 1624, elle dit qu'elle a fait, pour l'affaire de la trêve, « trente-huit ou plus de voyages ». Elle ajoute : « Je supplie que je ne tombe en réputation comme si je m'y « entremettois pour tirer quelque lippée devant que j'aye faict pa- « roistre les bons effects de mes services ». (Archives du royaume, à Bruxelles, MS. 550, p. 1029.)

Il paraît qu'on avait cherché à lui nuire dans l'esprit de l'infante Isabelle. Le 26 février 1624 don Emmanuel de Portugal, qui était alors réfugié en Hollande, écrivit de la Haye au chancelier Pecquius : « Quelques personnes ont par delà faict rapport que madame « de T'Serclaes n'estoit pas bien veue de monsieur le prince d'Orange. « Et comme je suis tesmoin du contraire, vous veux asseurer que « ladicte dame, nonobstant son eage, est bien estimée dudict prince; « et pouvez estre asseuré que nul autre a commission de parler de « l'affaire... » (*Correspondance*, t. XV, fol. 115.)

d'intermédiaire au prince d'Orange et au gouvernement de l'infante (¹). Enfin, et c'est pourquoi nous avons parlé de ces négociations secrètes, Rubens y joua un rôle qui attira sur lui l'attention des diplomates accrédités à la cour de Bruxelles.

Comment et quand le grand peintre fut-il amené à y intervenir?

Malgré les recherches minutieuses que nous avons faites dans les Archives de Bruxelles, malgré celles qui l'ont été, à la Haye, dans les Archives du royaume et dans les Archives particulières de la maison d'Orange, ces deux points sont restés pour nous couverts d'obscurité.

Tout ce que nous sommes parvenu à trouver de positif se réduit aux lettres qu'on va lire : l'une écrite par Rubens au chancelier Pecquius, qui avait la confiance de l'infante Isabelle, comme fray Iñigo de Brizuela avait eu celle de l'archiduc Albert; l'autre de Pecquius à Rubens.

(1) Le chancelier Pecquius écrivait au marquis Spinola le 18 juin 1623 : « Je tiens que le baron de Groesbeck nous peult estre
« utile en ce qui se traitte. Il m'a envoyé copie d'une lettre escrite
« à la Haye, le 9 de ce mois, contenant que le greffier des finances de
« Bie y a demandé passe-port pour six mois, et que l'on présume
« qu'il vouldroit bien moyenner la trefve, mais que le prince d'Orange
« a grande confiance audit de Groesbeck, et vouldroit qu'il con-
« tinuast à s'y employer, puisqu'il en est bien instruit. » (Archives du royaume, MS. 550, p. 1235.)

De Bie était déjà allé à la Haye au mois d'avril 1621.

Pour l'intelligence de la première il faut savoir que Jean Brandt, dont il y est question, était cousin d'Isabelle, femme de notre artiste, et qu'il appartenait à une branche de la famille Brandt établie en Hollande, où elle jouissait de beaucoup de considération.

Voici la lettre à Pecquius :

Très-illustre seigneur,

J'ai trouvé notre Catholique (1) très-affligé pour la grave maladie de son père, laquelle, selon le jugement des médecins, est décisive ; lui aussi est journellement travaillé d'une fièvre presque continuelle : de manière que l'une ou l'autre de ces deux causes, ou toutes deux ensemble, le retiendront peut-être plus qu'il ne serait nécessaire. Il est bien vrai qu'il propose, en

(1) Ce n'est pas sans peine que je suis arrivé à découvrir le nom de la personne ainsi désignée. Dans la correspondance de l'infante Isabelle avec Philippe IV il n'est pas parlé une seule fois de Jean Brandt, mais plusieurs lettres mentionnent *el Católico*. Cette énigme serait restée inexplicable pour moi si, en feuilletant les manuscrits de Michel Routart, secrétaire d'Ambroise Spinola, je n'y avais trouvé une pièce portant en tête : *Escrit envoyé de la Haye par Jean Brandt, dict el Católico, et parvenu ès mains de Jean Vanden Wouwere, commis des finances, le 5e de juillet 1624, à Bruxelles.* Une lettre de l'agent de France à Bruxelles, Brasset, écrite au secrétaire d'État d'Herbault le 18 août 1628, confirme cette indication. On y lit : « Ce voyage (de Rubens en Espagne) est bien à considérer, comme
« aussy le retour d'Angleterre en Hollande du Sr Vosperghe, parent
« de l'ambassadeur de messieurs les estats qui est à Paris, lequel
« passa à Londres, il y a quelques mois, avec un nommé de Brandt,
« qui est cousin dudict Rubens et un de ses correspondants pour la
« trefve... » (Bibliothèque nationale à Paris, MS. fr. 17012.) — Sainsbury (p. 112) constate l'arrivée à Londres, au mois de février 1628, de Jean Brandt en la compagnie de Josias Vosbergen, qui était résident du roi de Danemark à la Haye.

Une lettre de Philippe IV à l'infante Isabelle du 6 février 1624 un tel cas, de faire venir son oncle (1) à Lillo, pour lui rendre compte *ex propinquo* de ce qu'il a négocié : mais je tâcherai, autant que cela me sera possible, d'empêcher l'exécution de ce dessein, au moins pour quelques jours. Quand je lui communiquai la réponse (2), il en eut presque un redoublement de fièvre, quoique je l'eusse fait après un long discours préparatoire, et qu'il admirât la grande industrie, prudence et élégance qui brillent dans cet écrit, et en effet il paraît impossible de traiter avec plus d'art qu'on ne l'a fait le même sujet en tant de manières. Enfin le Catholique prit son instruction, et m'y montra un article qui ne me plut pas : il est dit dans cet article qu'il ne doit accepter de nous ou rapporter de réponse qui soit ambiguë ou semblable à la précédente, mais seulement une simple acceptation de la trêve, ou rien. Je lui répondis que c'était là des terreurs paniques bonnes à épouvanter les enfants, et qu'il n'était pas assez simple pour y ajouter foi ; que ce traité secret était sans préjudice des parties, chacune entre-temps ne cessant pas de faire ce qu'elle pouvait. Il me répliqua ce que j'ai dit

---

donne lieu de croire que ce fut Jean Brandt qui, d'après les ordres de Maurice de Nassau, prit l'initiative de la négociation à laquelle s'employa Rubens. Cette lettre porte : « Juan Boberio (Vanden « Wouwere), en virtud de la carta de creencia que me dió « de V. A., propuso que sin embargo de la órden que ultimamente « se embió á V. A. por no admitir las pláticas començadas de tregua, « convenia tornar à ellas, supuesto que *el Católico*, que avia *dado* « *principio á este tratado*, avia vuelto... » (*Correspondance*, t. XV, fol. 31.)

(1) Il s'agit probablement de Jean Brandt, beau-père de Rubens.

(2) Les pièces dont il est question dans cette lettre et dans celle de Pecquius nous manquent. Comme on voulait que la négociation restât secrète et pût être au besoin démentie, les écrits qui s'échangeaient n'étaient ni signés ni datés, et l'on y employait des mains étrangères. C'est ce qui peut expliquer leur absence dans les Archives.

déjà à Votre Seigneurie Illustrissime : que nous nous aidions des écrits du prince à son détriment, les envoyant en France, pour exciter la défiance du roi envers lui et le rendre suspect aux états. Je lui dis que, si le prince voulait donner à Son Altesse Sérénissime plus d'éclaircissements à cet égard, elle en manifesterait son déplaisir de telle manière qu'il ne conserverait pas le moindre doute de son innocence ; que c'était là des artifices et des chicanes imaginés pour rompre la négociation. Il persista néanmoins à soutenir que c'était vrai et que le prince pourrait montrer, comme il l'a fait à quelques personnes, les copies mêmes qui lui ont été envoyées de la cour de France. A la fin il se laissa persuader de copier de sa main notre réponse, pour la porter au prince à sa première commodité ; et il l'aurait fait de suite si je ne lui avais dit qu'il était mieux d'attendre que le paroxysme fût passé et qu'il fût entièrement libre de la fièvre. J'ai en conséquence rapporté la réponse, en lui promettant d'aller le revoir, et lui disant que je désirais que la copie s'en fît, à sa commodité et à la mienne, en ma présence. Il s'est contenté de cela, et ainsi nous gagnerons quelque peu de temps.

Je me recommande d'un véritable cœur à la bonne grâce de Votre Seigneurie Illustrissime, et je lui baise les mains.

De Votre Seigneurie Illustrissime

Serviteur affectionné,

(*Parafe de Rubens.*)

Anvers, 30 septembre 1623.

J'ai écrit avec plus de liberté pour la grande confiance que j'ai en la ponctualité du porteur de la présente, lequel m'a promis de la mettre en mains propres de Votre Seigneurie Illustrissime. Je ferai de même lorsque je lui enverrai, en son temps, l'original de la réponse.

Le Catholique me dit, de plus, que le secrétaire du prince, par les mains duquel passe cette négociation, se nomme Junius (1); qu'il est homme très-corruptible et qui prend des deux mains, mais que son oncle (2) ne serait pas propre pour le gagner, car son intégrité lui ferait trouver mauvaise cette manière de procéder. J'ai cru néanmoins qu'il était bon que Votre Seigneurie Illustrissime sût cela.

Il me paraît encore très-dangereux que pour l'avenir le Catholique se rende de sa personne à Bruxelles, à cause des soupçons que cela donnerait au cardinal de la Cueva (3). Il serait mieux, pour cette raison, dans le cas où la négociation ne se romprait pas cette fois, qu'à son retour il restât à Anvers, et que j'envoyasse sa réponse ou que j'en fusse moi-même le porteur. Mais il ne faut pas que cela vienne de moi, car il pourrait peut-être entrer en soupçon à mon égard et croire que je voulusse le mettre de côté, pour rester seul chargé de toute l'affaire. Il conviendrait donc, si Votre Seigneurie Illustrissime le jugeait nécessaire, que je pusse lui montrer quelque avis ou ordre de Votre Seigneurie Illustrissime à ce sujet.

Ici on ne parle d'autre chose que du retour du prince de Galles en Angleterre : mais on n'y croit pas universellement, la nouvelle étant venue de Zélande (4).

Évidemment, comme nous en avons fait l'observation déjà, cette lettre n'était pas la première que Rubens eût

---

(1) Rubens a écrit en marge : « Ce secrétaire fut cause que la « dernière réponse ne fut pas conçue en une meilleure forme, car il « en fit retrancher je ne sais quelle chose qui était en notre faveur. « Il peut beaucoup auprès du prince. »

(2) Voy. la note 1 à la page 22.

(3) Alonso de Bedmar, cardinal de la Cueva, qui avait été ambassadeur de Philippe III auprès des archiducs et qui continuait de remplir cette charge auprès de l'infante Isabelle. Il était contraire aux négociations avec les Hollandais.

(4) Voir le texte dans les *Appendices*, n° III.

écrite au chancelier de Brabant sur la négociation avec le prince d'Orange, et elle dut être suivie de mainte et mainte autre (¹).

Celle du chancelier est de la teneur suivante :

Monsieur,

Il y a quelque temps que voz lettres m'ont faict entendre vostre venue en ceste ville, pour parler de la responce demandée par le personnage qui nous est cognu. Mais, comme vous ne venez poinct, j'ay charge de suppléer à ce défault par la plume, en vous advertissant qu'ès responses données par Son Altèze sur les précédents mémoires et escripts envoyez de la Haye, est comprins ce qu'elle peult déclarer de son intention sur le dernier mémoire présenté par ledict personnage, auquel vous le pourez ainsi faire entendre, et que Son Altèze s'en rapporte ausdictes déclarations précédentes. Je me recommande sur ce à voz bonnes grâces et seray tousjours,

Monsieur,

Votre très-affectionné serviteur,

P. PECQUIUS.

De Bruxelles, le 23 mars 1624.

A *Pietro Paulo Rubens* (2).

---

(1) Dans une lettre que Rubens écrivit à Gerbier en 1627 (Sainsbury, p. 251), il lui disait, à propos de l'affaire de la tréve dont il supposait que ce confident du duc de Buckingham allait s'occuper à la Haye, « qu'ayant esté employé en ce traicté continuel-
« lement depuis la rupture, il se trouvoit encor tous les papiers pré-
« sentez d'une part et d'autre en mains. »

(2) Archives du royaume, MS. 552, p. 68.

Nous avons dit que l'intervention de Rubens dans la négociation avec le prince d'Orange avait éveillé l'attention de la diplomatie.

Le 30 août 1624 l'ambassadeur de France à Bruxelles, de Baugy, écrivait au secrétaire d'État d'Ocquerre : « Les propos d'une trefve ne sont point désagréables à » l'infante, de quelque part qu'ils viennent, prestant » mesme tous les jours l'oreille à ceux que lui tient sur ce » sujet Rubens, peintre célèbre d'Anvers, qui est connu » à Paris pour ses ouvrages qui sont dans l'hostel de » la royne mère, lequel faict plusieurs allées et venues » d'icy au camp du marquis Spinola, donnant à en- » tendre qu'il a pour ce regard quelque intelligence » particulière avec le prince Henry de Nassau, de qui » il dit connoistre l'humeur assez encline à la trefve, » par le moyen de laquelle il penseroit à asseurer sa » fortune, ainsy que le prince d'Orange le repos de sa » vieillesse (¹). »

Baugy revient là-dessus dans plusieurs autres dépêches, et en des termes qui témoignent du déplaisir que ces pourparlers de trêve lui causaient. Ainsi il mande à d'Ocquerre le 13 septembre : « Le peintre Rubens est » en ceste ville. L'infante luy a commandé de tirer le » pourtraict du prince de Pologne (²) : en quoy j'estime » qu'il rencontrera mieux qu'en la négociation de trefve,

---

(1) Bibliothèque nationale, à Paris : MS. fr., n° 17941.
(2) Ce prince se trouvait depuis quelque temps à Bruxelles.

» à quoy il ne peut donner que des couleurs et om-
» brages superficiels, sans corps ni fondement so-
» lide (¹). »

Une lettre de Philippe IV à l'infante Isabelle, du 11 octobre 1624, nous fait connaître le point où en étaient alors les négociations : « Sérénissime dame, — » dit le roi à sa tante — j'ai vu la lettre de Votre Altesse » du 1ᵉʳ du passé (²) et le papier remis par le Catholique » qui a été employé à l'affaire de la trêve, en ce qui » concerne la réunion d'une conférence. Je tiens pour » convenable que celle-ci ait lieu. Votre Altesse pourra » donc donner l'écrit qu'on lui a demandé, recevoir » celui qu'on lui délivrera (³), et disposer les choses de » manière que la conférence se réunisse. Pendant » qu'elle délibérera, on pourrait faire une suspension » d'armes de six mois. Votre Altesse nommera, pour » assister à la conférence, les personnes qu'elle jugera à » propos ; je m'en remets là-dessus, comme sur tout, à

---

(1) Bibliothèque nationale, à Paris, MS. fr., n° 17941.
(2) Elle manque dans la *Correspondance*.
(3) L'écrit demandé à l'infante était un acte par lequel, de l'aveu et avec l'agréation du roi d'Espagne, elle s'engagerait à renouveler la trêve de 1609 sans modifications. Par celui qui lui aurait été délivré, les états généraux auraient déclaré que les articles 4 et 5 de cette trêve seraient observés tels qu'ils étaient formulés et non comme, de leur côté, on les avait entendus ; même que les sujets des Provinces-Unies n'iraient ni ne trafiqueraient dans les parties des Indes où l'autorité du roi d'Espagne était reconnue.
C'est ce qui résulte d'une lettre de l'infante à Philippe IV, du 14 mars 1624. (*Correspondance*, t. XV, fol. 113.)

» sa prudence. Je la prie de m'avertir promptement des
» demandes qui pourraient être faites aux Hollandais,
» soit pour la conclusion d'une nouvelle trêve, soit
» pour en venir à un traité de paix : ce qui serait bien
» le meilleur, selon ce qu'on considère ici... (¹). »

On ne voit pas, dans la correspondance de l'infante
avec le roi, ce qui résulta de cette lettre. Le prince
d'Orange avait en ce moment des motifs sérieux d'être
indisposé contre le gouvernement des Pays-Bas : Spinola avait mis le siége devant Breda, qui formait l'un
des principaux domaines de la maison de Nassau;
Maurice devait être peu porté, en de telles circonstances, à seconder les désirs de l'infante.

Au mois de février 1625 Rubens partit pour Paris;
il avait à placer au Luxembourg les tableaux qu'il avait
peints pour Marie de Médicis. Ses travaux d'artiste
dans cette capitale ne lui firent pas oublier les affaires

---

(1) « Serenissima señora, he visto la carta de V. A. de 1° del pasado y el papel que dió el Católico que ha andado en los negocios de la tregua, en razon de venir en conferencia, la qual tengo por conviniente que se haga. Y assí podrá V. A. dar el papel que se le ha pedido y recivir el que dieren, y disponer la conferencia de manera que tenga effecto; y durante ella se podria hazer suspension de armas por tiempo de seis meses. Y para assistir en la conferencia podra nombrar V. A. las personas que le pareciere : que esto, como todo, lo remito á la prudencia de V. A., á quien encargo me avise qué cosas y condiciones se podrian pedir á Olandesses, assí para venir en la tregua como para passar al tratado de una paz : que esta se considera seria lo mejor encaminar.... » (*Correspondance*, t. XVI, fol. 174.)

politiques de son pays, comme le prouve la lettre
suivante qu'il écrivit à l'infante le 15 mars :

Madame Sérénissime,

Depuis que j'ai écrit à Montfort (1) par l'ordinaire dernier,
j'ai reçu encore un avis très-particulier touchant la venue en
cette cour du seigneur duc de Neubourg (2), muni de commission et des pouvoirs du roi pour traiter et conclure la trêve
avec les Hollandais. Cela, quoique je connaisse la valeur, la

(1) Jean de Montfort. Il était attaché à la maison de l'infante
Isabelle.
(2) Wolfgang-Guillaume, duc de Neubourg. Après un assez long
séjour à la cour de Bruxelles, ce prince en était parti, à la fin de
juillet 1624, pour se rendre en Espagne. Le but principal de son
voyage était d'obtenir que Philippe IV approuvât un accord qu'il
avait fait avec l'électeur de Brandebourg touchant les prétentions
qu'ils formaient respectivement sur les pays de Juliers et de Clèves.
Le roi non-seulement lui donna toute satisfaction sur ce point,
mais encore le fit son conseiller d'État. Il quitta Madrid vers le
milieu de mars 1625. Nous ne savons pas le jour où il arriva à Paris,
mais une dépêche du 1er mai du sieur de Vicq, résident de l'infante
Isabelle à la cour de France, lui fait connaître que, le soir même
ou le lendemain, il devait en partir.
Il y a, aux Archives de Bruxelles, dix lettres de Philippe IV à
l'infante, toutes datées du 8 mars 1625, concernant le duc de
Neubourg : dans aucune il n'est question de la charge que le roi lui
aurait donnée, comme le croyait Rubens, de négocier à la cour de
France.
Après le retour de Wolfgang-Guillaume en Allemagne, il entama
de lui-même des négociations de paix, par le moyen d'un de ses
conseillers, avec le prince Frédéric-Henri, et il en communiqua le
résultat à l'infante Isabelle. Cette princesse lui en sut peu de gré ;
elle écrivit au roi le 16 février 1626 : « Jamais il ne parut à propos
« à l'archiduc, mon seigneur, d'employer le duc en ces affaires-là,
« et je ne pense pas non plus que cela convienne au service de Votre
« Majesté. » (*Correspondance*, t. XIX, fol. 159.)

capacité et l'industrie de ce seigneur duc, m'a paru fort étrange, d'autant plus que nous savons certainement que cette résolution de Sa Majesté est fondée sur des raisons très-faibles, et que le tout s'est fait à la persuasion du greffier de Bie (1), lequel pense avoir traité, en cette cour, une grande affaire par le moyen d'un certain Fouquier, avec le favori du roi, nommé Toiras (2). Et comme, avant mon départ de Bruxelles, j'avais quelque indice de la chose, je me suis informé avec soin de la qualité de ces personnages. Voyant que ce n'était pas un secret, et considérant la prudence du seigneur de Meulevelt (3), je lui ai fait part du tout, pour entendre son intention et son jugement touchant cette matière. Votre Altesse connaitra son opinion par sa lettre propre (4), ci-jointe, laquelle n'est pourtant pas aussi explicite que la mienne, parce qu'il n'est pas informé de ce qui s'est traité par d'autres intermédiaires, et particulièrement avec le Catholique. Et, quoique je sache certainement que Votre Altesse est instruite de tout ce qui se passe et qu'elle a peut-être des raisons, de nous ignorées, qui la meuvent à approuver cette pratique du sieur de Bie, j'espère que Votre Altesse ne trouvera pas mauvais que je lui en dise mon avis, selon ma capacité et avec la liberté accoutumée : je le ferai d'autant plus délibérément que le seigneur de Meulevelt regarde la chose comme étant de grande importance. C'est pourquoi il a jugé nécessaire d'expédier cette estafette expresse à Votre

(1) Voy. p. 19.
(2) Jean de Saint-Bonnet de Toiras. Il était d'une bonne maison du Languedoc et le dernier de quatre frères. Il fut d'abord lieutenant dans la vénerie du roi et capitaine de la volière des Tuileries; puis il devint capitaine aux gardes. En 1625 il fut fait, par Louis XIII, qui l'aimait, mestre de camp et gouverneur du fort Saint-Louis, près la Rochelle. Il devint maréchal de France en 1630.
(3) Henri de Vicq, seigneur de Meulevelt, résident de l'infante à la cour de France, comme il a été dit à la note 2 de la page 29.
(4) Cette lettre manque dans la correspondance du sieur de Vicq qui est aux Archives du royaume.

Altesse, afin que nous sachions comment nous devons nous gouverner à l'arrivée du seigneur duc en cette cour, laquelle pourrait être bientôt.

Il paraît donc que cette affaire doit être considérée et dans son principe et dans son auteur, lequel se nomme Fouquier, comme je l'ai dit, et sollicite je ne sais quoi en cette cour, homme de très-mauvaise réputation, habitué à se faire donner de l'argent pour certaines prétentions fondées en l'air, au préjudice de tierces personnes (1). Ce fut lui qui, l'année dernière, amena de Bie à Paris, lui mettant en tête que, pour obtenir la trêve, il fallait gagner, même acheter à deniers comptants, le favori du roi, nommé M. de Toiras, auprès de qui il prétendait être en grande faveur ; et ce parti de Bie l'a proposé au seigneur duc de Neubourg (2), lequel, par sa bonté et sa crédulité (qui est proprement la qualité des personnes bien intentionnées), lui a prêté une foi entière et en a donné part au roi et à ses ministres ; même, si je ne m'abuse, le prix à payer pour cet achat a été déterminé, lequel serait peu considérable, parce que la majeure partie en serait pour les contractants, si jamais la chose pouvait avoir son effet. Mais nous ne sommes pas de cette opinion, en considérant l'état présent de cette cour, et nous croyons fermement qu'il ne se pourrait prendre une résolution plus contraire à la fin que nous désirons ni plus honteuse pour Sa Majesté, premièrement parce que le duc, venant d'Espagne, sera suspect ; même, comme intéressé à la trêve à cause de ses États, qui souffrent beaucoup de la guerre de Flandre, il sera peu cru, et il paraîtra que l'Espagne, par le moyen du seigneur duc et (ce qui est pire) par le moyen des Français, tâche de s'accommoder avec ses rebelles : ce qui semble être directement contre la réputation

---

(1) Rubens a écrit à la marge : « Il est bien connu du seigneur
« de Meulevelt et tenu pour tel que je le dépeins. »

(2) En marge : « Premièrement de bouche, et ensuite par lettres
« écrites au seigneur duc pendant son séjour en Espagne. »

de Sa Majesté, puisque ce sera Sa Majesté qui fera la première démarche et, selon nous, vainement et sans fruit : car les Français tiennent pour maxime d'État d'entretenir la guerre toujours vive en Flandre et le roi d'Espagne dans une dépense et une inquiétude continuelles, comme ils l'ont prouvé par tant de secours d'argent et d'hommes qu'ils ont donnés aux Hollandais depuis le commencement du règne d'Henri IV jusqu'aujourd'hui. Votre Altesse se doit rappeler que le prince d'Orange a toujours protesté, par l'organe du Catholique, que si la négociation venait à la connaissance des rois de France et d'Angleterre, il la cesserait à l'instant, et qu'il s'est plaint (bien qu'à tort, à ce que je crois) que ses écrits eussent été envoyés par nous en France, pour détruire la confédération des états et la bonne correspondance avec cette couronne. La proposition du duc de Neubourg ne servira donc qu'à découvrir nos secrets et à avertir nos ennemis français de bonne heure, afin qu'ils puissent avec plus de certitude et de violence s'opposer à nos desseins à l'aide de toutes leurs forces, dégoûter entièrement le prince d'Orange, et rompre toute autre négociation en cette matière, alors que, comme le sait Votre Altesse, la chose est déjà si avancée. Je ne vois pas comment les Français pourraient en aucune manière lever l'obstacle qui seul empêche l'effet de l'entreprise, la partie contraire étant soutenue par eux avec tant d'opiniâtreté, comme si la perte touchait leur intérêt propre. Et il me paraît ridicule de croire qu'à leur persuasion, nous soyons disposés à abandonner le siége de Breda, ou le prince à nous donner cette place à leur réquisition, et que les Français le désirent, ou qu'ils puissent trouver quelque moyen convenable pour la cessation d'armes plus que nous ne le ferions nous-mêmes si nous le voulions. Pour le reste on n'a pas besoin de leur faveur, comme Votre Altesse le sait, ni de l'entremise du seigneur duc, ni d'acheter des Français ce que nous pouvons avoir pour rien.

Quant à Toiras, que Votre Altesse m'en croie, c'est une folie d'espérer de lui une telle chose, qui n'est pas en son pouvoir (1), parce qu'il ne s'entremet point d'affaires d'État, qu'il est tenu pour gentilhomme sage et modeste, et qu'il n'a d'autre charge que le commandement du fort de Saint-Louis, près de la Rochelle. Il est venu à la cour, à la persuasion de Soubise, pour traiter d'un port qu'il voudrait faire à cette forteresse, et l'on pense que, sous peu de jours, il en partira (2). Il faut savoir que tout le gouvernement de ce royaume est aujourd'hui dans les mains de la reine mère et du cardinal de Richelieu, lesquels contrecarrent Toiras autant qu'ils peuvent, et seraient contraires à n'importe quelle chose qui se traiterait par lui ou pour lui. En ce qui concerne l'inclination particulière du roi envers lui, il est, dans la bonne grâce de Sa Majesté, bien au-dessous du nouveau favori, nommé Barradas (3), dont la faveur

(1) En marge : « Si cependant Toiras prête l'oreille au traité, « Votre Altesse verra que ce sera une perfidie et un traité double, pour « pouvoir révéler le tout au roi et lui faire paraître sa fidélité et son « intégrité, comme a fait le sieur Van Kessel avec le P. Ophoven. »
Un nommé Maximilien de Hornes, fils d'un bâtard de Hornes, avait persuadé à l'infante Isabelle que, par le moyen du P. Michel Ophoven, prieur des jacobins d'Anvers, elle pourrait gagner le sieur de Kessel, gouverneur de Heusden, près de Bois-le-Duc, qui lui livrerait cette place. Ophoven s'y rendit ; mais à peine il y arrivait qu'il fut arrêté et mis en prison par le gouverneur. Il eut beaucoup à souffrir durant sa captivité. Le peuple en Hollande était exaspéré contre lui et demandait sa tête. Isabelle n'obtint, qu'après bien des difficultés, qu'on consentit à l'échanger contre des prisonniers hollandais.
Quant à Maximilien de Hornes, il fut mis au château de Vilvorde.
(2) Le sieur de Vicq écrivait, le 1ᵉʳ mai 1625, à l'infante : « On a « d'icy envoyé Toras, qui souloit estre favorit du roy, à son gouver- « nement du fort de la Rochelle. »
(3) François de Barradas. Dans sa lettre du 1ᵉʳ mai, citée à la note précédente, de Vicq écrit : « Le nouveau favorit, nommé Barradas, à « présent premier escuier, entre fort puissamment en grâce, sans « touttesfois se mesler pour encore d'affaires d'Estat. » Richelieu

3

est telle qu'elle étonne toute la cour, et qu'elle excite la jalousie du cardinal lui-même, qui par toute sorte d'artifices s'applique à le rendre son obligé (1).

Considérant toutes les raisons susdites, je supplie Votre Altesse de vouloir me donner la permission de dire ingénûment mon avis, puisqu'elle m'a fait l'honneur de me consulter quelquefois sur le même sujet. Je trouve le seigneur duc de Neubourg très-apte à négocier ce traité, mais pas à cette cour, laquelle abhorre la trève plus qu'aucune chose du monde ; de divers côtés, d'ailleurs, à mon grand déplaisir, on me donne peu d'espérance du succès. Je me doute, connaissant la manière de faire de ce prince, que la négociation serait bientôt publique partout, et je laisse à considérer à Votre Altesse de quelle conséquence cela serait. Il paraîtrait pour cela au seigneur de Meulevelt et à moi nécessaire que Votre Altesse retint de Bie, qui dit vouloir venir à la rencontre du duc, par la poste, jusqu'à Orléans (2), pour l'aider dans cette négociation. Il serait bon aussi que Votre Altesse voulût avertir à temps le seigneur duc qu'il ne fît aucune ouverture de l'affaire, ici, avant d'en avoir communiqué avec elle ; qu'elle l'invitât, en conséquence, à se

---

le fit congédier au mois de décembre 1626, pour l'opposition qu'il avait faite au mariage du duc d'Orléans, frère du roi, avec mademoiselle de Montpensier.

(1) En marge : « Avec tout cela le roi a dit à Barradas qu'il ne se « mêle pas d'affaires et ne pense jamais à avoir part aux choses qui « touchent le gouvernement de l'État. »

(2) A la marge : Je crois qu'il a déjà obtenu de Votre Altesse la « permission de venir à Pâques. »

De Bie avait fait demander au roi, par le duc de Neubourg, la permission de se rendre en Espagne, pour l'informer de plusieurs choses particulières qui importaient à son service : Philippe IV, par une lettre du 8 mars, charge l'infante Isabelle d'entendre ce qu'il a à dire, et si la chose mérite véritablement qu'il fasse le voyage de Madrid, il autorise l'infante à lui en donner la permission. (*Correspondance*, t. XVII, fol. 159.)

rendre directement à Bruxelles, sans s'arrêter du tout à cette cour ; puis Votre Altesse ayant eu le temps d'y penser, ayant causé avec le duc et pris connaissance de ses instructions, vous pourriez ensemble résoudre ce qui vous paraîtrait le plus à propos.

Cependant je supplie Votre Altesse de daigner me faire savoir, le plus tôt possible, comment je me dois conduire avec le duc en cette affaire ; le seigneur de Meulevelt aussi, supposant que le seigneur duc voudra se servir de son appui en cette cour, désire connaître si l'intention de Votre Altesse est qu'il le seconde, ou qu'il l'empêche de mettre la main à cette pâte. Moi encore, quoique bien petit instrument, je pourrais, pour la bonne inclination que le seigneur duc a toujours montrée envers moi, servir à le détourner du dessein qu'il paraît avoir, si j'étais instruit de la volonté de Votre Altesse Sérénissime, à laquelle je me soumets très-humblement. J'ose espérer que Votre Altesse pardonnera ma hardiesse, la suppliant de croire que je suis mû seulement par mon zèle pour le service du roi et de Votre Altesse, ainsi que pour le bien public de ma patrie.

Sur ce, faisant fin, je baise, avec toute révérence, les pieds de Votre Altesse Sérénissime.

PIETRO PAOLO RUBENS.

Comme le marquis de Mirabel, ambassadeur catholique en cette cour, personnage très-prudent et discret, a eu quelque vent de la charge donnée au seigneur duc de traiter cette affaire, ce qu'il trouve très-mauvais, je crois qu'il tâchera de l'empêcher : il est donc nécessaire que Votre Altesse, sans perdre de temps, fasse connaître sa volonté, afin qu'il ne se fasse pas de mauvaise besogne à l'encontre des intentions de Votre Altesse, qui peut-être sait quelque mystère que nous ne pénétrons pas et qu'il ne convient pas que nous sachions, moi du moins, à qui il suffit du moindre mot de Votre Altesse pour que je lui obéisse.

Alors même qu'il se dût traiter d'un accommodement général des différends existants entre les couronnes d'Espagne et de France, il vaudrait mieux, selon notre jugement, que le légat du pape (1), qui, à ce qu'on annonce, viendra certainement sous peu en cette cour, fît la première ouverture, comme étant personne neutre. Si l'on voulait ensuite y faire entrer la trêve, pour lever l'obstacle de cette guerre de Flandre qui cause de grands inconvénients et ruine la bonne intelligence entre les deux couronnes, il serait préférable qu'une telle proposition fût faite par un tiers non intéressé ni suspect, tel que le légat, au lieu de l'être par un prince qui a des intérêts très-grands avec l'Espagne et vient de la cour de Madrid (2), cette affaire n'étant pas une de celles qu'on puisse négocier en passant ; tout au moins, si le seigneur duc doit la faire, elle se ferait plus opportunément et avec plus de bienséance après l'arrivée du légat et que celui-ci aurait fait sa proposition pour l'arrangement des affaires d'Italie et de la Valteline. Il serait facile d'y rattacher ensuite celle de la trêve, à l'occasion des secours que le roi de France donne aux Hollandais et d'affaires semblables. Je demande derechef pardon à Votre Altesse de la présomption qui me fait parler avec trop de liberté de choses de si grande importance.

Si j'étais informé de la volonté de Votre Altesse, je pourrais écrire à ce sujet au seigneur don Diego (3) et au seigneur comte d'Olivarès ; j'aurais aussi écrit au seigneur marquis Spinola : mais je n'ose risquer la lettre ; si Votre Altesse le trouve bon, elle pourra donner à Son Excellence communica-

(1) Le cardinal Barberini, neveu du pape. Il fit son entrée à Paris seulement le 21 mai, ainsi que le sieur de Vicq l'écrivit, le 22, à l'infante Isabelle.

(2) A la marge : « Le tout soit dit avec la soumission et la réserve « dues. »

(3) Don Diego Messia, que Philippe IV, en 1627, fit marquis de Leganes.

tion de celle-ci. Ce dont je supplie Votre Altesse, c'est qu'elle daigne recommander le secret, et que cette lettre soit jetée au feu : car je suis serviteur très-affectionné et très-dévoué du seigneur duc de Neubourg, et je n'ai aucun motif de la plus petite malveillance envers le sieur de Bie (comme le sait Dieu); au contraire, je suis son ami, et je ne voudrais en aucune manière m'attirer son inimitié. Mais le bien public et le service de Votre Altesse l'emportent en moi sur toute autre passion. Je me recommande donc à la prudence et à la discrétion de Votre Altesse Sérénissime (1).

Les négociations qui, durant quatre années, avaient eu lieu entre la cour de Bruxelles et le prince d'Orange cessèrent par la mort de Maurice de Nassau, arrivée le 23 avril 1625.

La part qu'y prit Rubens contribua à développer le penchant naturel que, selon la remarque d'un de ses biographes, il avait pour les occupations de la politique (2). Il ne lui fallait que des occasions pour montrer que, s'il était un peintre incomparable, il avait aussi les aptitudes qui font l'homme d'Etat.

Ces occasions ne tardèrent pas à s'offrir.

(1) Voir le texte dans les *Appendices*, n° IV.
(2) J. Pelletier, *Rubens diplomate* : discours lu dans la séance publique annuelle des cinq académies, à Paris, le 16 août 1865.

CHAPITRE DEUXIÈME.

Relations entre l'Espagne et l'Angleterre. — Paix de 1604. — Projet de mariage du prince de Galles avec l'infante doña Maria. — Voyage du prince à Madrid; accueil qu'il y reçoit. — Buckingham se brouille avec Olivarès. — Le prince retourne en Angleterre et persuade à son père de renoncer au mariage d'Espagne. — Le parlement, consulté, vote dans ce sens. — Le roi Jacques renvoie de sa cour les ambassadeurs de Philippe IV. — Il fait passer des secours aux Provinces-Unies. — Sa mort. — Charles Ier forme une ligue contre la maison d'Autriche et le roi d'Espagne. — Il envoie des troupes en Allemagne et une flotte contre Cadix. — Mauvais succès des unes et de l'autre. — Philippe IV use de représailles. — Charles Ier cherche à se rapprocher de l'Espagne. — Relations de Rubens avec Gerbier. — Ouvertures que Buckingham lui fait faire par celui-ci. — Venue de Gerbier à Bruxelles. — Lettre qu'il remet et proposition qu'il présente à Rubens de la part du premier ministre d'Angleterre. — Réponse qu'y fait Rubens. — Nouvelle communication qu'il reçoit de Buckingham. — Arrivée à Bruxelles de l'abbé Scaglia, ambassadeur de Savoie. — Audience que lui donne l'infante. — Ce qu'il dit à Rubens touchant les dispositions mutuelles de la France et de l'Angleterre. — Philippe IV approuve ce que l'infante a fait répondre à Buckingham. — Il lui envoie des pouvoirs pour traiter avec l'Angleterre et les Provinces-Unies. — Il lui recommande de n'écouter aucune proposition de l'abbé Scaglia. — Il lui témoigne son déplaisir qu'un homme de si peu de consistance qu'un peintre ait été employé en de semblables affaires. — L'infante justifie auprès du roi l'intervention de Rubens. — Scaglia quitte Bruxelles.

Après de longues et sanglantes guerres causées par l'inimitié irréconciliable de Philippe II et d'Élisabeth, l'Espagne et l'Angleterre avaient enfin compris la nécessité de mettre un terme à des querelles aussi funestes aux intérêts de l'une que de l'autre; elles avaient signé la paix le 27 août 1604. Les relations étaient dès lors devenues très-amicales entre les deux pays et leurs souverains, Philippe III et Jacques Ier. Elles ne furent que faiblement altérées par les événements qui, à la suite des troubles de Bohême, firent perdre ses États à l'électeur palatin Frédéric, gendre du roi d'Angleterre, quoique les armes espagnoles eussent contribué à ce résultat; Jacques remit même en dépôt à l'infante Isabelle la ville de Frankenthal, dans le Bas-Palatinat, qui était occupée par ses troupes ([1]). Ce monarque semblait alors n'avoir qu'un but : le mariage de son fils, Charles, avec l'infante d'Espagne doña María, sœur de Philippe IV, qui se négociait depuis plusieurs années; il était persuadé que cette alliance intime entre les deux maisons royales aurait pour conséquence nécessaire le rétablissement de son gendre. Le prince de Galles ne la désirait pas moins. Voulant en faire accélérer la conclusion et connaître par lui-même sa fiancée, il partit à l'improviste d'Angleterre, sous un déguisement et un nom d'emprunt, à la fin du mois de février 1623; il était accompagné seulement du marquis de Buckingham et de trois personnes atta-

---

[1] En vertu d'un traité conclu à Londres le 19/29 mars 1623. (Du Mont, *Corps diplomatique*, t. V, partie II, p. 433.)

chées à sa maison. Il arriva à Madrid le 17 mars, à la grande surprise de toute la cour. Pendant le séjour de six mois qu'il y fit, les fêtes se succédèrent en son honneur; la famille royale ainsi que les grands le comblèrent de prévenances (¹) : mais Buckingham, que le roi Jacques venait d'élever à la dignité de duc (²), ne s'entendit pas avec Olivares; des froissements dont les historiens nous laissent ignorer la nature et les causes (³) se produisirent entre les deux favoris; ils firent naître, dans l'esprit de Buckingham, le dessein de rompre une union que son souverain avait si vivement recherchée. Après bien des discussions, on était tombé d'accord sur les clauses du contrat matrimonial; le 7 septembre le prince de Galles et Philippe IV en jurèrent l'accomplissement; l'infante doña María prit, à partir de ce jour, le titre de princesse d'Angleterre. Le 9 Charles quitta Madrid en annonçant qu'il laissait entre les mains de l'ambassadeur extraordinaire du roi

---

(1) M. Villaamil, *Rubens diplomático español*, pp. 21-33, a publié une relation officielle de l'arrivée et du séjour à Madrid du prince de Galles. Cette relation fut envoyée à tous les ambassadeurs d'Espagne dans les cours étrangères; il y en a une copie aux Archives de Bruxelles, reg. *Correspondance d'Ambroise Spinola avec divers*, t. V, fol. 103.

(2) Par lettres patentes données à Greenwich le 18 mai 1623.

(3) On a raconté que Buckingham avait excité la jalousie d'Olivares par ses assiduités auprès de sa femme; mais un historien fait remarquer que « la duchesse d'Olivares était alors si vieille et si « laide, oui si décrépite et si dégoûtante qu'elle n'était pas plus propre « à donner de la tentation au favori qu'à être la cause glorieuse de « son dépit et de sa vengeance. » (*Abrégé historique des actes publics d'Angleterre recueillis par Thomas Rymer.*)

son père, le comte de Bristol, son pouvoir pour épouser l'infante aussitôt qu'on recevrait la dispense attendue du pape. Le 21 septembre, il s'embarqua à Santander sur des vaisseaux que l'amirauté anglaise y avait expédiés.

Docile aux conseils de Buckingham, quelques jours après son départ de Madrid, il avait fait savoir au comte de Bristol qu'il ne devait pas se dessaisir, sans de nouveaux ordres, de la procuration qui lui avait été remise. A peine arrivé en Angleterre [1], il persuada au roi de renoncer au mariage d'Espagne : il se flattait d'obtenir la main de la princesse Henriette-Marie, sœur du roi de France; il fit envisager à son père cette union comme plus avantageuse que l'autre à la couronne britannique. Jacques consulta là-dessus le parlement, dont l'opinion lui était connue d'avance, car la nation anglaise avait toujours été contraire à l'alliance projetée avec la princesse espagnole. Le parlement se prononça avec énergie pour qu'elle fût abandonnée; la chambre des communes accorda au roi des subsides afin qu'il recouvrât par la voie des armes les États du palatin. L'ambassadeur anglais à Madrid, sir Walter Asthon, eut ordre de déclarer au roi Philippe qu'il ne pouvait plus être question d'union matrimoniale entre les maisons d'Angleterre et d'Espagne : il s'acquitta de

[1] L'infante Isabelle, qui était loin de soupçonner ses desseins, lui envoya, le 1er novembre, don Diego Messia, pour le complimenter sur son retour.

cette commission dans une audience qu'il eut du roi au mois de mai 1624 (¹).

Jacques était décidé à faire la guerre à l'Espagne : mais il ne la déclara pas d'abord ouvertement. Il fit sortir de sa cour, au mois de juillet, les deux ambassadeurs de Philippe IV qui y résidaient, le marquis de la Inojosa et don Cárlos Coloma, sous prétexte d'une accusation téméraire qu'ils se seraient permise contre le duc de Buckingham, et il chargea son ambassadeur à Madrid de demander qu'un châtiment exemplaire leur fût infligé (²). Il envoya six mille hommes au secours des Provinces-Unies. Il se disposait à intervenir en Allemagne lorsque la mort le surprit, le 6 avril 1625.

Son successeur, Charles I*ᵉʳ*, poursuivit avec ardeur, comme on pouvait s'y attendre, l'exécution de ses desseins. Il fit partir pour la Haye Buckingham et le comte de Holland, et ces ministres conclurent, avec les plénipotentiaires des Provinces-Unies, de France et de

(1) Lettre de Philippe IV à l'infante Isabelle, du 30 mai 1624. (*Correspondance*, t. XV, fol. 227.)

(2) « Serenissima señora, don Gualtero Aston, embajador del rey de la Gran Bretaña, me ha dado, en nombre de su amo, el papel que va con esta, en que, como V. A. verá por él, se queja de la acusacion que el marqués de la Inojosa y don Cárlos Coloma hizieron al duque de Boquingan de que tratava de retirar al rey, no viniendo en el rompimiento de los dos tratados del casamiento y del Palatinato, pidiéndome con ynstancia los castigase... » (Lettre de Philippe IV à l'infante Isabelle, du 4 septembre 1624 : *Correspondance*, t. XVI, fol. 130.) Il résulte de cette lettre que le grief imputé aux deux ambassadeurs était d'avoir dit que Buckingham aurait menacé de se retirer, si le roi ne rompait pas avec l'Espagne.

Danemark, une ligue contre l'empereur et le roi d'Espagne. Il ordonna la levée d'un corps de douze mille hommes qui, sous les ordres du comte Ernest de Mansfelt, devait être employé à la conquête du Palatinat, en même temps qu'une flotte formidable, destinée à attaquer Cadix et à capturer les galions attendus des Indes, s'équipait dans les ports d'Angleterre. Cette flotte, composée de près de cent voiles, sous les ordres du vicomte de Wimbleton, se présenta devant Cadix le 1er novembre : après des attaques réitérées, que les Espagnols soutinrent victorieusement, elle fut obligée de reprendre en mauvais état le chemin de l'Angleterre, et une tempête dont elle fut assaillie en route ajouta aux dommages qu'elle avait reçus. Les troupes envoyées par Charles en Allemagne n'eurent pas un meilleur succès.

Malgré l'injure qui lui avait été faite dans la personne de sa sœur, et quoiqu'il eût été de bonne heure informé des intentions hostiles du gouvernement anglais, Philippe IV, d'accord avec l'infante Isabelle (¹), s'était abstenu jusque-là de tout acte où l'Angleterre eût pu

---

(1) L'infante Isabelle écrivait au roi le 20 mai 1624 : « Aunque « Ingleses hablan en el rompimiento, no han roto, y mientras no lo « hazen, no es bien que V. Md comienze... » (*Correspondance*, t. XV, fol. 193.) Le roi lui mandait, de son côté, le 30 du même mois : « El « fin principal que yo llevo es quietar las cosas de Alemaña y que se « tome en ellas un buen assiento, dando al rey de Inglaterra en las « de su yerno toda la satisfacion que se pueda, escusando con esto « mayores inconvenientes. » (*Ibid.*, fol. 237.) Il revenait là-dessus le 3 juillet, en répondant à la lettre de l'infante du 20 mai : «He visto la « opinion que V. A. tiene — lui disait-il — de no convenir romper con

voir l'indice de dispositions à rompre avec elle; il avait même voulu donner satisfaction au roi Jacques en ne souffrant pas que le marquis de la Inojosa parût à sa cour et que don Cárlos Coloma reprit possession de son gouvernement de Cambrai sans s'être justifiés de l'imputation qui leur était faite (¹) : les embarras qu'il avait en Italie, en Allemagne et aux Pays-Bas lui dictaient cette politique de temporisation. Mais, après l'agression que les Anglais venaient de commettre, il ne pouvait plus hésiter. Il donna des ordres, en Espagne et aux Pays-Bas, pour qu'on usât de représailles envers eux et qu'on se disposât à les attaquer même dans leur île; il fit saisir tous les biens qu'ils avaient dans ses Etats (²); il écrivit à l'infante Isabelle : « Le roi d'Angleterre » ayant, sans qu'on lui en ait donné de motif ou de pré- » texte, rompu la paix que son père conclut avec le » mien et dont il est résulté tant de biens pour les sujets » des deux couronnes, il convient qu'il se fasse envers lui » la démonstration que mérite une action si injuste et » que cette démonstration soit telle qu'il demeure puni » de son audace (³) ». Il signa des lettres à l'empereur,

« aquel rey, sino estar á la mira de lo que de su parte se haze en esto,
« que me ha parecido bien...; y assí me he conformado con ello...»
(*Correspondance*, t. XVI, fol. 1.)

(1) Lettres de Philippe IV à l'infante Isabelle des 4 septembre et 1ᵉʳ novembre 1624. (*Correspondance*, t. XVI, fol. 130 et 221.)

(2) Lettre à l'infante Isabelle du 7 novembre 1625. (*Correspondance*, t. XVIII, fol. 207.)

(3) « Haviendo el rey de Inglaterra roto la paz que su padre as-

au roi de Pologne, aux ducs de Saxe et de Bavière et aux électeurs ecclésiastiques, où il les informait de ce qui venait de se passer; en même temps il chargea le comte d'Ossona, son ambassadeur en Allemagne, de s'appliquer à resserrer son union avec ces princes. Il rappela de Londres le secrétaire Jacques Bruneau, qui l'y représentait depuis le départ de Coloma et de la Inojosa (¹).

La campagne de 1626 ne fut pas plus heureuse, sur terre et sur mer, pour les armes britanniques, que ne l'avait été celle de 1625. Dans ces circonstances, Charles Ier fut assez malavisé pour se brouiller avec la France, tandis que, au contraire, Philippe IV, par un traité conclu à Monzon le 5 mars (²), avait ajusté ses différends avec cette couronne. Charles alors reconnut la faute qu'il avait commise en cherchant querelle

sentó con el mio, de que tantos bienes se siguiéron á los súbditos de ambas coronas, sin que de aquí se le aya dado causa ni pretexto justo para ello, se ha considerado quanto lo es que de mi parte se haga con el dho rey la demostracion que merece accion tan injusta; y en razon desto... parece preciso que la demostracion se haga y tal que aquel rey quede escarmentado de su atrevimiento..... » (Lettre du 25 novembre 1625. (*Correspondance*, t. XVIII, fol. 250.)

(1) Lettre du 7 novembre ci-dessus citée.
L'infante Isabelle rappela aussi de Londres l'agent qu'elle y avait, Jean-Baptiste Van Male. Au moment où la flotte anglaise faisait voile vers Cadix, Charles Ier avait donné l'ordre à son agent à Bruxelles, William Trumbull, de prendre congé de l'infante.

(2) Ce traité, signé par le comte-duc d'Olivarès, pour l'Espagne, et par le comte de la Rochepot, pour la France, mettait fin aux différends qui s'étaient élevés entre les deux pays touchant la Valteline, Gênes et d'autres endroits d'Italie.

si mal à propos à l'Espagne, et il songea aux moyens de la réparer sans que sa dignité eût trop à en souffrir.

Au commencement de 1627 le duc de Buckingham, par le moyen d'un gentilhomme irlandais (1) attaché à la maison du roi, envoya à Madrid un religieux dominicain, le P. Guillaume du Saint-Esprit, en habit séculier, avec la charge d'exprimer au comte-duc d'Olivares le regret que les liens d'amitié qui avaient uni l'Angleterre et l'Espagne se fussent rompus, et le désir que la bonne harmonie pût être rétablie entre elles (2).

Dans le même temps il eut recours à un autre intermédiaire sur l'intervention duquel il fondait surtout des espérances, qui ne furent pas déçues : cet intermédiaire était Rubens.

On se rappellera que Rubens était à Paris au printemps de 1625. Il y assista, le 11 mai, à la célébration du mariage de la princesse Henriette-Marie avec Charles I*er* (3). Il s'y trouvait encore lorsque, le

---

(1) Il est nommé, dans les documents espagnols, *don Juan Bateo*. D'après une lettre de Philippe IV à l'infante Isabelle du 1*er* juin 1627, il était en relations intimes avec le marquis de la Inojosa.

(2) *Relacion de las pláticas de paz que se han movido á S. M*d *de parte de los ministros del rey de Inglaterra y con sabiduria suya*, jointe à une lettre de Philippe IV à l'infante Isabelle du 24 octobre 1628. (*Correspondance*, t. XXIV, fol. 169.)

(3) Il courut, en cette occasion, un assez grand danger. Il était placé, à côté de son ami Valavez, sur une estrade élevée en face du théâtre dressé devant la porte de l'église métropolitaine de Paris, où s'accomplissait la cérémonie : cette estrade avait été spécialement

24 du même mois, arriva dans cette capitale le duc de Buckingham, chargé par son souverain de conduire la nouvelle reine en Angleterre.

Parmi les personnes de la suite du duc était le peintre Gerbier, qui avait une grande part à sa confiance. Rubens se lia avec Gerbier; il fut présenté par celui-ci à Buckingham, qui lui fit un accueil distingué et le chargea de peindre son portrait ([1]). Les deux artistes avaient ensemble des conversations fréquentes dont la peinture ne faisait pas seule l'objet; la politique aussi y avait part. Rubens savait, et il ne le laissa pas ignorer à son interlocuteur, qu'à la cour de Bruxelles on regrettait les rapports d'amitié que, pendant vingt ans, l'Angleterre avait eus avec l'Espagne; il ne cacha pas non plus à Gerbier que l'infante Isabelle désirait vivement voir s'accommoder les différends qui divisaient les deux pays. Lorsque Rubens repartit pour Bruxelles

---

destinée aux Anglais de la suite des ambassadeurs de leur pays ; ils y vinrent si nombreux que leur poids fit effondrer le plancher. Valavez et beaucoup de ceux qui étaient là furent précipités à terre et tous plus ou moins grièvement blessés. Rubens se trouvait au bord de l'estrade, à laquelle une autre estrade était contiguë ; il avait un pied sur l'une et un pied sur l'autre ; il retira lestement sa jambe de l'estrade qui s'effondrait : par là il échappa à la catastrophe.

C'est lui-même qui rapporte ces détails dans une lettre du 13 mai à Peiresc dont l'original est conservé à la Bibliothèque royale, à la Haye.

(1) Les historiens de Rubens rapportent que, peu après, Buckingham alla visiter le grand peintre à Anvers. Ils n'ont pas réfléchi que l'état où les relations de l'Angleterre avec l'Espagne étaient alors rendait ce voyage impossible.

et Gerbier pour Londres, une correspondance s'établit entre eux; elle continua même après que la guerre eut été déclarée (1).

Dans le courant du mois de janvier 1627, Gerbier écrivit à Rubens qu'il avait des communications à lui faire de la part du duc de Buckingham, et le pria de lui procurer un passe-port qui lui permît de se rendre aux Pays-Bas. Ce passe-port lui fut envoyé (2). Il arriva à Bruxelles sur la fin de février. Il était porteur d'une lettre de créance du duc pour Rubens (3). Après la lui avoir délivrée, il lui présenta un écrit contenant la proposition qu'il était chargé de lui transmettre; elle consistait en ce qu'il se fît une suspension d'armes, avec entière liberté du commerce, entre le roi d'Espagne, le roi de la Grande-Bretagne, le roi de Danemark et les états généraux des Provinces-Unies, pour le terme de deux, trois, quatre, cinq, six ou sept années, pendant lequel on travaillerait à l'établissement d'une paix solide. Dans un second écrit qu'il remit également à Rubens, étaient déduites les raisons qui déterminaient

---

(1) Sainsbury, pp. 68-70.
(2) Lettre de l'infante Isabelle à Philippe IV du 4 février 1627. (*Correspondance*, t. XXI, fol. 120.)
(3) Le marquis de los Balbases (Ambroise Spinola) écrivit, de son côté, à Gerbier :
« Monsieur, le sieur Rubens m'ayant communiqué les lettres que vous lui avez apportées de la part du duc de Buckingham, j'ai jugé à propos de vous dire que vous pouvez continuer à traiter avec ledit Rubens de l'affaire dont vous êtes chargé. » Bruxelles, 24 février 1627. » (Sainsbury, p. 72.)

le duc à faire cette proposition : c'était qu'on ne pouvait songer à renouveler purement et simplement le traité de 1604; que les changements survenus dans les affaires y rendaient des modifications indispensables; que, pour s'entendre sur ces modifications, beaucoup de temps serait peut-être nécessaire; qu'il était donc à propos de convenir d'abord d'une cessation d'armes (¹).

Rubens ayant rendu compte à l'infante Isabelle de la communication de Gerbier, elle le chargea de répondre à celui-ci que, comme des difficultés pourraient se présenter en ce qui concernait le roi de Danemark et les états généraux des Provinces-Unies, elle souhaitait que le duc de Buckingham déclarât « si le roi » de la Grande-Bretagne, en ce cas, voudrait traiter » au regard seulement de ses couronnes, afin qu'elle » en fît part à Sa Majesté Catholique (²). »

Gerbier retourna en Angleterre avec la réponse de Rubens (³).

Buckingham devait être animé d'un vif désir d'entamer la négociation avec l'Espagne, car, dès le 9 mars (v. st.), il fit savoir à Rubens que le roi son maître consentait qu'il se traitât séparément d'un accord entre l'empereur et le roi de Danemark : en conséquence on pouvait, sans différer, s'occuper à Bruxelles d'un ac-

---

(1) Lettre de l'infante Isabelle à Philippe IV du 28 février 1627 et pièces y jointes. (*Correspondance*, t. XXI, fol. 170 et suiv.)
(2) *Ibid.*
(3) Elle a été publiée par M. Sainsbury, p. 250.

commodement entre l'Espagne et l'Angleterre, y compris les Provinces-Unies; l'alliance que le roi avait avec ces provinces depuis tant d'années ne lui permettait pas de les en exclure, mais il s'engageait à faire tout son possible pour les amener à être raisonnables dans leurs prétentions, et il allait leur envoyer quelqu'un afin de les sonder là-dessus. Il demandait que l'infante se procurât un pouvoir du roi d'Espagne qui l'autorisât à présider à cette double négociation, et même à intervenir pour l'arrangement des affaires du palatin (¹).

Isabelle informa le roi, le 17 avril, des nouvelles ouvertures du duc de Buckingham, comme elle l'avait fait (²) de celles qui avaient eu lieu par l'intermédiaire de Gerbier.

(1) «... Rubens ha tenido cartas del duque de Boquingam y de Gerbier con declaracion de que el rey de Inglaterra se contenta que el concierto entre el emperador y rey de Dinamarca se trate á parte, esperando que V. M⁴ ayudará á su adelantamiento, y que desde luego se trate aquí el de Inglaterra, y juntamente con él el de Olandeses, diziendo que teniendo, tantos años ha, confederacion con ellos, no les pueden dexar fuera i offresciendo el rey de Inglaterra hazer quanto pudiere con ellos para que se compongan lo mas en razon que fuere possible; y pide que yo procure poderes de V. M⁴ para estos dos tratados, incluyendo en ellos las cosas del palatino en quanto V. M⁴ pudiere y se estendiere su real facultad; y muestran tal desseo de llegar al effecto d'estos tratados que desde luego embiará el d⁰⁰ rey persona á Olanda (aunque devaxo de otro pretexto) para saver la intencion de los Olandeses... » (Lettre d'Isabelle à Philippe IV du 17 avril 1627 : *Correspondance*, t. XXI, fol. 320.)

(2) Par sa lettre du 23 février déjà citée.

Le 10 mai arriva à Bruxelles l'abbé Scaglia (¹), qui avait été quelque temps ambassadeur de Savoie en France, et qui, au commencement de l'année précédente, était passé en Angleterre, sous le prétexte de complimenter le roi Charles sur la mort de son père, mais en effet pour solliciter le gouvernement britannique d'aider le duc Charles-Emmanuel à s'emparer de l'île de Corse (²). Les relations de l'Espagne étaient en ce moment très-froides avec la cour de Turin, qui, les années précédentes, s'était alliée contre elle aux Vénitiens et à la France (³). Scaglia, après avoir présenté à l'infante les compliments des princes de la maison ducale, la pria de vouloir intervenir auprès du roi son neveu, afin qu'il rendit ses bonnes grâces au duc, dont la volonté était de servir désormais Sa Majesté Catholique dans toutes les occasions (⁴). L'ambassadeur avait su à Londres les communications faites à Rubens; il était allé trouver le célèbre peintre à Anvers, et celui-ci l'avait accompagné à Bruxelles, où ils avaient

(1) Dépêche de l'ambassadeur de France à Bruxelles, Baugy, du 15 mai. (Bibliot. nat. à Paris, MS. fr. 17942.)

(2) Lettre de Philippe IV à l'infante Isabelle du 12 février 1626; lettre de l'infante au roi du 23 mars. (*Correspondance*, t. XIX, fol. 136 et 218.)

(3) Par un traité fait à Paris le 7 février 1623 (Du Mont, *Corps diplomatique*, t. V, partie II, p. 417), Charles-Emmanuel s'était ligué avec Louis XIII et la république de Venise pour chasser les Espagnols de la Valteline.

(4) Lettre de l'infante au roi du 23 mai. (*Correspondance*, t. XXI, fol. 390.)

vu ensemble le marquis Spinola (¹). Scaglia lui dit qu'il avait entre les mains l'accommodement de la France avec l'Angleterre; qu'il pouvait tenir la chose en suspens durant deux mois, comme il le ferait, parce que le duc son maître voulait qu'il donnât la préférence à l'accord entre l'Angleterre et l'Espagne; qu'il fallait donc profiter d'une conjoncture aussi favorable (²).

L'infante ne manqua pas de rendre compte au roi de toutes ces particularités.

Philippe IV, en recevant le premier avis des propositions du gouvernement britannique, avait approuvé que la princesse sa tante les eût admises, et la réponse qu'elle y avait faite (³). Lorsque les dépêches du 17 avril lui parvinrent, il se trouva dans quelque embarras. Le comte-duc d'Olivares et l'ambassadeur de France, le comte de la Rochepot, avaient signé, le 20 mars, à Madrid, un traité d'alliance qui n'allait à rien moins qu'à envahir la Grande-Bretagne, la conquérir à frais communs, la partager entre les deux

(1) Lettre de Rubens à Gerbier du 19 mai, dans Sainsbury, p. 251.
(2) Deuxième lettre de l'infante au roi du 23 mai. (*Correspondance*, t. XXI, fol. 391.) — Lettre de l'infante du 22 juillet. (*Ibid.*, t. XXII, fol. 132.)
(3) « ... Háme parescido bien el haver admitido V. A. estas propusiciones y la forma en que respondió á ellas, que fué muy como de su prudencia... » (Lettre du roi à l'infante du 23 mars 1627 : *Correspondance*, t. XXI, fol. 265.)

couronnes et y rétablir la foi catholique (¹). Ce traité avait été ratifié par Louis XIII, et Philippe venait de le ratifier à son tour. Comment, après cela, pouvait-il songer à des négociations avec l'Angleterre? Il jugea cependant qu'il était d'une bonne politique de ne pas rejeter les ouvertures qui lui étaient faites. Il manda à l'infante de continuer à y prêter l'oreille, non qu'il pût être question, pour le moment, de rien conclure avec le gouvernement anglais, mais afin de gagner du temps (²). Il lui envoya, selon le désir de Buckingham, un pouvoir qui l'autorisait à traiter de paix, de trêve ou de suspension d'armes avec tous rois et princes, en l'antidatant de quinze mois (³) : de cette façon il ne pourrait donner lieu à des réclamations de la part de la France, si elle venait à le connaître. A ce pouvoir il en joignit un second, de la même date, contenant une pareille autorisation en ce qui concernait les états généraux des Provinces-Unies, à condition qu'avant tout ceux-ci renonçassent au titre d'états libres et que l'exercice de la religion catholique fût admis dans les-dites provinces (⁴).

(1) Sismondi, *Histoire des Français*, t. XVI, p. 26 (édit. de Bruxelles).
(2) « ... El fin principal es... no asentar agora nada con Inglaterra, sino entretenella... » (Lettre du 1ᵉʳ juin 1627 : *Correspondance*, t. XXII, fol. 6.)
Cette lettre a été publiée par M. Villaamil, p. 103.
(3) Ce pouvoir était daté du 24 mars 1626.
(4) « ... Con que ellas (las Provincias Unidas) ante todas cosas

Il n'avait pas appris avec satisfaction le voyage de l'abbé Scaglia à Bruxelles. Il chargea l'infante de répondre à ce que cet ambassadeur lui avait exprimé des désirs et des intentions de son maître, que si les affaires d'Italie, et particulièrement celles de Gênes, s'arrangeaient, il recevrait le duc très-volontiers en sa grâce et les bras ouverts. Il voulait d'ailleurs que l'infante ni aucun des ministres qui étaient auprès d'elle n'écoutassent Scaglia, s'il tentait de leur faire quelque proposition; ils devaient, au contraire, tâcher de hâter le moment où il quitterait Bruxelles, « sa » présence dans cette capitale » — disait le roi — « étant préjudiciable à mon service, et ma couronne » ne pouvant que recevoir un grand discrédit de ce » que celui qui s'est si mal conduit et est si in- » férieur en dignité, prétende, presque au même » temps qu'il cherche à exciter le monde contre moi, » se faire arbitre et médiateur de mes affaires et de » celles des autres princes de l'Europe (1). »

Dans la même dépêche Philippe IV témoignait à

---

vengan, y no de otra manera, en ceder el punto de libres y en admitir el exercicio de nuestra sagrada religion... » (*Correspondance*, t. XXII, fol. 17.)

(1) «... Procurando facilitar su buelta luego, por ser su estancia ay perjudicial á mi servicio, y de gran descrédito que quien ha obrado tan mal y es tan inferior se quiera, casi al mismo tiempo que está inquietando el mundo contra mí, hazerse arbitro y medianero de mis negocios y de los ostros príncipes de Europa... » (Lettre du 15 juin 1627 : *Ibid.*, fol. 46.)

l'infante son déplaisir qu'un « peintre » eût été employé en des affaires aussi graves que l'était la négociation avec l'Angleterre : « C'est une chose » — écrivait-il à la princesse — « qui porte à la réputation
» de cette monarchie une atteinte aisée à comprendre,
» car la réputation doit nécessairement souffrir de ce
» qu'un homme de si peu de consistance soit le mi-
» nistre que vont chercher les ambassadeurs pour faire
» des propositions d'un tel poids. Si en effet on ne
» peut refuser à celui qui propose le choix de l'inter-
» médiaire dont il lui plait de se servir, et si pour
» l'Angleterre il n'y a pas d'inconvénient à ce que cet
» intermédiaire soit Rubens, pour ici l'inconvénient
» est très-grand. Il sera donc bien que, Votre Altesse
» laissant de côté ce qui a été mis en avant de la part
» du duc de Savoie, les négociations commencées avec
» Gerbier se poursuivent, tant en ce qui concerne
» l'Angleterre que relativement à la Hollande (¹). »

(1) «... Me ha parecido decir á V. A. que he sentido mucho que se halle introducido por ministro de materias tan grandes un pintor : cosa de tan gran descrédito como se dexa considerar para esta monarquía, pues es necessario que sea quiebra de reputacion que hombre de tan pocas obligaciones sea el ministro á quien van á buscar los embaxadores para hacer propusiciones de tan gran consideracion, porque si bien á la parte que propone no se le puede quitar la eleccion del medio por que se entra empeñando, y no es de inconbeniente para Inglaterra que este medio sea Rubens, pero para acá es grandissimo. Y assí será bien que, cerrando V. A. puerta á estas pláticas por este medio del duque de Saboya, se continuen por el de Gerrier, tanto en lo de Inglaterra como en lo de Olanda... »

Isabelle, qui avait pu juger des rares aptitudes de Rubens et de la considération dont il jouissait aussi bien dans les Pays-Bas qu'à l'étranger, s'étonna qu'il ne fût pas mieux apprécié par le roi. « Gerbier, ré-
» pondit-elle à son neveu, est peintre comme Rubens;
» le duc de Buckingham l'a envoyé ici avec une lettre
» de sa main propre pour ledit Rubens, et la charge
» de faire à celui-ci la proposition. On ne pouvait
» donc se dispenser de l'entendre. Il importe peu que
» ces affaires-là soient entamées par l'un ou par l'autre.
» S'il y est donné suite, il est clair que c'est à des per-
» sonnes graves que la direction en devra être confiée.
» Je me conduirai du reste ainsi que Votre Majesté
» l'ordonne, m'appliquant à entretenir la négociation
» autant que je le pourrai, sans rien conclure (¹). »
Quant à l'abbé Scaglia, l'infante faisait savoir au roi qu'il n'était resté à Bruxelles que huit jours. Il était de là passé en Hollande.

(1) «... Gerbier es pintor como Rubens, y el duque de Boquingen le embió aqui con carta de su mano propia para el dho Rubens à hacer la propusicion : con que no se podia dexar de oyrle. Y estas propusiciones, aunque se comienzen por uno ó otro, haviendo despues de passar adelante, cosa clara es que se harian por personas graves. Y yo me governaré como V. M^d manda, procurando entretener la plática lo que pudiere sin concluir nada... » (Dépêche du 23 juillet 1627 : *Correspondance*, t. XXII, fol. 132.)

CHAPITRE TROISIÈME.

Désir ardent de Rubens de voir aboutir à un résultat la négociation entamée avec Gerbier. — Apprenant que celui-ci doit être envoyé à la Haye, il le prie de lui procurer un passe-port pour qu'il puisse s'y rendre également. — Le passe-port lui est transmis. — Il va à Breda et propose à Gerbier une conférence à Zevenbergen. — Étonnement que cause à Gerbier cette proposition. — Il la décline et dit pourquoi. — Rubens alors part pour la Hollande. — Sensation que sa présence y cause dans le monde politique. — Communications insignifiantes qu'il fait à Gerbier. — Impatience de celui-ci. — Il écrit à Rubens une lettre pressante pour avoir réponse aux propositions du duc de Buckingham. — Arrivée à Bruxelles de don Diego Messia, marquis de Leganes. — Ligue de l'Espagne et de la France contre l'Angleterre. — Rubens fait à Gerbier une réponse qui lui est dictée par les ministres. — Mécontentement que lui cause la politique espagnole. — Il s'excuse auprès du duc de Buckingham. — Gerbier retourne à Londres.

Rubens désirait ardemment que l'affaire entamée entre Gerbier et lui ne restât pas sans suite; il ambitionnait d'attacher son nom à une négociation qui pouvait avoir pour résultat le rétablissement de la paix entre deux des grandes monarchies de l'Europe. Il avait eu soin de prévenir Gerbier et le duc de Buckingham lui-même (1) que leurs propositions avaient été transmises en Espagne. Comme il fut quelque

(1) Par des lettres du 21 avril 1627. Voy. Sainsbury, p. 250.

temps sans recevoir de leurs nouvelles, il en conçut de l'inquiétude. L'abbé Scaglia, à son passage par Anvers, lui avait appris qu'il était question de l'envoi de Gerbier à la Haye; il écrivit à celui-ci : « Je m'es-
» timerois bien heureux de vous y pouvoir rencontrer;
» mais je croy que mes maistres ne m'oseroient
» envoyer de leur propre mouvement; du reste, je suis
» d'opinion que ma présence serviroit grandement à
» la promotion de l'affaire..... C'est pourquoy je vous
» prie de trouver moyen que cela se fasse à la réqui-
» sition du duc de Buckingham, m'escrivant une lettre
» à cet effet, disant qu'il vous envoye celle part,
» vous enchargeant de beaucoup de choses qui ne se
» peuvent seurement ny aisément fier à papier, et
» qu'il ne vous ose renvoyer de nouveau à Bruxelles,
» pour ce que cela causeroit trop de bruict, comme il
» fit l'autre fois; que pourtant Son Excellence désire
» que je me transporte, avec permission de mes supé-
» rieurs, en ce quartier-là (1) ». Il priait Gerbier de lui garder le secret sur la demande qu'il venait de lui faire (2), et de lui procurer un passe-port au moyen duquel il pût se rendre en Hollande.

(1) Lettre du 19 mai dans Sainsbury, p. 251.
(2) Il lui disait dans un P. S. : « Je vous prie brusler ceste lettre
« aussytost que vous vous en serez servi, car elle me pourroit ruyner
« auprès de mes maistres, encor qu'elle ne contient aucun mal :
« pour le moins elle me gasteroit mon crédit auprès d'eux et me
« rendroit inutile pour l'advenir. »

Buckingham fit, en effet, au mois de juin, partir Gerbier pour la Haye, où se rendit en même temps le lord Dudley Carleton, nommé ambassadeur du roi Charles auprès des états généraux. Gerbier ne tarda pas à adresser à Rubens le passe-port désiré par celui-ci; il l'avait demandé et obtenu sous le prétexte d'arrangements dont ils avaient à convenir ensemble pour des tableaux et d'autres curiosités (¹).

Rubens, selon les instructions qui lui furent données, se transporta à Breda, d'où il écrivit à Gerbier, lui proposant une conférence à Zevenbergen, lieu neutre, situé à une petite distance de cette ville (²).

Gerbier s'étonna d'une telle proposition après la lettre qu'il avait reçue de Rubens peu de temps auparavant; il lui vint à l'esprit qu'elle pouvait cacher quelque artifice, et qu'on voulait l'attirer aux frontières des Provinces-Unies afin de faire voir au monde que l'Espagne était recherchée par l'Angleterre. Il répondit qu'en se rendant à Zevenbergen, il donnerait lieu à des soupçons et à des bruits également fâcheux; qu'il n'était pas autorisé à négocier ailleurs qu'en Hollande : à son tour il proposait à Rubens, pour leur entrevue, au cas que celui-ci eût des raisons de ne point se

(1) Lettre de lord Carleton au secrétaire d'État Conway du 3/13 juillet 1627, dans Sainsbury, p. 86.
(2) Lettre du 10 juillet, dans Sainsbury, p. 252.

montrer à la Haye, l'une de ces quatre villes : Delft, Rotterdam, Amsterdam ou Utrecht (¹).

Dans une seconde lettre il lui exprimait la crainte, voyant les difficultés qu'il faisait pour venir le joindre, que l'affaire dont tous deux s'étaient entremis n'allât en fumée. Il appuyait sur les inconvénients qu'aurait la conférence à Zevenbergen : les états généraux en concevraient certainement des défiances, et elle ne manquerait pas d'être commentée malicieusement par les ambassadeurs de France et de Venise. Si d'ailleurs, comme Rubens le lui avait assuré, les sentiments de l'infante Isabelle et du marquis Spinola correspondaient aux sincères intentions du roi Charles, pourquoi ne procédait-on pas plus rondement (²)?

Rubens eut ordre d'insister sur sa proposition première : mais Gerbier déclara positivement qu'il n'irait point à Zevenbergen. Alors l'infante autorisa son négociateur officieux, comme on dit aujourd'hui, à franchir la frontière des Provinces-Unies (³).

Rubens ne perdit pas de temps pour se mettre en route (⁴) : le 21 juillet il arriva à Delft, où Gerbier

(1) Première lettre de Gerbier à Rubens du 3/13 juillet 1627, dans Sainsbury, p. 88.
(2) Sainsbury, p. 89.
(3) Sainsbury, p. 90.
(4) Des biographes font aller Rubens en Hollande pour se distraire du chagrin que lui causait la perte de sa femme, Isabelle Brandt. D'autres lui font faire deux voyages en ce pays : le premier pour se distraire, le second pour conférer avec Gerbier. Nous n'avons

alla le joindre (¹) et où il reçut aussi la visite de l'abbé Scaglia; le 25 il était à Amsterdam. Il évita de s'arrêter à la Haye (²).

La présence de Rubens en Hollande y causa une vive sensation dans le monde politique. Les ambassadeurs de France et de Venise s'en émurent; ils se donnèrent beaucoup de peine pour pénétrer l'objet de son voyage. L'envoyé de Charles I", Carleton, afin que le prince d'Orange et les députés des états généraux qui étaient à son camp, n'en prissent pas ombrage, chargea son neveu Dudley d'aller les trouver et de leur donner des explications propres à les tranquilliser (³).

trouvé nul indice d'un autre voyage que de celui dont il est question ici.

(1) Lettre de Gerbier au comte de Holland du 6 août 1627. (H. Walpole, *Anecdotes of Painting in England*, t. II, *Appendix.*)

(2) L'abbé Scaglia, dans une lettre écrite de la Haye, le 26 juillet 1627, au duc Charles-Emmanuel, lui annonçait, en ces termes, la venue de Rubens : « Rubens, peintre très-célèbre d'An-
« vers, personne capable de plus grandes choses que de la composition
« d'un dessin colorié par le pinceau, est finalement arrivé dans ces
« provinces, sous le prétexte de traiter avec Gerbier, serviteur intime
« de Buckingham, de la vente à celui-ci de statues et de tableaux,
« pour le prix de deux cent mille francs : *È capitato finalmente Rubens, pittore assai celebre d'Anversa, in questi Stati, persona capace d'un maneggio maggiore che un designo da colorirsi col pennello, e con pretesto di trattare con Gerbier, servitore di Bukingam intrinseco, per la compra di statue e quadri che Bukingam fa fare da Rubens per il prezzo di 200,000 franchi.....* (Archives royales de Turin.)

(3) Sainsbury, p. 92.

Rubens et Gerbier passèrent huit jours ensemble (¹), pendant lesquels la négociation qui leur tenait tant au cœur à l'un et à l'autre fut peut-être la chose dont ils s'occupèrent le moins. Rubens n'avait apporté aucune déclaration, aucun écrit sur la proposition du duc de Buckingham du 9 mars; il était autorisé seulement à assurer Gerbier que l'infante et le marquis Spinola se trouvaient toujours dans les mêmes dispositions, qu'ils ne souhaitaient rien autant que le rétablissement de la paix entre les deux couronnes : mais ils ne pouvaient prendre d'engagement jusqu'à l'arrivée du marquis de Leganes, don Diego Messia, attendu sous peu à Bruxelles, et qui devait les instruire de la volonté du roi sur les ouvertures faites par le ministère britannique (²).

Don Diego Messia, qui était parti de Madrid au milieu du mois de juin (³), se fit longtemps attendre. Gerbier perdait patience. Il avait annoncé à Rubens, dans les derniers jours du mois d'août, sa résolution de retourner en Angleterre. Le 6 septembre il lui

---

(1) Sainsbury, p. 92.

(2) *Ibid.*, p. 93.

Philippe IV, en annonçant à l'infante Isabelle, par une lettre du 15 juin, la mission qu'il donnait à don Diego Messia, lui recommandait d'ajouter entière foi et créance à ce ministre et à tout ce que, de sa part, il lui dirait. (*Correspondance*, t. XXII, fol. 67.)

(3) Lettre de Philippe IV à l'infante Isabelle, citée à la note précédente.

écrivit une lettre pressante(¹) : « Il faut — lui disait-il —
» que je vous découvre entièrement mon cœur, comme
» à celui que je tiens pour mon véritable ami, et c'est
» que mon maître sera très-mécontent si je ne lui
» porte pour le moins quelque témoignage écrit de la
» bonne intention de Son Altesse et du seigneur mar-
» quis (²), par lequel on puisse connaître que cette
» affaire n'a pas été une collusion entre nous deux,
» mais que Son Altesse et Son Excellence l'ont embras-
» sée sérieusement et ont fait ce qui était en eux pour
» la conduire à bonne fin. Sans cela on se moquera de
» moi, comme les ministres de France et de Venise
» commencent à le faire, sans épargner M. Carleton,
» à notre grand déplaisir. Je vous conjure de ne pas
» permettre que je sois rendu incapable à l'avenir
» d'être employé en de semblables affaires, pour un
» seul feuillet de papier en quoi consisterait la réponse
» de Son Altesse à l'écrit du 9 mars que je vous
» envoyai d'ordre et de l'avis du roi de la Grande-
» Bretagne, de son conseil et du seigneur duc, mon
» maître. Je vous assure aussi que sans cela votre
» crédit, qui nous a fait nous embarquer dans cette

---

(1) Cette lettre manque dans le recueil de M. Sainsbury ; M. Villaamil, p. 123, en donne une traduction espagnole. Une copie de la
main de Rubens en existe aux Archives de Simancas, *Estado*,
leg. 2517.

(2) Ambroise Spinola, marquis de los Balbases.

» négociation, en sera fort diminué chez nous : il y
» est aujourd'hui en un tel degré que, si vous ne
» l'affaiblissez point par vous-même, il pourra, en
» d'autres occasions, servir d'instrument pour de grands
» effets. Mais je dois aussi vous prier de représenter à
» vos maîtres qu'ils veuillent conserver le mien, ma
» bonne intention, mon zèle du bien public et, j'oserai
» dire, de celui des deux couronnes, ne méritant pas
» que je sois perdu pour avoir tâché de bien faire. »
Il disait ensuite à Rubens que, dans les affaires d'État,
il ne fallait jamais désespérer; que la France ne dépendrait pas toujours du caprice d'un cardinal [1], et
que les passions de ceux qui ailleurs apportaient des
obstacles à la négociation dont ils s'étaient entremis,
pourraient changer; que les Français ne désiraient rien
plus qu'un accommodement avec l'Angleterre; qu'ils se
moquaient des Espagnols et abusaient de leur simplicité. Il concluait en ces termes : « Nous sommes ici
» d'avis que, pour une infinité de considérations, il
» convient d'entretenir cette négociation que nous
» avons si heureusement commencée, alors même que
» ce ne fût qu'en apparence, et je vous supplie de le
» remontrer vivement à vos maîtres, lesquels seront
» toujours libres de s'en retirer quand ils le jugeront
» convenable. Son Altesse, en faisant paraître son

---

[1] Richelieu.

» inclination à mettre fin aux misères de l'Europe, ne
» peut qu'en retirer un grand honneur : cela convient
» à sa qualité et à la bonne opinion qu'on a d'elle dans
» le monde entier. Sa constance exige qu'elle ne renonce
» pas à une si importante affaire, qui, si elle était une
» fois abandonnée, ne pourrait plus jamais être reprise :
» car ceux qui aujourd'hui en désirent le plus le
» succès, seraient forcés de prendre un parti entière-
» ment contraire à leurs premiers desseins. »

Rubens venait de recevoir la lettre de Gerbier; il allait se rendre à Bruxelles, pour en conférer avec le marquis de los Balbases, lorsque don Diego Messia arriva dans cette capitale (1). Messia avait été chargé par Philippe IV de concerter, avec le roi de France et ses ministres, quelque grande entreprise contre l'Angleterre (2). La maladie qui survint en ce temps-là à Louis XIII retarda les délibérations de son conseil sur les arrangements que les deux gouvernements avaient à prendre ensemble; mais enfin ils se mirent d'accord : le plan était de faire une descente dans la Grande-Bretagne à l'aide des flottes combinées de France, d'Espagne et des Pays-Bas, de marcher sur Londres, de s'en emparer et, par là, de se rendre

---

(1) Le 9 septembre. (Dépêche de l'ambassadeur de France à Bruxelles, Baugy, du 11 septembre.)
(2) Lettre de Philippe IV à l'infante Isabelle, du 15 juin 1627, déjà citée.

maître du royaume. Le commandement de l'armée d'invasion aurait été donné à Ambroise Spinola (¹).

On comprend que, dans ces circonstances, il ne pouvait être donné suite aux propositions de paix dont Gerbier s'était fait l'intermédiaire : les conseillers espagnols d'Isabelle furent toutefois d'avis qu'il ne fallait pas faire perdre au ministère britannique tout espoir d'un accord. Rubens écrivit à Gerbier, le 18 septembre, qu'on se trouvait dans l'impossibilité de répondre à l'écrit du 9 mars, parce que la venue de don Diego Messia avait « esclaircy le gouvernement
» des Pays-Bas du concert des roys d'Espagne et de
» France pour la défense de leurs royaumes. Ce
» néantmoins, — ajoutait-il — la sérénissime infante
» ne change point d'opinion, ains est d'advis de con-
» tinuer les mesmes bons offices pour l'effet de ses
» bonnes intentions, ne désirant S. A. aultant chose
» en ce monde que le repos du roy son nepveu et une
» bonne paix pour le bien publique. Aussi monsieur
» le marquis y apportera, pour sa part, toute assistance
» et le debvoir qu'il pourra pour le succès d'un si bon
» œuvre. Si monsieur le ducq, vostre maistre, faira
» le mesme de son costé, nostre correspondance se

(1) Lettre du marquis de Leganes au comte-duc d'Olivares, du 18 septembre 1627, dans Villaamil, p. 120. — Lettre de l'infante au roi, du 20 octobre ; lettre du roi au marquis de Leganes, du 17 octobre. (*Correspondance*, t. XXII, fol. 295 et 314.)

» maintiendra en vigeur, et se donneront réciproque-
» ment les avys nécessaires aux occasions qui s'offri-
» ront (¹). »

Cette réponse avait été dictée à Rubens, et deux autres lettres (²) qu'il adressa à Gerbier montrent qu'il y avait à contre-cœur apposé sa signature. Il voyait avec un grand déplaisir la politique de la cour de Madrid, qui venait de renverser toutes ses combinaisons. « Nous croyons — disait-il, et l'événement lui » donna complètement raison — que ces ligues ne » sont qu'un tonnerre sans foudre, qui fera du bruict » en ayr sans effect, car c'est un componement de » divers humeurs ramassez, contre leur nature et » complexion, en un seul corps, plus par passion que » par raison. » Il ne ménageait pas même le comte-duc d'Olivares, « dont la passion l'emportait sur toutes » autres raisons et considérations (³); » il croyait savoir que la majorité du conseil d'Espagne était d'opinion de

---

(1) Une copie de cette lettre est aux Archives de Simancas, *Estado*, leg. 2517. M. Villaamil en a publié (p. 125) une traduction espagnole. M. Sainsbury (p. 253) en donne, avec de légères variantes, le texte original.

(2) Aussi du 18 septembre Elles ont été publiées par M. Sainsbury, pp. 253 et 254. La première est en français, la seconde en flamand.

(3) « .... Wiens passie prevaleert nen alle andere redenen ende consideratien.... »

D'après une lettre de Gerbier au secrétaire d'État Conway, écrite de Delft, le 14/24 septembre 1627, et que M. Sainsbury a publiée (p. 97), Rubens, dans une note, lui aurait exprimé le souhait que la flotte d'Espagne fût battue par celle d'Angleterre, « de façon que

traiter avec l'Angleterre, et que le comte-duc y avait mis obstacle. Tous les gens sages, d'ailleurs, tant ecclésiastiques que séculiers, étaient, selon lui, persuadés que le concert entre l'Espagne et la France resterait sans effet. « Quant à moy, — disait-il — je
» me trouve avecq un extrême regret pour ce mauvais
» succès, tout au rebours de mes bonnes intentions;
» mais j'ai ce repos en ma conscience de n'avoir manqué
» d'y apporter toute sincérité et industrie pour en
» venir au bout, si Dieu n'en eust disposé autre-
» ment.... »

Il avait particulièrement à cœur de se maintenir en l'estime du duc de Buckingham ; il écrivit au duc :

Monseigneur,

Sy je fusse sy heureux comme bien intentioné aux affaires que Votre Excellence m'a confiez, elles seroyent en meilleur estat. Je prends Dieu à tesmoing d'y avoir procédé sincèrement et de n'avoir dit ny escrit chose quelconque qu'en conformité de la bonne intention et par ordre exprès de mes maistres, lesquels y ont apporté tout ce qui dépendoit de leur devoir et pouvoir pour en venir à bout, sy les passions particulières eussent donné lieu à la raison. Aussy, nonobstant le succèz du tout contraire, ils persévèrent en leur opinion et ne changent d'advis à discrétion de la fortune, mais (comme sages et expé-

---

« la fougue d'Olivares pût servir à faire le bien en quelque ma-
« nière. »

Il fallait que le grand artiste fût bien dépité pour se laisser aller à une pareille boutade, si tant est qu'elle soit vraie.

rimentez aux affaires du monde et considérant la volubilité (1) d'icelles et à combien de changemens sont subjectes les affaires d'Estat), sont résolus de n'abandonner le traicté, comme ils m'ont ordonné d'escrire à Gerbier, ains de continuer les mesmes bons offices pour le succèz de ce bon œuvre. Je vous supplie de croire, monseigneur, qu'il n'y a point d'artifice en leur procédure, mais qu'ils sont portez de très-bon zèle et affection au bien public. C'est aussy sans préjudice des exploits de guerre d'un costé et d'autre, ou à quelque retardement d'iceux soubz ce prétexte. Si Votre Excellence sera du mesme advis, je seray bien ayse d'avoir, par Gerbier, de vos nouvelles, lequel nous avons entretenu longtemps esloigné de vostre personne, sur l'espoir qu'avions du bon succèz Je supplie Vostre Excellence, nonobstant l'iniquité du temps, me conserver en vos bonnes grâces, et croire que jamais quelque accident de fortune ou violence du destin public ne pourront séparer mes affections de vostre très-humble service, auquel je m'ay dédié et voué une fois pour tousjours en qualité de,

Monseigneur,

Vostre très-humble et très-obligé serviteur,

PIETRO PAOLO RUBENS.

D'Anvers, ce 18e de septembre 1627 (2).

Quelques jours après avoir reçu la réponse de Rubens, Gerbier retourna à Londres.

(1) *Sic*. C'est probablement *variabilité* qu'il faut lire.
(2) Cette lettre a été publiée par M. Sainsbury, p. 256.

CHAPITRE QUATRIÈME.

Situation peu brillante des affaires de l'Angleterre. — Échec de Buckingham devant l'île de Ré. — Il tente de nouveau un rapprochement avec la cour de Madrid. — Lettres de Gerbier et de Scaglia à Rubens, qui en rend compte à Spinola. — Réponse de ce ministre. — Visite que reçoit Rubens du résident du roi de Danemark à la Haye, Josias de Vosberghen. — Il informe l'infante Isabelle de l'entretien qu'il a eu avec lui. — Il accompagne Vosberghen à Bruxelles et est son intermédiaire auprès de l'infante. — Les ouvertures de ce diplomate restent sans suite, n'ayant pas été jugées sérieuses à Madrid. — Lettres de Rubens à Spinola où il l'instruit de nouvelles communications qui lui ont été faites par Gerbier. — Assurances qu'il donne à celui-ci des bonnes intentions de l'infante. — Philippe IV demande que toutes les lettres reçues par Rubens lui soient envoyées. — Rubens offre de les porter lui-même à Madrid. — Témoignage que l'infante rend de sa sincérité. — Arrivée du comte de Carlisle à Anvers ; ses entrevues avec Rubens. — Sa réception par l'infante. — Philippe IV consulte la junte d'État sur l'offre de Rubens. — La junte est d'avis de l'accepter. — Philippe écrit en conséquence à l'infante. — Isabelle annonce au roi le prochain départ de Rubens pour Madrid.

Les affaires de l'Angleterre, à la fin de 1627, n'étaient pas dans une situation brillante. Buckingham en personne avait, au mois de juillet, dirigé une expédition contre l'île de Ré ; cent vaisseaux, portant seize mille hommes de débarquement, composaient la flotte qui avait été placée sous ses ordres. Après avoir en vain, pendant plus de trois mois, assiégé les forts qui défendaient l'île, il s'était vu contraint de faire une retraite qui pour son armée avait été un véritable désastre (¹).

Une si triste issue d'une entreprise dont il s'était promis de grands résultats le porta à tenter de nouveau un rapprochement avec la cour de Madrid.

Au milieu de décembre Rubens reçut, par un exprès, des lettres de Gerbier et de l'abbé Scaglia, qui de la Haye était aussi reparti pour l'Angleterre : l'un et l'autre lui exprimaient le désir de voir reprendre les négociations qui avaient été interrompues, en lui faisant sentir combien les conjonctures étaient favorables à l'Espagne.

Rubens envoya au marquis de los Balbases la lettre de l'abbé Scaglia (²); celle de Gerbier étant en flamand, il se dispensa, pour cette raison, de la mettre sous ses yeux : toutes deux d'ailleurs étaient conçues dans le même sens. Seulement Gerbier expliquait à sa manière

(1) Lingard, *Histoire d'Angleterre*, t. III, pp. 230-231.—Sismondi, *Histoire des Français*, t. XVI, pp. 29-32.
(2) La lettre de Rubens à Spinola, datée du 17 décembre 1627, a été publiée par M. Villaamil, p. 127. Celle de l'abbé Scaglia, qui avait été écrite le 3 décembre, à Londres, était ainsi conçue, d'après la copie qui en existe aux Archives de Simancas, *Estado*, leg. 2320 :
« Muy illustre señor, si el tiempo propio fuese estimado acerca de
« aquello que se propuso en mi passage, creeria que la coyuntura que
« podria aver seria muy buena en esta parte, en conformidad de
« lo que V. S. puso por escrito en mi presencia : que si no se podia
« determinar el todo, se deberia hazer en alguna parte... »

le mauvais succès du duc son maître dans son expédition contre l'île de Ré, et il avait soin de faire savoir que le duc était plus avant qu'il n'avait jamais été dans les bonnes grâces du roi de la Grande-Bretagne (¹).

A Bruxelles, comme à Madrid, on était loin d'avoir une confiance entière dans le maintien de l'alliance française, et ce n'était pas sans motifs. Lors de la signature du traité d'union du 20 mars 1627, le comte de la Rochepot avait promis aux ministres de Philippe IV que les secours d'argent donnés par le roi de France aux Provinces-Unies cesseraient pendant les années 1627 et 1628, et que celles de ses troupes qui servaient dans l'armée de la république seraient peu à peu rappelées (²). Ni l'une ni l'autre de ces promesses

---

(1) « Charles — dit Lingard — reçut l'infortuné général avec un air enjoué et la même affection. Il eut même la générosité de s'attribuer le blâme en disant que si l'expédition n'avait pas réussi, on le devait au défaut de secours, et que son affaire avait été d'y pourvoir... » (*Histoire d'Angleterre*, t. III, p. 231.)

(2) Ceci est consigné dans le procès-verbal d'une conférence qui se tint à Madrid, les 10, 11 et 12 décembre 1627, entre les ministres du roi catholique, d'une part, le comte de la Rochepot, ambassadeur ordinaire, et M. de Beautru, ambassadeur extraordinaire de Louis XIII, d'autre part, procès-verbal que Philippe IV envoya à l'infante Isabelle le 23 décembre. On y lit : « ... Demás de los puntos
« asentados y firmados en el tratado de la union entre las dos coronas
« contra el rey de Inglaterra, el señor conde de la Roxepot entonces,
« en nombre del rey christianissimo, offreció al rey católico que
« el rey christianissimo, en órden á mostrar su mayor affecto y á
« que tubiesen mas prompto effecto las execuciones que se avian
« de deribar d'esta union, alzaria desde luego, por el año presente
« de 1627 y por el venidero de 1628, las asistencias de dinero que

n'avait été remplie ; bien plus, la France avait fait récemment avec les Provinces-Unies une confédération par laquelle elle s'obligeait à leur payer, pendant neuf années, un subside annuel d'un million de livres (¹). En présence de ces faits, les ministres de l'infante pensèrent qu'il fallait entretenir Gerbier de l'espoir d'une entente avec l'Espagne, sans prendre d'engagement envers lui.

Spinola fit à la communication de Rubens la réponse suivante, dont il l'autorisa à envoyer copie à Gerbier (²) :

J'ai reçu la lettre de Votre Seigneurie du 17 du présent, avec celle qui y était jointe de l'abbé Scaglia. Son Altesse, les ayant vues toutes deux, m'a chargé de prier Votre Seigneurie de répondre particulièrement à Gerbier qu'elle me donnera l'ordre, lorsque je serai arrivé en Espagne, pour où je pars dans deux ou trois jours (3), de rendre compte au roi, notre seigneur, de tout ce qui s'est passé, et de tâcher d'être instruit de sa royale

« hazia á los Olandeses, enemigos rebeldes de la corona de España,
« y desde luego yria mañosamente retirando la gente francesa que en
« aquellos Estados milita en fabor de Olandeses... » (*Correspondance*, t. XXII, fol. 396-403.)

(1) Procès-verbal mentionné en la note précédente.
(2) Sainsbury, p. 108.
(3) L'infante Isabelle avait écrit au comte-duc d'Olivares afin que le roi permit à Spinola de se rendre à Madrid ; elle désirait qu'il y exposât de vive voix aux ministres les mesures qu'il était nécessaire de prendre pour mettre sur un bon pied les affaires aux Pays-Bas. Philippe IV, par une lettre du 11 novembre 1627, accorda au marquis de los Balbases un congé de trois mois à compter du 1ᵉʳ décembre. (*Correspondance*, t. XXII, fol. 310.)
Spinola ne put quitter Bruxelles que le 3 janvier ; le marquis de Leganes, don Diego Messia, partit avec lui, retournant en Espagne.

volonté, dont Votre Seigneurie sera informée, afin d'en donner connaissance audit Gerbier, et que cette négociation puisse se poursuivre. Votre Seigneurie sait combien Son Altesse désire qu'on en vienne à un accommodement; c'est en cette conformité qu'elle m'ordonne d'agir, et Votre Seigneurie, qui sait aussi que j'ai toujours été de l'avis de Son Altesse, jugera aisément des efforts que je ferai dans ce but. Mais pour cela il y aurait deux choses qui seraient à propos selon moi : l'une, que ces messieurs se déclarassent à peu près sur les conditions auxquelles ils pourraient s'accorder avec nous; l'autre, que, quand on a l'intention de s'arranger avec quelqu'un, il est bien de lui faire des propositions acceptables, car c'est ainsi que l'on arrive à s'entendre. De manière que si ces messieurs mettaient en avant des conditions qui fussent de nature à convenir au roi, notre seigneur, Votre Seigneurie peut comprendre qu'il me serait plus facile de le persuader, et par conséquent qu'il y aurait plus à espérer une bonne issue de la négociation.

Bruxelles, 21 décembre 1627 (1).

(Lettre de l'ambassadeur de France à Bruxelles, de Bangy, du 8 janvier, dans le MS. fr. 17912, à la Bibliothèque nationale, à Paris.)

Le 6 juillet 1628 Philippe IV écrivit à l'infante qu'il ne pouvait encore lui renvoyer Spinola, les choses pour lesquelles il était venu à Madrid n'étant pas entièrement réglées. (*Correspondance*, t. XXIII, fol. 24.)

Il le retint à sa cour jusqu'au mois de juillet 1629, qu'il le nomma gouverneur et capitaine général de l'État de Milan, en lui conservant les charges qu'il avait dans les Pays-Bas et au Palatinat. (Lettre du 14 juillet 1629 à l'infante, dans la *Correspondance*, t. XXVI, fol. 70.) Son intention était toutefois, comme il l'écrivit à l'infante le 8 août suivant, qu'il retournât aux Pays-Bas, si la paix se faisait en Italie. (*Ibid.*, fol. 143.)

(1) Voy. le texte dans les *Appendices*, n° V.

L'infante Isabelle envoya au roi, le 2 décembre, copie de ce que Rubens avait écrit au marquis de los Balbases et de la réponse de Spinola. (*Correspondance*, t. XXIII, fol. 1.)

Sur la fin de janvier 1628, Rubens reçut, à Anvers, la visite du résident du roi de Danemark à la Haye, Josias de Vosberghen. Il ne connaissait pas ce diplomate ; il ne l'avait jamais vu ; c'était à la demande de quelques-uns de ses amis en Hollande qu'il avait fait prier l'infante Isabelle, par le marquis de los Balbases, de lui accorder un passe-port. Les motifs et les circonstances de la visite de Vosberghen sont exposés dans la lettre à l'infante qu'on va lire :

Sérénissime Dame,

M. le marquis m'écrivit, à son départ de Bruxelles, que, s'il survenait quelque chose en matière d'État, j'en informasse directement Votre Altesse. En conséquence, je ne puis aujourd'hui laisser de dire à Votre Altesse que ce résident du roi de Danemark en Hollande à qui Votre Altesse donna un passe-port pour aller d'ici en Angleterre, se trouve depuis quelques jours en cette ville. Étant venu me voir, il s'est beaucoup étendu avec moi dans ses discours, sachant peut-être, par les Anglais ou par d'autres, que Votre Altesse m'a fait l'honneur quelquefois de me confier de semblables affaires, quoique ç'ait été avec peu de fruit. Celui-ci est hollandais, apparenté dans les Provinces-Unies avec les principaux du conseil d'État, et pour dire vrai, je le trouve parfaitement informé de tout ce qui par diverses voies se négocie et s'est négocié par le passé avec les états généraux ; il est dans l'étroite intimité du prince d'Orange. Je suis bien persuadé que s'il a pris par ici son chemin pour son voyage d'Angleterre, c'est avec artifice et dans le but de mettre en avant quelque négociation secrète avec Votre Altesse. Il ne songe point à aller à Bruxelles, et ne s'arrêtera pas à Gand, où il passera pour se rendre à Dunkerque ou à Calais. Il se contente d'être en rapport avec moi, en attendant que j'obtienne l'autorisation de Votre Altesse de pouvoir conférer avec lui de bouche et par écrit, quand il aura passé en Angleterre, et pour cet effet il a voulu me laisser un chiffre. Déjà j'ai pris la liberté de l'entendre, me fondant sur la confiance que Votre Altesse et M. le marquis m'ont témoignée plusieurs fois : mais il me paraît que, pour entrer plus avant en matière, il voudrait que j'eusse un ordre particulier de Votre Altesse de négocier avec lui. Cela se pourrait faire au moyen d'un billet de trois lignes de la main de Votre Altesse, comme celui que M. le marquis me donna de la sienne pour qualifier et autoriser ma personne dans la négociation avec Gerbier (1). Ce billet resterait en mon pouvoir, et il suffirait de le lui montrer une seule fois : il a, lui, ses commissions et l'ordre de son roi dans la plus ample forme.

L'idée de ce résident de Danemark (le peu de fortune de son roi me fait croire qu'il parle vrai et procède sincèrement), je la puis dire à Votre Altesse en peu de paroles, et c'est que les intérêts du roi d'Angleterre, du roi de Danemark et des états des Provinces-Unies sont inséparables, tant pour la religion que pour les autres raisons d'État. Je ne le tiens pas moins au courant des choses de Hollande et du prince d'Orange que de celles de son roi, et pour cela on peut soupçonner qu'il vient de l'avis de tous. Les intérêts étant communs, c'est donc du temps perdu que de négocier avec quelques-uns d'entre eux en particulier, et il ne faut pas s'imaginer que jamais les états des Provinces-Unies, de leur propre volonté, céderont quoi que ce soit de leur titre d'états libres, et moins encore qu'ils reconnaîtront le roi d'Espagne pour leur souverain, fût-ce même avec le titre seul sans autorité, mais on doit compter que cela ne se fera que par le moyen des rois leurs confédérés, lesquels pourront, non pas les forcer, mais leur faire sentir la nécessité de donner quelque satisfaction au roi d'Espagne.

(1) Voy. p. 48, note 3.

Si je ne m'abuse, le voyage de ce résident en Angleterre a pour but, à ce qu'il paraît, une demande de secours pour son roi et quelque ouverture d'accommodement. Il m'a tenu différents propos touchant les intérêts particuliers du prince d'Orange qu'un jour je dirai de bouche à Votre Altesse, et qui vraisemblablement viennent du prince lui-même. Il m'a dit encore que la renommée de sincérité de Votre Altesse Sérénissime est grande dans l'opinion de tous, et qu'ils s'en remettraient à Votre Altesse plus volontiers et avec plus de confiance qu'à aucun autre pour quelque traité que ce fût..... Si Votre Altesse m'en donne l'ordre, je tirerai de ce résident quelques particularités plus grandes et peut-être quelque écriture, dont j'informerai sur-le-champ Votre Altesse Sérénissime, à qui je baise les pieds, avec très-humble révérence, etc.

Pietro Paolo Rubens.

D'Anvers, le 20 janvier 1628.

Ce résident presse beaucoup son départ. Il sera bien, pour cela, que Votre Altesse me réponde aussi tôt que possible. Il dit que si Votre Altesse trouve bon d'entrer en quelque négociation, il passera par ici à son retour d'Angleterre, et que dans l'intervalle on pourra négocier par correspondance, de manière qu'il n'y ait pas de temps perdu (1).

Cette lettre montre que Rubens, prenant de plus en plus goût aux affaires diplomatiques, aurait souhaité d'être chargé de correspondre avec le résident de Danemark, comme il le faisait déjà avec Gerbier : mais il ne paraît pas que l'infante lui ait envoyé l'ordre ou l'autorisation qu'il sollicitait d'elle; seulement elle

(1) Voy. le texte dans les *Appendices*, n° VI.

trouva bon qu'il continuât à recevoir les communications que Vosberghen jugerait à propos de lui faire (¹).

Celui-ci, qui ne voulait pas d'abord aller à Bruxelles, se détermina pourtant à s'y rendre. Rubens l'y accompagna, et ce fut lui qui mit sous les yeux de l'infante les commissions dont Vosberghen était porteur, ainsi qu'un écrit où il avait consigné quelques-unes des conditions auxquelles, à son avis, un accord pouvait se conclure entre les parties belligérantes. Il offrait, si l'on voulait entrer en négociation, de se procurer des pouvoirs spéciaux, non-seulement du roi de Danemark, mais des autres intéressés (²).

Isabelle, ayant pris connaissance des pièces que Rubens lui avait soumises, le chargea d'écrire au marquis de los Balbases, pour l'instruire de ce qui s'était passé avec Vosberghen : ce qu'il fit le 11 février (³).

Spinola, par ordre du roi, qui avait pris l'avis de la junte d'État (⁴), répondit à Rubens, le 3 mars, qu'il avait vu les papiers envoyés par lui; qu'il paraissait qu'il n'y avait pas grand fond à faire sur les commu-

---

(1) Dans sa lettre à Spinola, du 11 février, dont il est parlé plus loin, Rubens lui dit : « S. A. me ha mandado que entre en la plática..... »

(2) Lettre de Rubens à l'infante, écrite de Bruxelles, sans date, aux Archives de Simancas, leg. 2517. — Lettre du même à Spinola, du 11 février.

(3) La lettre a été donnée par M. Villaamil, p. 104.

(4) Cet avis de la junte est aux Archives de Simancas, *Estado*, leg. 2517.

nications du résident de Danemark, ni de réponse à y donner, car ce diplomate n'était revêtu de pouvoirs pour rien. Il ajoutait qu'il avait trouvé le roi en très-bonne disposition de conclure la paix avec ses ennemis.

Dans une deuxième lettre, écrite, comme la première, d'après les ordres de Philippe IV, Spinola remerciait Rubens de ses informations, et le priait de lui communiquer toujours tout ce qu'il apprendrait de différents côtés (¹).

Nous avons dit que Rubens avait été autorisé à envoyer à Gerbier copie de la lettre du marquis de los Balbases du 21 décembre, et il s'était empressé de le faire. Près de deux mois s'écoulèrent avant que sa dépêche parvînt à Londres, le messager à qui elle avait été remise étant tombé malade en Hollande, y étant mort, et les correspondances dont il était porteur

(1) Nous n'avons pas ces deux lettres de Spinola à Rubens : mais nous en connaissons le sens par un billet que le secrétaire d'État Juan de Villela, en vertu de résolution de Philippe IV, adressa, le 1ᵉʳ mars, au marquis de los Balbases et qui est aux Archives de Simancas, *Estado*, leg. 2517. Dans ce billet Villela dit au marquis « que escriba à Rubens, no en forma de respuesta
« de su carta, sino como cosa muy casual, diciéndole V. E. que
« ha visto sus papeles, y que parece que ay poco fundamento que
« hazer sobre ellos ni que responder, supuesto que la persona que
« le ha hablado no tiene poderes para nada, y que V. E. ha hallado
« à Su Magᵈ con muy buena disposicion de hazer paz con los que
« Su Magᵈ tiene guerra, en quanto le toca, y que en una carta á
« parte le diga V. E. que se huelga V. E. con sus cartas, y de que
« le dé nuevas de todo quanto entendiere de todas partes. »

ayant été recueillies et transmises à leur destination avec peu de diligence. Ce fut donc seulement le 25 février que Gerbier y répondit, et l'abbé Scaglia, à qui il l'avait communiquée, écrivit aussi à Rubens. Nous n'avons la lettre ni de l'un ni de l'autre; mais celle de Rubens à Spinola dont nous allons donner la traduction en fera connaître la substance :

Très-excellent Seigneur,

J'ai reçu, par exprès, un paquet de lettres d'Angleterre du 25 février (n. st.), lequel contient un discours long et confus, avec beaucoup de répétitions, et écrit en différentes langues, en réponse à la lettre que Votre Excellence m'adressa le 21 décembre, pour que j'en donnasse copie à Gerbier, Votre Excellence s'y offrant à faire en Espagne, où elle allait se rendre, tout bon office pour un accommodement entre les deux couronnes.

Ils s'excusent (1) de n'avoir pu répondre jusqu'à présent sur ce que le messager d'Anvers à qui la lettre avait été confiée est mort en Hollande, et que c'est depuis peu de jours seulement qu'à grand'peine on a trouvé les dépêches dont il était porteur. Ce malheur les a beaucoup peinés, et véritablement ils montrent que leur bonne intention n'est pas changée. Je regrette de ne pouvoir envoyer à Votre Excellence le papier original dont une partie est en chiffres et qui, comme je l'ai dit, est écrit en dif-

---

(1) Rubens a écrit à la marge : « Ce ne sont pas des excuses, « mais véritablement l'homme mourut à la Haye, comme j'en ai été « informé avec certitude. Ses dépêches ayant été trouvées depuis, « elles ont été longtemps sans pouvoir être expédiées, à cause des « vents contraires qui ont régné en Hollande. »

férentes langues et en flamand : par cette raison j'en envoie à Votre Excellence la substance séparément (1).

J'avais écrit à Gerbier de ne pas entremettre dans l'affaire l'abbé Scaglia pour certaines considérations : mais il me répond que c'est impossible, à cause du grand crédit dont l'abbé jouit auprès de ses maîtres, que d'ailleurs il agit avec tant de zèle et d'activité que ce serait lui faire injure et nuire à l'affaire que de le tenir pour suspect et de l'en exclure, vu la grande diversité d'avis et le grand nombre de personnes et de ministres, du pays et étrangers (2), de beaucoup d'autorité, qui tâchent, par toute sorte d'artifices, d'empêcher cette négociation et d'accommoder les choses avec la France : or ledit seigneur abbé est un puissant instrument d'opposition à ceux-ci, soit qu'il juge que la paix de l'Angleterre avec l'Espagne est ce qui convient le mieux aux intérêts du duc son maître, soit par la haine ou le dégoût qu'il a conçu des Français dans ses rapports particuliers avec eux. Pour plus d'assurance, le duc de Buckingham m'envoie un passe-port au moyen duquel il pourra librement, sous le nom du seigneur abbé, envoyer à Dunkerque, sur des navires, barques ou chaloupes anglaises, ses courriers pour la Savoie et autres pays (ce qui servira seulement de prétexte), demandant que Son Altesse en fasse expédier un semblable pour le même effet, à la condition toutefois que d'autres personnes non munies de passe-ports ne passent en compagnie des courriers. Il m'écrit que cela est nécessaire, le chemin par la Hollande étant très-long et incertain à cause des vents contraires, comme il est arrivé dernièrement que, pendant huit semaines, le mauvais temps n'a pas permis de recevoir des nouvelles de ce pays-là.

Le seigneur abbé m'écrit aussi longuement, me certifiant les bons offices qu'il nous rend, et me priant d'assurer Son Altesse

(1) Nous ne l'avons pas.
(2) A la marge : « Il y a aussi des ambassadeurs étrangers qui font de grands efforts en faveur de la France. »

et Votre Excellence de la bonne disposition de son prince pour le service de Sa Majesté Catholique et de la sérénissime infante; il me promet que, de son côté, il fera tout le possible pour avancer l'affaire et pour ne pas l'abandonner jusqu'à ce que l'effet s'ensuive ; de manière que, si j'ai à donner mon avis, je pense qu'on ne peut ni ne doit exclure ni dégoûter ledit seigneur abbé, à moins qu'on ne veuille s'exposer à voir avorter toute la négociation, et Gerbier me l'écrit clairement. Cela servira d'information à Votre Excellence. Pour le reste, je me réfère aux papiers qui vont avec la présente, et je baise les mains à Votre Excellence avec une humble révérence.

De Votre Excellence

Très-humble et très-dévoué serviteur,

PIETRO PAUOLO RUBENS.

De Bruxelles, 30 mars 1628 (1).

Au moment où Rubens allait faire partir cette dépêche, il reçut un nouveau message de Gerbier dont il rendit compte au marquis de los Balbases dans les termes suivants :

Très-excellent Seigneur,

Ayant fait la dépêche qu'accompagne celle-ci, il me survint un paquet de Gerbier contenant trois lettres écrites de sa main. J'envoie à Votre Excellence une de ces lettres qui est en français (2). Des deux autres, écrites en flamand et qui remplissent quatre mains entières de papier (3), je vais en dire la substance.

(1) Voy. le texte dans les *Appendices*, n° VII.
(2) Nous ne l'avons pas trouvée aux Archives de Simancas.
(3) « .... Que hinchen quatro manos enteras de papel.... » Faut-il prendre au pied de la lettre ce que dit ici Rubens ?

Dans aucune des trois lettres Gerbier ne fait mention de
M. l'abbé Scaglia, considérant peut-être mieux ce qu'il avait
écrit à son égard : mais, dans une de celles qui sont en flamand,
il me répète, en une forme beaucoup plus claire, tout ce que
contient la lettre de l'abbé, sans le citer. L'autre, qui est
extrêmement longue, est pleine de doléances et de répétitions
des choses passées. Ainsi il prétend que, de la part de son roi
et du duc, il s'est tant fait qu'on n'aurait pu désirer davantage ;
il rappelle qu'il a été envoyé en personne à Bruxelles à ma
persuasion, avec des lettres de créance de la propre main du
duc son maître ; que depuis il m'a adressé des écrits, et particulièrement celui du 9 mars (1), lesquels avaient été dressés
du consentement de son roi et de l'avis du conseil royal,
tandis que nous avons toujours été si réservés que jamais il n'a
eu d'autre réponse que de peu de substance, et seulement que
Son Altesse demanderait des instructions en Espagne, sans que
Votre Excellence ait daigné écrire une simple petite lettre de
sa main qu'il pût montrer à son roi et au duc, en retour de trois
ou quatre que lui m'a écrites de main propre. Il ajoute qu'après
l'avoir fait attendre quatre mois à la Haye, en compagnie de
Carleton, qui s'y rendit à cet effet, quoique sous un autre
prétexte, j'allai le visiter plutôt comme ami que pour autre
chose, sans être porteur d'aucun genre de commission de mes
maîtres, et après l'avoir longtemps retenu là, je lui donnai pour
toute réponse : *que les deux rois* (d'Espagne et de France)
s'étaient accordés ensemble, avec un si grand préjudice à la
réputation de Son Altesse et de Votre Excellence, comme si
l'Espagne s'était moquée de ses maîtres, et servie d'eux seulement pour faire le contraire (2); que son roi et le duc ont
toujours conservé leur bonne opinion de la sincérité et du bon
zèle de Son Altesse et de Votre Excellence, et qu'ils croient que

(1) Voy. p. 49.
(2) « Para hacer lo contrario. »

leurs bonnes intentions ont été traversées en France par des personnes malintentionnées (1) et jalouses peut-être de ce que l'entremise de la sérénissime infante a été préférée à la leur, mais que le conseil l'a entendu autrement, soupçonnant que nos actions aient été des artifices employés à l'instigation de l'Espagne, pour prendre à l'improviste les Anglais, peut-être avec le dessein de se faire maîtres par surprise du royaume d'Angleterre, comme si c'était une bicoque qui ne donne aucun genre de souci (2), quoique ce soupçon ait été en grande partie dissipé par la copie que j'envoyai de la lettre de Votre Excellence du 21 décembre, mais qu'il trouvait mauvais que je ne lui eusse pas envoyé l'original même.

Touchant le contenu de cette lettre, Gerbier dit qu'il lui a paru étrange que Votre Excellence s'exprime ainsi : « Il y aurait » deux choses qui seraient à propos selon moi : l'une, que ces » messieurs se déclarassent à peu près sur les conditions » auxquelles ils pourraient s'accorder avec nous, » comme si Votre Excellence avait oublié ou qu'elle fît semblant de ne pas connaître les propositions faites de leur part, et entre autres le papier du 9 mars, conçu en très-ample forme et dans lequel il était dit que leur roi se contentait de remettre les affaires d'Allemagne à une meilleure commodité, sous la promesse du roi d'Espagne d'interposer son autorité auprès de l'empereur pour les arranger en temps opportun (3); qu'il ferait présentement tous ses efforts pour réduire les Hollandais à la raison ; que si la dispute sur le titre ne se pouvait décider de suite, on pourrait faire une suspension d'armes avec eux, en les qualifiant seulement de confédérés de S. M. de la Grande-Bretagne,

(1) A la marge : « Le marquis de Mirabel. »
(2) Rubens a écrit à la marge : « Il écrit ceci ironiquement, « faisant allusion à ce que le seigneur don Diego (Messia) me dit à « Bruxelles, et non sans fondement. »
(3) A la marge : « Le style de ce papier était assez obscur; « mais il contenait ce qui se dit ici. »

et qu'à cet effet le roi fit partir immédiatement Carleton pour la Haye, où il est encore. A tout cela aucune réponse n'a jamais été donnée. On ne saurait donc comprendre que Votre Excellence, sans aucun égard à ce qui s'est passé, veuille qu'ils fassent, eux, de nouvelles propositions, alors qu'elle n'a pas rejeté les vieilles, lesquelles étaient faciles et fondées en toute raison, conformément à la paix de l'an 1604, laquelle pourra servir de modèle, étant si explicite en tous ses articles; et il n'est pas besoin de ce que Votre Excellence dit dans sa même lettre, « que quand on a l'intention de s'arranger avec quelqu'un, il est » bien de lui faire des propositions acceptables, » parce que les propositions et la paix susdites sont telles que le roi d'Espagne ne pourrait désirer davantage, et particulièrement dans les circonstances actuelles : ce qui se remet à la considération et prudence de Votre Excellence.

C'est là le contenu de l'une des lettres de Gerbier écrite en langue flamande, et datée du 18 février, vieux style.

PIETRO PAUOLO RUBENS (1).

Dans une autre dépêche (2) Rubens résumait la deuxième lettre flamande de Gerbier. Celui-ci y disait que le roi et le duc de Buckingham, malgré le peu de satisfaction qu'on leur avait donné, persistaient dans la résolution de traiter d'un accommodement avec le roi d'Espagne à des conditions justes et convenables aux deux parties (3); qu'ils désiraient que les différends

(1) Vey. le texte dans les *Appendices*, n° VIII.
(2) Elle a été publiée par M. Villaamil, p. 132.
(3) Le 14 avril 1628 l'infante Isabelle écrivait au roi que, suivant le rapport de M. de Ville, ambassadeur du duc de Lorraine, revenant d'Angleterre, le conseil et toute la nation en général

des alliés de l'une et de l'autre partie pussent être ajustés en même temps, mais que, vu la diversité des intérêts de chacun d'eux, le grand nombre des participants et les distances qui les séparaient, ils jugeaient impossible que cela se fît sans beaucoup de temps; que cependant l'état présent des affaires réclamait un remède plus prompt; que, l'une des parties s'arrangeant, les autres suivraient; qu'ayant fait, eux, des propositions auxquelles ils se référaient, il ne restait, de la part de l'Espagne, qu'à donner un pouvoir absolu à l'infante et à ceux qu'elle désignerait pour conclure un traité général avec tous les confédérés, ou seulement entre les couronnes d'Espagne et d'Angleterre; que, de leur côté, ils ne manqueraient pas de donner des pouvoirs très-amples à ceux qui négocieraient en leur nom, mais que, pour prévenir des embarras et des obstacles, il leur paraissait à propos que la négociation fût secrète; que s'il était agréable à Sa Majesté Catholique de traiter avec les Hollandais sous le nom de confédérés du roi de la Grande-Bretagne, sans parler de liberté ni d'autres titres odieux à Sa Majesté, le duc

---

étaient plus portés pour un accommodement avec la France qu'avec l'Espagne, mais que le duc de Buckingham, au contraire, désirait la paix avec l'Espagne et non avec la France : « El consejo y toda « Inglaterra en general inclinan mas al acomodamiento con Francia « que con España, pero el duque de Boquingan, por lo contrario, « dessea la composicion con España y non con Francia... » (*Correspondance*, t. XXIII, fol. 184.)

de Buckingham tenait pour assuré que les états s'en contenteraient.

Avant d'envoyer ces dépêches à leur destination, Rubens les soumit à l'infante Isabelle, qui les approuva. Il écrivit encore au marquis de los Balbases, pour lui exprimer le désir de connaître bientôt la résolution du roi : il avait le dessein de revoir l'Italie; selon ce que le roi aurait décidé, il ferait ce voyage, ou il y renoncerait (¹).

En même temps il fit savoir à Gerbier, par ordre de l'infante, qu'il pouvait assurer son souverain, ainsi que le duc de Buckingham, que cette princesse était animée des meilleures intentions; que, dans sa correspondance avec le roi son neveu, elle aiderait de tout son pouvoir au succès de l'affaire, et qu'elle chargerait le marquis de los Balbases de s'y employer avec zèle auprès de la cour de Madrid (²).

(1) « Excelentissimo señor, S. A. ha visto todos estos papeles y los ha aprovado.... Yo espero que, mediante la presencia de V. E., tendrémos bien presto respuesta y resolucion.... A lo menos yo sabré bien presto, siendo V. E. servido, si en esta primavera podré hazer mi jornada di Italia ó no.... » (Lettre de Rubens à Spinola, aux Archives de Simancas, *Estado*, leg. 2517.)

(2) Nous n'avons pas cette lettre de Rubens à Gerbier; mais celle qu'il écrivit à Spinola et qui est rappelée à la note précédente, nous en fait connaître le contenu. Rubens y dit à Spinola : « Mandóme
« tambien (S. A.) que escriviesse á Gerbier para asegurar á su rey y al
« duque de la buena intencion de S. A., y que fumentaria el negocio
« todo lo possible con cartas al rey su sobrino, y que encargaria
« á V. E. lo encaminasse con toda diligencia y los buenos officios
« que pudiesse hacer en aquella corte... »

Spinola ayant rendu compte au roi des communications de Rubens, Philippe IV chargea l'infante Isabelle de demander à celui-ci les lettres, aussi bien originales qu'en chiffres, qui lui avaient été écrites touchant la matière sur laquelle il était entré en correspondance avec le marquis de los Balbases : il désirait en prendre connaissance, parce qu'il pouvait s'y trouver des choses et des mots auxquels Rubens n'eût pas fait attention et qui méritassent d'être considérés ; qu'il était possible aussi qu'il en eût passé sous silence ou amplifié certaines phrases ; enfin qu'avant de donner suite à une telle négociation, il convenait de voir sur quels fondements elle reposait et quelles étaient les personnes qui y avaient part (¹).

Rubens, à qui l'infante transmit les ordres du roi, répondit qu'il était prêt à y obéir, mais que nul autre que lui ne comprendrait les lettres, lesquelles d'ailleurs contenaient des particularités étrangères à l'affaire dont il avait entretenu le marquis de los Balbases ; que, s'il plaisait au roi de désigner quelqu'un à Bruxelles à qui il pût les communiquer en toute confiance, il le ferait sur-le-champ, ou qu'il les porterait lui-même à Madrid, au cas que tel fût le bon vouloir de Sa Majesté (²).

---

(1) Lettre du 1ᵉʳ mai 1628, que M. Villaamil a publiée, p. 102, mais en lui donnant par erreur la date de 1627.
(2) Lettre de l'infante au roi, du 31 mai 1628. (*Appendices*, n° IX.)

CHAPITRE QUATRIÈME

Il n'est pas difficile de voir dans cette réponse que le désir du grand artiste était d'être appelé à Madrid (¹). Et faut-il s'en étonner? Un quart de siècle s'était écoulé depuis qu'il avait paru à la cour d'Espagne. Certes son renom était déjà grand alors : mais combien depuis il s'était étendu! Combien aussi sa position dans le monde avait grandi! Il était devenu le peintre en titre des archiducs Albert et Isabelle; il avait été employé en des affaires délicates par l'archiduchesse, qui l'honorait de sa confiance; il avait pris rang dans la noblesse belge; en ce moment il se voyait l'instrument de négociations dont l'issue pouvait avoir sur les affaires de l'Europe une influence considérable. N'était-il pas naturel que, sous ces auspices, il aimât à revoir une cour où il avait été une première fois accueilli avec distinction?

Isabelle, en donnant connaissance à son neveu des dispositions où était Rubens, l'assura, d'après les renseignements qui lui étaient parvenus de divers côtés, qu'un accommodement avec l'Espagne était souhaité en Angleterre; « et ainsi quant à moi, — ajoutait-elle —

(1) Une lettre de Buckingham à Gerbier, publiée par M. Sainsbury (p. 114), donne lieu de croire que Rubens avait en vue ce voyage même avant que l'infante eût reçu la dépêche du roi du 1ᵉʳ mai. Dans cette lettre, datée du 4/14 avril, Buckingham, après avoir chargé Gerbier d'assurer Rubens de ses bonnes dispositions pour la paix, afin que celui-ci agît en conséquence, ajoutait : « Ainsi, quand *il sera*
« *envoyé en Espagne*, il pourra y déclarer que nous sommes prêts à
« négocier dès que nous verrons des pouvoirs suffisamment étendus. »

» je ne doute pas que Rubens n'ait déclaré fidèlement
» ce qui lui a été proposé par Gerbier (¹) ».

Les choses en étaient là lorsqu'un incident vint confirmer l'infante dans l'opinion qu'elle avait des vues pacifiques des Anglais.

Quelque temps auparavant le comte de Carlisle, un des membres les plus éminents du conseil de la Grande-Bretagne, lui avait fait demander, par Rubens (²), un passe-port pour traverser les Pays-Bas espagnols, devant se rendre, par la Lorraine, en Savoie, où Charles I⁺ l'envoyait en ambassade extraordinaire; elle l'avait accordé à condition que ce diplomate ne viendrait point à Bruxelles. Arrivé à Anvers, d'où Rubens était absent en ce moment, mais où il l'alla bientôt joindre, Carlisle se plaignit à lui de l'interdiction dont il était l'objet, alors que le séjour de Bruxelles avait été permis à d'autres ambassadeurs; il

---

(1) Lettre du 31 mai citée à la page 88.
(2) La diplomatie française à Bruxelles voyait avec un vif déplaisir les tentatives qui se faisaient pour rapprocher l'Angleterre et l'Espagne, et la part qu'y prenait Rubens ne la disposait pas favorablement pour lui. Le 24 juin 1629 le Sʳ Brasset, chargé d'affaires auprès de l'infante Isabelle, écrit au secrétaire d'État d'Herbault :
« Le peintre Rubens se glorifie que l'ambassadeur d'un grand roy luy
« ayt escrit des lettres pour luy demander sa protection, terme qui a
« paru si ridicule que M. le cardinal de la Cueva n'a pu moins faire
« que de s'en rire. » (Bibliothèque nationale à Paris, MS. fr. 17942.)
Le comte de Carlisle ne connaissait pas Rubens avant son arrivée à Anvers, comme il le dit lui-même au duc de Buckingham dans sa lettre du 27 mai que nous citons plus loin.

lui témoigna vivement le désir d'être traité comme eux, en lui faisant remarquer que sa présence dans la capitale ne pourrait manquer de donner de la réputation aux affaires du roi catholique, car on en inférerait qu'il était porteur de propositions d'accommodement au nom du cabinet de Londres. Cette raison fit impression sur l'infante ; elle écrivit à Rubens que le comte pouvait venir à Bruxelles (¹) ; elle ordonna que son logement fût préparé en la maison où il était de coutume de recevoir les ambassadeurs extraordinaires envoyés à sa cour, et qu'on eût pour lui les mêmes attentions, les mêmes égards que s'il était revêtu d'une pareille charge. Le 3 juin elle l'admit à son audience. Il n'y eut là entre la princesse et le ministre de Charles Ier qu'un échange de compliments : mais il était évident que, si en Angleterre on n'eût pas été disposé à s'entendre avec la cour de Madrid, Carlisle n'aurait pas fait cette démarche (²).

(1) Les faits sont autrement présentés dans la lettre que Carlis'e écrivit, de Bruxelles, le 27 mai, au duc de Buckingham, et que M. Sainsbury a publiée pp. 119-123. Il y reconnait bien qu'il s'était plaint à Rubens de ce que le séjour de Bruxelles lui était interdit, mais il prétend ensuite que ce fut l'infante Isabelle qui lui fit dire, par le grand artiste, qu'elle serait aise de l'y voir, pour renouveler l'ancienne amitié de Marimont, et lui témoigner combien elle l'aimait et l'estimait.

Nous donnons de préférence la relation de l'infante, dont la véracité ne nous parait pas pouvoir être suspectée. Le lecteur jugera.

(2) Lettre de l'infante Isabelle à Philippe IV du 7 juin 1623. (*Appendices*, n° X.)

La réception du comte de Carlisle par l'infante causa une grande

A la réception de la lettre où l'infante lui communiquait la réponse de Rubens, Philippe IV crut devoir consulter la junte d'État. Cette junte se réunit chez le comte-duc d'Olivares le 4 juillet (¹). Elle exprima l'avis que Rubens fût mandé à Madrid, et qu'il y apportât les papiers qui étaient entre ses mains : « On pourra ainsi » — dit-elle dans son rapport au roi — « entre-
» tenir cette négociation ou la retarder selon qu'il sera
» jugé nécessaire. Si elle doit être poursuivie, la
» venue de Rubens aura toujours été plus avantageuse
» que nuisible (²). »

Philippe IV adopta cet avis : « mais » — ajouta-t-il de sa main — « on ne doit pas faire d'instances à
» Rubens; c'est à lui de voir s'il est de son intérêt
» qu'il fasse le voyage (³). »

---

surprise et beaucoup de mécontentement à la Haye. Charles Iᵉʳ, pour calmer les états généraux, ne craignit pas de les assurer que c'était sans son ordre et à son insu que le comte était allé à Bruxelles ; qu'il en avait été prié par l'infante, etc. (Lettres du Sʳ Brasset, des 28 juillet et 18 août 1628, dans le manuscrit cité de la Bibliothèque nationale de France.)

Voy. aussi les *Bulletins* de la Commission royale d'histoire de Belgique, 1ʳᵉ série, t. V, pp. 400 et 401.

(1) Et non le 4 juin, comme le dit par inadvertance M. Villaamil, p. 134.

Les membres de la junte étaient le marquis de los Balbases, don Agustin Messia, don Juan de Villela, le marquis de Leganes, le duc de Feria et le marquis de Santa Cruz.

(2) *Rubens diplomático español*, p. 134.

(3) « .... Pero en esto no se ha de hacer instancia, sino dejar qu'él

Le 6 juillet le roi écrivit à l'infante :

> Sérénissime Dame,
>
> J'ai vu la lettre de Votre Altesse du 31 mai en réponse à la mienne concernant Pierre-Paul Rubens. Puisqu'il a donné à entendre qu'il viendra à Madrid, au cas qu'on le lui ordonne, et qu'il apportera les lettres et papiers qu'il a relativement aux pourparlers d'Angleterre, il sera bien que Votre Altesse l'invite à le faire, mais en s'arrangeant au préalable avec lui et en lui disant qu'il n'omette d'être porteur de tous les papiers de ce genre qui sont entre ses mains. Si les Anglais voulaient envoyer secrètement à l'un ou l'autre des ports de Biscaye quelqu'un qui fût muni de pouvoirs, Votre Altesse pourrait donner à celui-ci un passe-port : la venue de Rubens serait par là plus utile.

La dépêche royale se terminait par la recommandation qui avait fait l'objet de l'apostille du roi sur le rapport de la junte d'État (¹).

Isabelle annonça à son neveu, le 13 août, que Rubens partirait pour l'Espagne sous peu de jours (²); elle fit savoir au comte-duc d'Olivares qu'il serait porteur non-seulement de ses propres papiers relatifs aux pourparlers de paix avec l'Angleterre, mais encore de ceux qu'il y avait à la secrétairerie d'État (³).

---

como interes suyo lo disponga. » (Archives de Simancas, *Estado*, leg. 2517.)

(1) *Appendices*, n° XI.
(2) Archives de Bruxelles.
(3) « ... Sy bien con la yda ay de Rubens no queda aora aquy nynguna correspondencya sopra esta materya. »
Cette phrase est ajoutée, à la minute de la lettre, de la propre main de l'infante.

CHAPITRE CINQUIÈME.

Rubens traverse la France. — Il va voir le siége de la Rochelle. — Il arrive à Madrid. — Curiosité que sa présence excite parmi les diplomates étrangers. — Ce qu'écrivent à ce sujet le nonce et l'ambassadeur de Venise. — Arrivée à Bruxelles de Scaglia, Gerbier et Porter. — Changement survenu dans les relations entre l'Espagne et la Savoie. — Communications de Scaglia à l'infante Isabelle sur les sentiments du gouvernement anglais. — Confidence que l'infante reçoit de Gerbier. — Elle rend compte au roi de tout ce qu'elle a appris. — Scaglia et Gerbier partent pour Turin, Porter pour Madrid. — Olivares consulte la junte d'État sur la question des négociations avec l'Angleterre. — La junte fait appeler Rubens. — Assassinat de Buckingham. — Instruction que Philippe IV donne à l'infante. — Correspondance entre don Carlos Coloma et les ministres anglais Weston et Cottington. — Occupations artistiques de Rubens à Madrid. — Arrivée dans cette cour de l'abbé Scaglia; il presse les négociations avec l'Angleterre. — Communication importante du grand trésorier Weston. — Olivares prend la résolution d'envoyer Rubens à Londres. — Instruction qu'il lui donne. — Dépêches de Philippe IV à l'infante Isabelle. — Le roi nomme Rubens secrétaire du conseil privé et lui fait présent d'une bague. — Celui-ci quitte Madrid.

Rubens prit son chemin par la France. L'infante Isabelle lui avait recommandé la diligence et le secret : il s'arrêta à peine à Paris, et ne vit aucun des amis qu'il avait dans cette capitale, non plus que le marquis de Mirabel, ambassadeur d'Espagne, ni même le secrétaire de Clercq, qui remplissait en ce moment les fonctions de chargé d'affaires de l'infante à la cour de Louis XIII (¹). Dans la lettre à laquelle nous empruntons ces détails il nous apprend qu'il se détourna un peu de sa route pour avoir une idée du siège de la Rochelle par l'armée royale, qui lui parut un spectacle digne de toute admiration (²). La date précise de son arrivée à Madrid ne nous est pas connue : mais elle peut être fixée entre le 8 et le 12 septembre.

La présence de Rubens à la *corte*, comme disent les Espagnols, n'excita pas peu la curiosité des ambassadeurs accrédités auprès de Philippe IV, et ils en furent plus intrigués encore lorsqu'ils surent qu'il avait des audiences fréquentes du comte-duc d'Olivares. Le nonce, Gio. Batt[a] Pamphili, patriarche d'Antioche, écrivait, le 15 septembre, au cardinal secrétaire d'État : « On tient pour certain que le peintre flamand est » porteur de quelque négociation, car on est informé » qu'il confère souvent, et en secret, avec le comte-» duc, et d'une façon bien différente de celle que sa » profession peut comporter. On dit qu'il est parti » d'Angleterre il y a peu de temps; et, comme il est

---

(1) « .... Mio passaggio in Spagna, che la serenissima infanta volse si facesse con tanto silencio e brevitezza ch'ella non mi permise di veder alcun amico, nè manco il ambasciator di Spagna, nè il secretario de Fiandra residente in Pariggi.... » (Lettre de Rubens à Valavez écrite de Madrid le 2 décembre 1628 : original autographe conservé dans le MS.A. 133, à la Bibliothèque royale de La Haye.)

(2) « Io vidi, detorgendo un poco il camino, l'assedio della Rochella, che mi parve un spettaculo digno d'ogni ammirazione.... »

» réputé grand ami de Buckingham, on croit qu'il
» vient avec quelque traité de paix entre les deux cou-
» ronnes. D'autres pensent que le principal objet dont
» il est chargé est la trêve de Flandre, et qu'il a reçu
» la mission, comme quelqu'un qui jouit de la con-
» fiance de tout ce pays-là, de faire connaître le sen-
» timent de la nation sur cette affaire (¹) ».

De son côté l'ambassadeur de Venise, Alvise Mocenigo, mandait au doge : « Le bruit continue qu'il se
» traite de la paix avec l'Angleterre, et bien des per-
» sonnes disent qu'elle est même conclue, ainsi qu'une
» trêve avec les Hollandais... On croit que le sieur
» Rubens, peintre, s'entremet du traité de trêve (²) ».

Mocenigo revenait là-dessus quelques jours après :
« Le peintre Rubens — disait-il — a eu plusieurs

---

(1) « .... Nello stesso tempo è giunto il Ruben, pittore fiammingo, quale si tiene per certo che porti alguna negotiatione, sentendosi trattar molto spesso, e con segretezza, con il conte duca, et in modo molto differente di quello può comportar la sua professione di pittore. Si è discorso che, poco tempo fà, sia partito d'Inghilterra, e come è reputato intrinseco di Bocchingam, venga con qualchè trattato di pace con quella corona. Altri però tengono che il principal suo negotio sia la tregua di Fiandra, e come persona confidente a tutta quella nazione, porti i loro sensi ne quel particolare.... » (Bibliothèque Barberini à Rome : reg. *Cifra del nuntio di Spagna da maggio per tutto dicembre* 1628.)

(2) « .... Continuano le voci e sospetti che si trattino queste paci con Inghilterra, e dicono molti essere accordate, come anco le tregue con Olandesi... Un tal Ruben, pittore, si crede che possi haver mano nel trattato di tregue.... » (Arch. de Venise : reg. *Spagna,* 1628, *settembre sin febrajo :* dépêche du 23 septembre.)

» entrevues secrètes avec le comte d'Olivares. Je ne
» saurais affirmer si c'est pour traiter la trêve avec les
» Hollandais, ou la paix avec l'Angleterre, ou ces deux
» affaires à la fois. J'apprends qu'il est allé en Angle-
» terre, où il a négocié longuement et mystérieusement
» avec le duc de Buckingham; que depuis il est passé
» en Flandre, d'où il est venu en cette cour (1). »

On voit que la diplomatie à Madrid en était réduite à des conjectures sur la mission de Rubens, tant le secret en était bien gardé. Elle était, du reste, très-mal informée sur un point : le grand peintre n'était pas allé en Angleterre.

C'est ici surtout que nous avons à regretter la perte des correspondances de Rubens avec l'infante Isabelle et le secrétaire Pedro de San Juan : car on ne saurait douter que l'éminent artiste, qui maniait la plume avec autant de facilité, pour ainsi dire, que le pinceau, n'instruisît régulièrement la princesse ou le secrétaire d'État et de guerre de ses entretiens avec le roi, avec le comte-duc d'Olivares, avec le marquis Spinola, touchant la négociation qui avait donné lieu à son voyage. On peut supposer aussi que ses lettres contenaient des

---

(1) «..... Il Ruben, pittore, in molti secreti congressi si è ritrovato con il conte di Olivares ; nè più saprei affirmare a Vostra Serenità che trattasse delle tregue con Olandesi o della pace con Inghilterra, che di ognuno di questi affari. Questo fù già in Inghilterra, come intendo, e trattò lungamente et ascosamente con il duca di Bochingham. Dopo è stato in Fiandra e passato a questa corte.... » (Archives de Venise : reg. *Spagna*, 1628.)

7

particularités et des observations, telles qu'on pouvait les attendre d'un esprit si fin, si pénétrant, sur la cour de Madrid, sur les personnages qui y étaient en vue, sur la politique qui présidait aux destinées de la monarchie espagnole, et sur d'autres choses non moins intéressantes.

En l'absence des lettres de Rubens, nous avons des documents officiels qui nous permettent au moins de faire connaître la marche de l'affaire pour laquelle il avait été appelé en Espagne.

Peu après son départ de Bruxelles, l'abbé Scaglia, ambassadeur de Savoie, était revenu d'Angleterre dans cette capitale (1); il était accompagné de Gerbier et d'un gentilhomme anglais nommé Endymion Porter (2), grand serviteur de Buckingham et fort en crédit auprès du roi Charles (3). Les relations entre l'Espagne et la Savoie avaient subi un grand changement depuis la première mission que l'abbé Scaglia avait remplie à la cour de Bruxelles (4). Philippe IV ne s'était pas seulement réconcilié avec Charles-Emmanuel, mais, à la mort du duc Vincent de Mantoue (26 décem-

(1) Le 31 août. (Dépêche du chargé d'affaires de France Brasset au secrétaire d'Herbault du 1ᵉʳ septembre.)
(2) Dans les documents que nous avons sous les yeux, il est nommé tantôt *Endymion*, tantôt *Antoine*.
(3) Il avait été l'un des trois serviteurs dont le prince de Galles s'était fait accompagner à Madrid en 1623. (Lingard, *Histoire d'Angleterre*, t. III, p. 199.)
(4) Voy. p. 51.

bre 1627), les deux souverains s'étaient ligués pour disputer le Montferrat au duc de Nevers, Charles de Gonzague, successeur de ce prince (¹); et en ce moment leur union était si étroite que le roi d'Espagne était prêt à faire des démarches auprès de l'empereur pour qu'il donnât la main de sa seconde fille au prince Maurice, fils de Charles-Emmanuel (²). Aussi l'infante Isabelle reçut-elle l'abbé Scaglia avec tous les honneurs réservés aux ambassadeurs extraordinaires; plusieurs jours de suite elle l'admit à son audience. Gerbier et Porter furent aussi traités par elle avec distinction (³).

L'abbé informa la princesse des démarches qu'il avait faites auprès du roi Charles, pour l'engager à conclure la paix avec le roi catholique; il lui dit qu'il y avait trouvé ce monarque tout disposé, ainsi que le duc de Buckingham; que même ils lui avaient exprimé le désir qu'il se rendît en Espagne pour cette négociation, mais qu'il y avait une chose qui pouvait la rendre longue et difficile, et c'était qu'en Angleterre on persistait à vouloir comprendre dans le traité l'électeur palatin, le roi de Danemark et les Provinces-Unies. D'après cela il était d'avis qu'il se fît entre les cou-

---

(1) Dépêches de Philippe IV à l'infante Isabelle des 16 janvier et 15 février 1628. (*Correspondance*, t. XXIII, fol. 32 et 89.)
(2) Dépêche de Philippe IV à l'infante Isabelle, du 30 septembre 1628. (*Correspondance*, t. XXIV, fol. 147.)
(3) Dépêches de Brasset au secrétaire d'Herbault des 1ᵉʳ et 6 septembre 1628.

ronnes d'Espagne et d'Angleterre une suspension d'armes pour quelque temps pendant lequel on négocierait la paix et l'on discuterait les intérêts des alliés de l'une et de l'autre partie. Buckingham lui avait dit ces propres paroles : « Faisons notre paix avec l'Es-
» pagne et arrangeons l'affaire du palatin ; les Hollan-
» dais en passeront ensuite par ce que nous vou-
» drons. »

Scaglia était au courant de tous les pourparlers de Gerbier avec Rubens ; Buckingham lui en avait fait confidence. Il engagea fortement l'infante à ne pas perdre de temps pour y donner suite, car il pourrait survenir des circonstances qui entravassent la chose, vu l'inconstance du cabinet britannique et ses négociations avec la France.

Il dit encore à l'infante que le duc de Savoie, son maître, pouvait influer beaucoup en cette négociation, par la confiance qu'à Londres on plaçait en lui ; que ce prince était très-intéressé à ce que l'Angleterre et la France ne s'arrangeassent point, et qu'ainsi il s'emploierait avec zèle au rétablissement de la paix entre les couronnes d'Espagne et d'Angleterre. Il affirma avoir eu la promesse de Buckingham que son souverain, jusqu'à ce qu'il eût eu réponse de Madrid, ne prendrait aucun engagement envers le gouvernement français. Il ajouta qu'on désirait en Angleterre que Bruxelles fût le lieu choisi pour la négociation de la paix. La restitution de ses États au palatin devant en faire la principale difficulté, il mit en avant l'idée de marier le fils aîné de ce prince avec une des filles de l'empereur. Enfin il proposa que, pour affaiblir la France, le roi catholique aidât les huguenots; que le duc de Bouillon fût fait chef de ceux de Normandie ainsi que des provinces voisines, et qu'on secourût la Rochelle.

De son côté, Gerbier déclara à l'infante, dans le plus grand secret et sans que l'abbé et Porter en sussent rien, que le conseil d'Angleterre inclinait unanimement à la paix avec la France, et qu'il avait persuadé au roi de donner l'ordre au duc de Buckingham, si les Français lui faisaient des propositions avant qu'il tentât de secourir la Rochelle, d'y prêter l'oreille.

Ces communications intéressèrent d'autant plus vivement Isabelle qu'elle reçut, dans le même temps, deux lettres (¹) où Philippe IV, ayant appris que les Français se disposaient à marcher en Italie au secours du duc de Nevers, et craignant que, dans ce dessein, ils ne s'arrangeassent, à tout prix, avec l'Angleterre, la chargeait de donner suite aux ouvertures que Gerbier avait faites de la part de Buckingham (²).

---

(1) L'une et l'autre du 17 août 1628. (*Correspondance*, t. XXIV, fol. 84 et 86.)

(2) «..... Me ha parecido avisar á V. A. de todo lo dho, y encargarle procure avivar las pláticas que se traen con el duque de Boquingam sobre el acomodamiento con aquella corona.... »

Elle rendit compte au roi de tout ce qu'elle venait d'apprendre dans une dépêche du 6 septembre (¹).

La veille, l'abbé Scaglia avait pris le chemin du Piémont avec Gerbier. Le jour suivant Endymion Porter partit pour l'Espagne, où il était envoyé par le duc de Buckingham (²). L'infante, suivant l'autorisation qu'elle avait reçue du roi, délivra à celui-ci un passeport, et il fit le voyage en compagnie du mestre de camp don Francisco Zapata (³). Porter, quoique sa famille fût anglaise, était né à Madrid; il avait même été page du comte-duc d'Olivares (⁴).

Le 28 septembre Olivares, par ordre de Philippe IV, assembla la junte d'État : don Agustin Messia, le marquis de Montesclaros, don Fernando Giron, le marquis de Gelves, don Juan de Villela, le marquis de Leganes, assistaient à cette séance. Le comte-duc, prenant la parole, dit que le roi d'Angleterre, après avoir rompu la paix au mépris des lois divines et naturelles et de la foi jurée, après avoir assiégé Cadix, d'où il fut repoussé, après d'autres agressions non moins malheureuses pour lui, s'apercevant enfin de la faute qu'il avait commise,

---

(1) Voy. les *Appendices*, n° XII.
(2) Lettres du chargé d'affaires de France Brasset au secrétaire d'Herbault écrites e Bruxelles les 6 et 16 septembre 1628. (MS. cité de la Bibliothèque nationale de France.)
(3) Lettre d'Isabelle à Philippe IV du 6 septembre ci-dessus citée.
(4) Lettre de Brasset du 6 septembre, déjà citée.

avait par différentes voies (et il cita les communications que l'abbé Scaglia et Gerbier, alors à Londres, avaient faites à Rubens, ainsi que l'envoi en Espagne du P. Guillaume du Saint-Esprit), donné à connaître le désir dont il était animé de renouer les anciennes relations entre les deux couronnes. Il ajouta que, depuis peu, le secrétaire d'État britannique, sir Francis Cottington, lui avait écrit dans le même sens; que, sur sa réponse, ce ministre lui avait annoncé l'intention de venir en Espagne, et qu'il y était attendu de jour en jour. Il fit part enfin à la junte de la mission dont Endymion Porter était chargé. Ce gentilhomme, tout récemment arrivé à Madrid [1] avec des lettres de créance du duc de Buckingham, lui avait rapporté que le roi Charles et ses ministres étaient si enclins à la paix que le duc était prêt à faire en personne le voyage d'Espagne afin de la conclure, et que tel était aussi le but dans lequel y viendrait Cottington ainsi que Gerbier [2].

(1) Une lettre de don Francisco Zapata à l'infante, écrite de Madrid, le 6 octobre 1628, fait connaître qu'il y était arrivé le 20 septembre. (Archives du royaume : *Correspondance des Archiducs avec divers*, t. VIII.)

Quoique, dans cette lettre, Zapata ne parle point de Porter, il est bien probable qu'ils étaient arrivés à Madrid ensemble.

(2) « ... Don Antonio Porter ha referido al conde duque que el rey de Inglaterra y sus ministros tienen tanto desseo de entrar en este negocio que el mismo Bocquingam dezia que, siendo necessario, vendria á uno de los puertos de España en persona á concluirlo, y que con este intento y fin venia Cotinton, y vernia tambien por

Après avoir entendu le premier ministre, la junte fit appeler Rubens, qui lui rendit compte de tout ce qui était passé par ses mains et de tout ce qu'il savait touchant l'affaire pour laquelle elle était convoquée.

Ses délibérations eurent pour résultat qu'il convenait de poursuivre les négociations commencées. Philippe IV adopta son avis (1).

Ce fut dans ces circonstances qu'on reçut à Madrid la nouvelle de l'assassinat de Buckingham à Portsmouth (2), au moment où il allait s'embarquer pour l'expédition de la Rochelle. Olivares avait eu à se plaindre du favori de Charles Ier quand ce monarque, alors prince de Galles, avait visité la cour d'Espagne (3) : il n'en éprouva pas moins, selon le témoignage de l'ambassadeur vénitien Mocenigo, un grand regret de sa fin tragique (4). Les sollicitudes de l'homme d'État faisaient taire en lui les ressentiments de l'homme privé.

Philippe IV chargea l'infante Isabelle de s'enquérir, par tous les moyens qui seraient en son pouvoir, de

---

Italia Gerbier. (*Relacion de las pláticas de paz* jointe à la lettre du roi à l'infante du 24 octobre 1628, déjà citée.)

(1) Consulte de la junte, aux Archives de Simancas, *Estado*, leg. 2517.

(2) Le 23 août 1628.

(3) Voy. p. 40.

(4) « ... Ha sentito con summo dispiacere il conte d'Olivares la morte di Bockinhem. » (Dépêche de Mocenigo au doge, du 7 octobre 1628 : Archives de Venise, reg. *Spagna* 1628.)

l'effet qu'avait produit en Angleterre la mort de Buckingham en ce qui concernait les pourparlers de paix entamés sous ses auspices. Il lui recommanda de faire en sorte que ceux-ci ne fussent point interrompus. Au cas qu'ils prissent un aspect favorable, il désirait savoir d'elle s'il y aurait à fixer, à Bruxelles ou à Madrid, le siège des négociations définitives. Il la prévenait, du reste, qu'il ne pouvait être question d'une suspension d'armes, comme l'abbé Scaglia l'avait proposé; que c'était d'une paix qu'il fallait traiter, et la chose ne paraissait pas bien difficile, vu le désir manifesté par le roi d'Angleterre (¹). Porter, qui était toujours à Madrid, venait de découvrir au comte-duc une chose qu'il lui avait cachée d'abord : c'était que Buckingham, en l'envoyant en Espagne, avait agi du su et par l'ordre du roi (²).

On sut bientôt, à la cour de Bruxelles, que les dispositions du ministère anglais à l'égard de l'Espagne

---

(1) « ... Y tambien encargo á V. A. procure la continuacion desta plática sin perder punto en ella, y reconozer y avisarme si, haviendo de passar adelante, se habrá de tratar d'esto ahí ó acá, pero estando V. A. advertida de todo, y en particular de no dar oydos á suspension de armas, sino al assiento de la paz, en que no habrá tanto que hazer, mayormente que el rey de Inglaterra, desde que la rompió, ha dado á entender, por diferentes medios, lo mucho que dessea la continuacion de la dicha paz ... » (Lettre du 24 octobre 1628, déjà citée.)

(2) Consulte de la junte d'Etat du 29 octobre 1628, aux Archives de Simancas, *Estado*, leg. 2517. — Lettre de Philippe IV à l'infante Isabelle, du 4 novembre. (*Correspondance*, t. XXIV, fol. 211.)

n'étaient point changées. Don Cárlos Coloma, gouverneur de Cambrai et capitaine général du Cambrésis, qui, avant la guerre, était ambassadeur de Philippe IV à la cour d'Angleterre (1), avait conservé des relations avec les hommes d'État de ce pays : il écrivit, le 19 septembre, à sir Francis Cottington, pour le sonder : dans le même temps Cottington et le grand trésorier, Richard Weston, lui écrivaient à lui-même, et c'était afin de l'assurer, en lui confirmant la mission d'Endymion Porter, que le cabinet britannique était toujours disposé à conseiller au roi de conclure avec Sa Majesté Catholique une bonne, ferme et honorable paix (2). Cottington lui renouvela cette assurance, sans lui laisser ignorer toutefois que les Vénitiens ne négligeaient aucune démarche pour que le roi Charles s'arrangeât avec la France, et qu'il était question de l'envoi à Londres du duc de Chevreuse. « Mais — ajouta-t-il
» — vous n'en devez rien craindre, et Votre Excellence
» peut m'en croire : si la paix ne se fait pas avec
» l'Espagne plutôt qu'avec la France, ce sera votre
» faute et celle des autres ministres principaux de Sa

(1) Voy. p. 42. Il avait été envoyé à Londres au mois d'avril 1622.
(2) Les lettres de Weston et de Cottington dont il est question ici et celle de Coloma, du 19 septembre, nous manquent : mais nous en connaissons le sens par la réponse de Cottington, en date du 21 octobre (n. st.), à cette dernière, et par une lettre de l'infante Isabelle à Philippe IV, du 26 octobre. (*Correspondance*, t. XXIV, fol. 171.)

» Majesté Catholique (¹) ». Il parlait à Coloma de son voyage à Madrid comme s'il devait être prochain. Il lui demandait un chiffre pour la sûreté de leur correspondance. N'oublions pas ce passage de sa lettre : « Le grand trésorier est quelqu'un à qui le monde doit
» beaucoup. Que Votre Excellence tâche d'avoir avec lui
» de bons rapports : il n'y a aujourd'hui en Angleterre
» personne qui soit autant en faveur auprès du roi (²). »

Dans sa réponse à Cottington, Coloma ne manqua point de « baiser les mains beaucoup de fois au seigneur
» grand trésorier. » « Je me suis infiniment réjoui —
» écrivit-il au secrétaire d'État britannique — de ce que
» ce seigneur est autant favorisé du sérénissime roi de
» la Grande-Bretagne : car sa personne a toujours été
» tenue ici en grande estime (³); et je laisse à consi-
» dérer à Votre Seigneurie le plaisir que le cardinal
» (de la Cueva) et les autres ministres et serviteurs du

---

(1) « ... No hay que temer d'esto, antes créame V. Ex. que si la paz no se haze con España (y no con Francia), será culpa de V. Ex. y de los demás ministros principales de Su Mag^d. (Lettre du 20 octobre 1628 (30 octobre, n. st.), aux Archives de Bruxelles.)

(2) « El gran thesorero es persona á quien el mundo deve mucho. V. Ex. procure tener con él una buona correspondencia, que no ay ya en Inglaterra persona tan favorezida de Su Mag^d. » (Ibid.)

(3) Richard Weston, alors conseiller d'Etat et chancelier de l'échiquier, avait été envoyé en ambassade extraordinaire à Bruxelles, au mois d'avril 1622, par le roi Jacques, pour les affaires de l'électeur palatin. Il avait quitté cette capitale le 29 septembre de la même année, en apprenant la prise de Heidelberg par Tilly. (Archives du royaume.)

» roi, mon seigneur, et de la sérénissime infante auront
» à traiter avec Son Excellence les affaires qui sont sur
» le tapis, vu le succès qu'ils se promettent du zèle
» qu'elle y apporte, ainsi que de sa naturelle bonté et
» prudence (¹) ». Il envoyait à Cottington le chiffre que
celui-ci lui avait demandé. Il l'engageait à ne pas
écouter les Vénitiens, « gens — disait-il — qui ne
» cherchent que leur avantage, et qui s'appliquent à se
» rendre nécessaires aux princes, afin de se maintenir
» en paix, aux dépens de nos souverains, qu'ils se
» gardent bien de solliciter de la faire entre eux.
» Quant au voyage du duc de Chevreuse à Londres,
» quoiqu'on en parle beaucoup, je peux assurer Votre
» Seigneurie, en toute vérité, qu'il ne nous a donné ni
» ne nous donne aucun genre d'inquiétude, considérant,
» d'une part, le naturel des Français qui est si connu
» à la cour d'Angleterre, et de l'autre la convenance
» de nos maîtres, entre lesquels, ainsi qu'il est notoire,
» il existe si peu de causes d'inimitié (²). »

(1) « ... Digo que después de besar las manos muchas vezes al señor gran thesorero, he holgado infinito de que sea tan favorecido del serenissimo rey de la Gran Bretaña; que, sobre la estimacion que acá se ha hecho siempre de su persona, dexo considerar á V. S. el gusto con que el señor cardenal y los demás ministros y criados del rey mi señor y de la serenissima infanta tratarémos con Su Excellencia las materias corrientes, par el buen suceso que les asegura su gran zelo y natural bondad y prudencia ... »

(2) « ... Gente que aspira siempre á encaminar su provecho y á hazerse necesarios á los demás príncipes para conservar ellos su paz,

La correspondance de Coloma avec Weston et Cottington continua sur ce ton pendant les deux derniers mois de l'année 1628. Cottington faisait toujours espérer sa prochaine arrivée en Espagne; Endymion Porter, à son départ de Madrid, au commencement de décembre, pour retourner en Angleterre, assurait qu'elle ne pourrait tarder. Cependant le secrétaire d'État britannique ne quittait point Londres (¹). C'est que, quoi que Cottington eût écrit à Bruxelles, les ministres de Charles Ier prêtaient une attention favorable aux propositions de la France.

Que faisait Rubens pendant tout ce temps (²)?

á costa de nuestros reyes, entre quien á buen seguro que ni la aconsejan ni solicitan. Y aunque de la yda del duque de Chevreuse á Londres se dize mucho, puedo asegurar á V. S. con verdad que no nos ha dado ni nos da genero de cuidado, considerando de una parte el natural de los Franzeses tan conoscidos en essa corte, y de otra la conveniencia de nuestros amos, entre quien concurren tan pocas causas de ser enemigos ... » (Lettre du 6 novembre 1628, aux Archives de Bruxelles.)

(1) Lettres de l'infante Isabelle à Philippe IV des 6 et 20 novembre, 6, 7 et 21 décembre 1628; lettres du roi à l'infante des 18 et 26 novembre. (*Correspondance*, t. XXIV.)

(2) Tous ses biographes rapportent, avec plus ou moins de variantes, l'anecdote que voici : Jean, duc de Bragance et qui devint plus tard roi de Portugal, entendant sans cesse parler du grand peintre, eut le désir de le connaître et l'invita à venir le voir à sa maison de Villaviciosa. Rubens partit pour cette ville, en compagnie de plusieurs gentilshommes flamands et français. Lorsqu'ils approchaient de Villaviciosa, le duc, qui ne s'était pas attendu à recevoir tant de monde, envoya à Rubens un de ses officiers chargé de lui dire que des affaires pressantes l'avaient forcé de partir pour Lisbonne, et en même temps, de lui remettre une bourse contenant

Si nous sommes dans une ignorance complète des affaires ou des questions politiques que l'envoyé de l'infante Isabelle traitait avec les ministres espagnols, les informations ne nous manquent pas, en revanche, sur la façon dont l'artiste employait les loisirs que lui laissait la politique.

Un local avait été mis à sa disposition dans le palais du roi, pour y établir son atelier; Philippe IV, qui aimait passionnément la peinture, venait l'y voir travailler et causer avec lui presque tous les jours : disons, en passant, que ces entretiens familiers lui donnèrent

cinquante pistoles destinées à les défrayer de leur voyage, lui et les siens. Tous les compagnons de l'éminent artiste éprouvèrent plus que de la surprise d'une impolitesse et d'une mesquinerie semblables. Rubens répondit, avec autant de calme que de dignité, à l'envoyé du duc de Bragance : « Monsieur, présentez, je vous prie, mes humbles
« respects à monseigneur votre maître, et veuillez l'assurer du regret
« que j'éprouve de ne pouvoir lui offrir personnellement mes hom-
« mages. Veuillez aussi lui dire que le but de ma visite n'était pas
« de recevoir un cadeau de cinquante pistoles, parce que j'en avais
« apporté mille pour les dépenses que je comptais faire à Villavi-
« ciosa. »

M. Alfred Michiels, qui, dans la dernière édition de son *Histoire de la peinture flamande* (t. VII, p. 187), donne aussi cette anecdote peu honorable pour Jean IV, fait observer qu'elle lui « parait sus-
« pecte. » Pour moi, je n'hésite pas à la regarder comme apocryphe. Et d'abord aucun des historiens de Rubens ne nous fait connaitre sur quel témoignage elle s'appuie. Ensuite un voyage de Madrid à Villaviciosa n'était pas, en 1629, une partie de plaisir, puisqu'il y a entre ces deux villes de soixante-dix à quatre-vingts lieues de distance.

Ajoutons que M. Villaamil n'en dit pas un mot dans son *Rubens diplomático español*.

une haute idée des qualités du prince qui occupait le trône des Espagnes. Il fit cinq portraits de ce monarque, dont un le représentait à cheval; il peignit, pour l'infante Isabelle, les bustes de tous les membres de la famille royale (¹). Bien d'autres portraits encore sortirent de ses mains, sans compter des tableaux de diverse nature et des copies de tous les ouvrages du Titien qu'il y avait dans les galeries royales (²). Selon M. Villaamil, durant son séjour à Madrid, il ne produisit pas moins de quarante toiles, originaux ou copies (³). Le même écrivain nous fournit des détails intéressants sur la liaison qu'il contracta avec Velasquez (⁴). Il avait apporté d'Anvers huit tableaux que le roi lui acheta (⁵).

Dans les premiers jours de janvier 1629 arriva à Madrid, venant de Turin, l'abbé Scaglia, que le duc de Savoie avait nommé son ambassadeur extraordinaire à la cour d'Espagne (⁶). Il devait être accompagné de

(1) « .... Io mi trattengo qui a depingere come da pertutto, et hò già fatto il ritratto equestre di Sua Maestà con molto suo gusto e sodisfattione, che veramente si diletta in estremo della pittura; et, al giudicio mio, questo principe è dotato de bellissime parti. Io già lo cognosco per prattica, poichè havendo stanze in palazzo mi viene veder quasi ogni giorno. Hò fatto ancora le teste di tutta la famiglia reggia accuratamente, con molta commodità, nella lor presenza, per servicio della serenissima infanta mia signora.... » (Lettre de Rubens à Valavez, du 2 décembre 1628, déjà citée.)
(2) Villaamil, *Rubens diplomático español*, p. 143.
(3) *Ibid.*, p. 144.
(4) *Ibid.*, pp. 138-141.
(5) *Ibid.*, p. 137.
(6) Dépêches d'Alvise Mocenigo des 6 et 10 janvier 1629.

Gerbier : mais celui-ci, sur des ordres reçus de Londres, retourna de Piémont en Angleterre (¹). Scaglia était chargé d'agir auprès du comte-duc d'Olivares afin que les négociations de paix entamées avec le cabinet de Londres fussent poursuivies sérieusement ; le duc son maître y avait un grand intérêt : Louis XIII s'était enfin rendu maître de la Rochelle, et il n'était plus douteux que les Français ne s'apprêtassent à intervenir en Italie dans l'intérêt du duc de Nevers. Des conférences eurent lieu entre l'ambassadeur de Savoie, Olivares et Rubens (²). Le premier ministre de Philippe IV ne désirait pas moins vivement que la cour de Turin de voir la paix rétablie entre les deux couronnes (³); ce qui le retenait, c'était quelque doute sur la sincérité des dispositions manifestées par les conseillers du roi Charles : il savait qu'ils négociaient avec la France; Cottington, dont la venue en Espagne lui avait été annoncée depuis si longtemps, n'y paraissait pas et rien ne faisait prévoir qu'il dût y venir bientôt.

---

(1) Il passa par Bruxelles, où il arriva au mois de novembre. (Lettre de l'infante Isabelle à Philippe IV, du 20 novembre 1628 : *Correspondance*, t. XXIV, fol. 229.)

(2) Lettres de Scaglia au duc de Savoie, des 18 janvier et 10 avril 1629. (Archives de Turin.)

(3) Mocenigo écrivait au doge le 21 décembre 1628 : « Ben è certo che questi ministri vorrebeno veder il re d'Inghilterra amico di questa corona..... » Et le 17 février suivant : « Il desiderio qui della pace con Inghilterra si accresce a misura del timore dell'armi francesi.... »

CHAPITRE CINQUIÈME

Enfin, dans le courant du mois d'avril, on reçut à Madrid des dépêches de l'infante Isabelle (¹) auxquelles était jointe copie d'une lettre écrite à don Cárlos Coloma, le 6 mars, par le grand trésorier Weston : ce ministre y disait que le cabinet britannique, connaissant les bonnes intentions du roi d'Espagne pour la paix, avait résolu de commencer cet ouvrage, si nécessaire au bien de la chrétienté, et que le roi son maître enverrait à Madrid un ambassadeur, si le roi d'Espagne en envoyait un à Londres (²). Olivares pensait en ce moment à faire partir Rubens pour l'Angleterre, afin de correspondre à la mission dont Endymion Porter avait été chargé en Espagne, et de certifier aux ministres anglais la volonté qu'avait son souverain de s'arranger avec le roi Charles (³). Les dépêches de l'infante le déterminèrent à hâter le départ de Rubens et à donner à la mission de celui-ci un caractère plus significatif.

En quittant Bruxelles, Rubens avait formé d'autres projets. Il désirait vivement revoir l'Italie, où il n'était pas retourné depuis 1609, et il avait obtenu de l'infante Isabelle l'autorisation de prendre son chemin par ce pays, lorsqu'il reviendrait aux Pays-Bas (⁴). La mission

(1) Du 27 mars 1629. (*Correspondance*, t. XXV, fol. 124.)
(2) Archives de Bruxelles.
(3) « .... Si ha pensiero di mandare Rubens in Inghilterra per corresponder all'ufficio che Portar fece qua, et anchè per portar certezza della volontà che si ha qua di comporsi.... » (Lettre de Scaglia, du 10 avril 1629, au duc de Savoie.)
(4) Dans sa lettre à Valavez du 2 décembre plusieurs fois citée, il

qu'on lui offrait était cependant trop flatteuse, trop honorable, pour qu'il pût la décliner.

Le comte-duc d'Olivares lui remit une instruction sur la conduite qu'il aurait à tenir à Londres et des lettres pour le grand trésorier Weston et le secrétaire Cottington, qui lui devaient servir d'introduction auprès d'eux (¹).

Philippe IV écrivit à sa tante :

Sérénissime Dame,

J'ai jugé convenable que les pourparlers de paix entamés avec l'Angleterre, comme Votre Altesse le sait, se continuent. En conséquence j'ai résolu que Pierre-Paul Rubens se rende dans ce pays avec l'instruction que, de mon ordre, le comte-duc lui a donnée et qu'il montrera à Votre Altesse. Comme il y est dit qu'il aura à suivre celle que Votre Altesse lui donnera, la seule chose que j'aie à vous recommander est, au cas qu'il n'y ait apparence de s'arranger avec les Hollandais de la façon qu'on y travaille à cette heure (et non autrement), d'ordonner à Rubens que, profitant d'une occasion favorable, il fasse entendre

---

lui disait : « La serenissima infanta mi ha dato licenza di poter, al
« mio ritorno, pigliar la giravolta d'Italia ; e perciò spero, piacendo
« al signor Idio, di prevalermi della occasione del passaggio della
« regina d'Ungaria da Barcellona a Genoa, che si tiene per certo sarà
« al fine del mese di marzo prossimo. »

(1) Ces pièces nous manquent ; c'est en vain que la recherche en a été faite dans les archives d'Espagne et de Belgique. Tout récemment le gouvernement anglais a bien voulu, à la demande du gouvernement belge, faire compulser le *State paper Office*; elles n'y ont pas été trouvées non plus.

au grand trésorier qu'il a quelquefois ouï rapporter ici que, pour la conclusion de la paix, laquelle peut exiger plus de temps qu'on ne le suppose en Angleterre, il serait bien de faire une suspension d'armes; que, pour ma part, je ne ferais nulle difficulté de consentir à une telle suspension avec le roi Charles et avec les Hollandais, ni de tâcher d'obtenir de l'empereur qu'il en usât de même avec le roi de Danemark. Si l'on tombe d'accord sur la suspension d'armes, Votre Altesse pourra l'effectuer, en stipulant que pour la paix le roi d'Angleterre enverra quelqu'un en conformité de ce qui est énoncé en l'instruction de Rubens. Dans l'hypothèse que je viens de dire un pouvoir est envoyé à Votre Altesse à l'effet d'accepter et de conclure ladite suspension; il n'y est pas parlé des Hollandais, puisque Votre Altesse en a déjà un pour traiter avec eux (1). Cette suspension d'armes se faisant, l'accommodement avec les Hollandais doit être en tout conforme à ce que j'ai écrit à Votre Altesse dès le commencement de la négociation de Kesseler (2) Mais, si la suspension d'armes avec les Hollandais peut se conclure par ledit Kesseler, Rubens se bornera à traiter d'une telle suspension avec l'Angleterre et des démarches à faire auprès de l'Empereur pour qu'il en conclue une semblable avec le roi de Danemark, sans mêler à cela les Hollandais. Il est ordonné aussi à Rubens, dans son instruction, de traiter avec M. de Soubise sur la proposition que celui-ci a faite de prendre position en France. Selon ce qu'il négociera d'accord avec son instruction, Votre Altesse fera fournir l'argent qui se devra

(1) Voy. p. 53.
(2) Jean de Kesseler, chevalier, seigneur de Marquette, conseiller au conseil des finances, avait été, en 1627, 1628, 1699, employé par l'infante Isabelle à des négociations avec Gérard van Borckel, ancien bourgmestre de Rotterdam, délégué des états généraux des Provinces-Unies, où, sous prétexte d'échange des prisonniers faits de part et d'autre, il se traitait aussi de la conclusion d'une trêve.

donner ; et ce qu'elle aura avancé lui sera remis ponctuellement et avec toute diligence.

Notre-Seigneur garde Votre Altesse comme je le désire !

De Madrid, le 27 avril 1629.

Bon neveu de Votre Altesse,

Moi le Roi (1).

On voit que le cabinet de Madrid, qui d'abord ne voulait traiter avec l'Angleterre que de la paix, avait changé d'avis sur ce point.

Dans une seconde dépêche, de la même date, Philippe IV invitait sa tante à faire compter à Rubens la somme qu'elle jugerait à propos, et pour les frais de son retour d'Espagne aux Pays-Bas, et pour ceux du voyage qu'il aurait à entreprendre ensuite (²).

Quoique les qualités rares et la renommée du grand peintre flamand lui assurassent à Londres un accueil digne de lui, le roi voulut le revêtir d'un caractère public qui, dans les régions officielles, donnât plus de poids à ses démarches et à son langage : il le nomma secrétaire du conseil privé des Pays-Bas (³) ; plus d'une

---

(1) Voy. le texte dans les *Appendices*, n° XIII.

(2) « ..... Perque no se ha dado á Rubens ningun dinero para el viaje, ordenará V. A. se le pague la cantidad que pareziere á V. A., assí por el gasto que se le ha offrescido en ir desde aquí como el que tendrá en el camino que ha de continuar..... (Archives de Bruxelles.)

( ) Les patentes qui lui furent délivrées de cette charge sont

fois, sous les règnes de Charles-Quint et de Philippe II, des fonctionnaires de cette catégorie avaient été chargés de missions diplomatiques en Angleterre. A cette marque du prix qu'il attachait aux services déjà rendus à l'État par Rubens et à ceux qu'il était appelé à rendre encore, Philippe ajouta, comme témoignage de sa bienveillance particulière, le don d'une bague enrichie de diamants (¹).

Rubens quitta Madrid le 29 avril 1629 (²).

datées du 27 avril 1629, à Bruxelles. Nous les avons données dans nos *Particularités et documents inédits sur Rubens*.

On trouvera, dans les *Appendices*, n° XIV, la lettre que Philippe IV écrivit à l'infante Isabelle, pour qu'elle les fit expédier.

(1) Dépêche de Mocenigo du 4 mai 1629. L'ambassadeur vénitien, qui ne voyait pas de bon œil l'intervention de Rubens dans les négociations de paix avec l'Angleterre, ajoute : « Bien plus grandes « encore doivent être ses espérances et les promesses qui lui auront « été faites par le marquis Spinola et le comte d'Olivares » : *Di valor maggiore devono esser le sue speranze et le promesse che le saranno stato fatte dal marchese Spinola et dal conte di Olivares*.

(2) Et non le 26, comme le dit M. Villaamil, p. 147. Les dépêches d'Alvise Mocenigo et de l'abbé Scaglia concordent à cet égard, et elles sont précises.

CHAPITRE SIXIÈME.

Rubens traverse de nouveau la France. — Son arrivée à Bruxelles et sa réception par l'infante. — Paix entre la France et l'Angleterre. — Isabelle presse le départ de Rubens pour Londres. — Instruction qu'elle lui donne. — Impression favorable que produit sur la cour d'Angleterre le choix de sa personne. — Il s'embarque à Dunkerque. — Accueil gracieux que lui fait le roi Charles. — Premier entretien avec ce monarque sur l'objet de sa mission. — Il va voir les principaux ministres. — Jalousie et remontrances des ambassadeurs de Venise et de Hollande; réponse du roi au premier. — Deuxième audience donnée par Charles à Rubens. — Commissaires qu'il nomme pour négocier avec lui. — Ouverture des conférences. — Dépêche de Rubens au comte duc d'Olivarès sur l'état de sa négociation. — Autre dépêche sur la prochaine arrivée de l'ambassadeur de France, les partis qu'il y a à la cour d'Angleterre, l'affaire du duc de Soubise, la venue à Londres d'un gentilhomme du duc de Savoie, la proposition faite par le marquis de Ville. — Troisième dépêche sur des objections que les offres du roi Charles rencontrent de la part de ses ministres. — Danger que court Rubens dans une partie de plaisir sur la Tamise. — Quatrième dépêche où il exprime le désir d'aller rendre compte à l'infante Isabelle de ce qu'il a négocié, et annonce que le roi a nommé Cottington son ambassadeur en Espagne. — Intérêt que ces dépêches excitent à Madrid; le cabinet espagnol en envoie copie à la cour impériale. — Philippe IV veut que Rubens ne quitte pas Londres; il désigne don Cárlos Coloma pour être son ambassadeur en Angleterre. — Nouvelle audience donnée par le roi à Rubens. — Entrée à Londres de l'ambassadeur français Châteauneuf. — Sa réception par le roi et la reine. — Proposition qu'il fait. — Commissaires chargés de négocier avec lui. — Rubens demande au roi un écrit qui contienne ce qu'il lui a déclaré de bouche; il l'obtient. — Arrivée à Londres d'un émissaire de Richelieu, chargé de faire des ouvertures hostiles à l'Espagne. — Remarques de Rubens sur la cour d'Angleterre. — Lettre qu'il reçoit du comte-duc d'Olivarès et dont il est blessé; réponse qu'il y fait.

Rubens traversa de nouveau la France, et avec plus de célérité encore qu'il ne l'avait fait la première fois ; il voyageait jour et nuit. Il était à Paris dès le 10 mai ; il en repartit le lendemain soir ; le 13 dans la matinée il arriva à Bruxelles (¹). Reçu immédiatement par l'infante Isabelle, il eut un long entretien avec cette princesse, à qui il remit les dépêches dont il était porteur pour elle.

Un événement dont on ne pouvait avoir connaissance encore à Madrid, lors de son départ, était venu ajouter à l'importance de la mission qu'il avait à remplir en Angleterre, et aussi la rendre plus difficile : le 24 avril le roi de la Grande-Bretagne, blessé des hésitations et des lenteurs de la cour de Madrid, avait conclu la paix avec la France. Isabelle désira que sans tarder Rubens fît ses dispositions pour se rendre à Londres ; il eut à peine le temps de visiter sa maison d'Anvers. Elle lui donna une instruction, signée de sa main, pour servir de complément à celle qu'il avait reçue du comte-duc d'Olivares. Nous n'en connaissons pas le contenu (²), mais nous lisons ceci dans une lettre que la princesse écrivit à Philippe IV (³) : « Rubens n'a pas ordre de

---

(1) Lettre de Henri de Vicq, envoyé de l'infante Isabelle à Paris, au marquis Spinola, en date du 20 mai 1629. (Archives du royaume, MS. 550, fol. 119.)

(2) C'est vainement que nous avons recherché cette instruction, de même que celle d'Olivares.

(3) Cette lettre porte la date du 17 mai 1629. Nous la donnons dans les *Appendices*, n° XV.

» demander que les Hollandais soient compris dans la
» suspension d'armes qu'il va négocier, parce que le
» commis Jean Kesseler (¹) est occupé à traiter de la
» trêve avec eux à Roosendael et qu'il y a quelque appa-
» rence que l'on s'entendra : mais on verra bientôt
» quelles sont leurs intentions, et si cette tentative
» d'arrangement reste sans résultat, j'en donnerai avis
» à Rubens, pour qu'il fasse en sorte de faire com-
» prendre, dans la suspension d'armes, les Hollandais
» avec les autres. » Rubens se dirigea vers Dunkerque,
où il pensait trouver un navire qui le conduirait à sa
destination.

La nouvelle de la mission donnée au grand peintre
avait produit en Angleterre le meilleur effet : « Le roi,
» mon seigneur, » — écrivit sir Francis Cottington à
Coloma — « en a été très-content, non-seulement en
» égard à ce que Rubens nous apporte, mais encore
» pour le désir qu'il a de connaître une personne d'un
» tel mérite (²). » Cottington joignait à sa lettre un
sauf-conduit pour le négociateur qu'on envoyait à son
souverain ; il faisait savoir en même temps à Coloma
qu'un navire du roi serait expédié à Calais pour transporter Rubens à Douvres, à moins qu'il ne préférât la

---

(1) Voy. p. 115, note 2.
(2) « ... De que el rey mi señor está muy contento, no solamente
• por respecto de lo que trae, sino tambien por el desseo que tiene
• de conozer persona de tal mérito ... » (Lettre du 22 mai 1629,
aux Archives de Bruxelles.)

voie de Dunkerque : dans ce dernier cas le sauf-conduit qui lui était adressé le garantirait de tout danger (¹).

Tandis que Rubens attendait à Dunkerque une occasion pour passer en Angleterre, un navire de guerre anglais y amena le marquis de Ville, gentilhomme lorrain. Le capitaine de ce navire avait ordre de prendre à son bord l'envoyé du roi d'Espagne; Rubens y monta avec son beau-frère, Henri Brandt (²).

Le marquis de Ville était allé à Londres pour persuader au roi Charles, de la part du duc son maître, de faire la paix avec Philippe IV. Il passa par Bruxelles en retournant dans son pays, et vit l'infante Isabelle; il rapporta à cette princesse le langage que, dans plusieurs audiences, le roi lui avait tenu. Ce monarque lui avait déclaré que, s'il s'était arrangé avec la France, c'était pour des raisons de grand poids; que, ne recevant pas de réponse d'Espagne, il avait cru qu'on n'y faisait point état des dispositions manifestées par ses ministres. Il l'avait assuré qu'il désirait la paix avec le roi catholique, et que non-seulement il la ferait, mais il était prêt à former avec l'Espagne une ligue défensive et offensive, si on lui donnait satisfaction en ce qui concernait le palatin; que de plus il interposerait ses

(1) Lettre citée à la note 2 de la page précédente.
(2) « ... Rubens passó á Jnglaterra en el navío que truxo á Mos. de Ville á Dunkerque, y assí pareció al rey de Inglaterra, por escusar su yda por Calés ... » (Lettre de l'infante Isabelle à Philippe IV du 5 juin 1629 : *Correspondance*, t. XXVI, fol. 8.)

bons offices afin que le roi de Danemark et les Provinces-Unies fussent compris dans cette paix. Il avait ajouté que, les choses venant à s'accommoder ainsi, il chercherait un prétexte pour rompre son traité avec la France : au cas contraire, il s'entendrait avec la France pour le rétablissement du palatin dans ses États (¹).

Rubens arriva à Londres le 5 juin ; il descendit chez son ami Gerbier, qui avait eu ordre du roi de le recevoir et de le défrayer (²). Charles Ier, qui était à Greenwich, en fut à peine informé qu'il invita Rubens à venir le voir. Ce monarque avait pour la peinture une passion non moins grande que Philippe IV ; on a vu combien il désirait connaître personnellement le chef illustre de l'école flamande ; longtemps auparavant il lui avait fait demander son portrait (³) : aussi l'accueillit-il de la

(1) « ... Respondió el rey que havia hecho la paz con Francia por muchos respectos que le obligaron á ello, y que no haviendo tenido respuesta de España, creyó que no hazian caso del negocio ; y lo mismo le dixo en otras audiencias, concluyendo con dezir que dessea la paz con V. M^d, y que si se le da satisfaccion en las cosas del palatino, no solamente la hará, pero tambien liga defensiva et offensiva con V. M^d, y que procurará que en la paz sean comprehendidos el rey de Dinamarca y Olandeses, y que accommodándose con V. M^d en la forma dicha, procurará tomar pretesto para romper lo acordado con Francia, pero que no haviendo forma de ajustarse con V. M^d, lo hará con Francia para la restitucion del palatino ... » (Lettre de l'infante Isabelle à Philippe IV du 5 juin 1629, déjà citée.)

(2) Sainsbury, p. XIX.
(3) Rubens écrivait à Valavez, d'Anvers, le 10 janvier 1625 :

manière la plus gracieuse. Rubens exposa au roi la charge qu'il avait, tant pour une suspension d'armes que pour la conclusion de la paix et d'une ligue étroite entre l'Espagne et l'Angleterre. Charles lui parla du traité qu'il avait signé avec la France dans les mêmes termes qu'il l'avait fait à l'ambassadeur du duc de Lorraine; il rejeta tout d'abord la suspension d'armes, et commanda à Rubens de n'en sonner mot à aucun de ses ministres, le grand trésorier excepté, parce qu'ils en envisageraient la proposition comme un artifice pour les abuser : il lui dit que la chose eût été faisable si l'Espagne avait prévenu la France, mais qu'à l'heure actuelle le siége de Bois-le-Duc (¹) y apporterait de grandes difficultés; il ne se montra pas satisfait de l'offre du roi Philippe de faire, seul ou conjointement avec l'empereur, des démarches auprès du duc de Bavière et des autres princes de l'Empire pour la restitution au palatin de ses États; enfin il témoigna le désir que la négociation pour la conclusion de la paix eût lieu à Bruxelles. Rubens répondit au roi qu'on s'abusait en Angleterre si l'on s'imaginait qu'il fût au pouvoir de

« Monsieur le prince de Galles est le prince plus amateur de la pein-
« ture qui soit au monde. Il a eu quelque chose de ma main et m'a
« demandé, par l'agent d'Angleterre résidant à Bruxelles, avec telle
« instance mon pourtraict, qu'il n'y eut aucun moyen de le pouvoir
« refuser, encore qu'il ne me sembloit pas convenable d'envoyer
« mon pourtraict à un prince de telle qualité : mais il forza ma
« modestie ... » (MS. A. 132 de la Bibliothèque royale à la Haye.)
(1) Bois-le-Duc avait été investi par Frédéric-Henri le 1ᵉʳ mai 1629.

l'Espagne de faire sans délai rendre au palatin ses États; que l'Espagne, en s'attribuant ce pouvoir, tromperait le gouvernement anglais; qu'il ne fallait attendre que des négociations un résultat sujet à tant de contradictions et d'obstacles. Il rappela à Charles Ier que, dans le temps du plus grand désaccord entre les deux couronnes, il avait fait un écrit, approuvé de Sa Majesté, où il était dit qu'elle se contenterait de la promesse du cabinet de Madrid de faire les démarches dont l'offre ne lui paraissait plus satisfaisante, et cet écrit il en était porteur. Il ne dissimula pas au roi qu'on aurait tort de penser, à sa cour, que l'Espagne fût disposée à entrer en guerre avec l'empereur, avec le duc de Bavière et d'autres princes d'Allemagne pour les obliger à restituer le Palatinat, car elle était plus intéressée encore à avoir de bonnes relations avec l'empereur et l'Empire qu'à en établir avec le gouvernement de la Grande-Bretagne. Il termina sa réplique en disant que le roi son maître avait dans ses mains la conclusion d'un traité avec la France, et qu'il le conclurait s'il ne s'arrangeait pas avec l'Angleterre. Charles, en congédiant Rubens, lui commanda de voir le grand trésorier et de rapporter à celui-ci la conversation qu'ils venaient d'avoir (¹).

(1) Tous ces détails sont tirés d'une lettre, en date du 6 juin, de Lorenzo Barozzi, secrétaire du duc de Savoie, envoyé par ce prince à Londres. (*Appendices*, n° XVI.) Barozzi les tenait de Rubens lui-

C'est ce qu'il fit le jour même; il vit aussi sir Francis Cottington qui, depuis quelques mois, avait été élevé au rang de conseiller d'État et de chancelier de l'échiquier; il délivra à l'un et à l'autre les lettres que le comte-duc d'Olivares lui avait remises pour eux. L'accueil de ces ministres et de tous les personnages principaux du gouvernement put lui montrer en quelle estime il était tenu par eux. Le comte de Carlisle donna un banquet en son honneur (¹).

Trois jours après son arrivée à Londres, l'ambassadeur de Venise, Alvise Contarini, alla à Greenwich féliciter le roi sur la conclusion de la paix avec la France. Ce diplomate, comme son collègue de Madrid, était mécontent de la part que prenait Rubens à des négociations qui contrariaient les vues de la république (²). Il représenta au roi que la venue du peintre flamand tendait à affaiblir les amis de l'Angleterre par les jalousies qu'elle exciterait entre eux; qu'il suffisait qu'une chose plût aux Espagnols pour qu'elle dût déplaire aux Anglais, car leurs intérêts étaient diamétra-

---

même : « Tutto questo mi disse Rubens esser passato nella sua « udienza. »

(1) Dépêche d'Alviso Contarini, ambassadeur de Venise, du 8 juin.

(2) Dans une dépêche du 8 juin au doge, il dépeint Rubens comme un homme ambitieux et avide, qui ne vise qu'à faire parler de lui et à obtenir quelque bon présent : « Il Rubens è huomo ambitioso et « avido : onde si può creder che miri più tosto a far parlar di lui e a « qualche buon presente... » (Arch. de Venise.)

lement opposés (¹). Charles répondit à l'ambassadeur : « J'ai signé la paix avec la France pour l'avantage de » la chrétienté et conformément à mes maximes con- » stantes à l'égard du bien public. Maintenant il est au » pouvoir des Français, s'ils veulent, de dissiper toutes » ces ombres de peintres et d'autres dont vous me » parlez : mais je ne sais que penser d'eux, car à l'im- » proviste ils sont entrés en guerre ouverte avec les » huguenots (²) ». Il faisait allusion par là à l'expédition qui venait d'être dirigée, par les ordres de Louis XIII, contre les protestants du midi de la France.

On peut bien penser que l'ambassadeur de Hollande, Joachimi, ne s'appliquait pas moins que celui de Venise à contrecarrer la mission de Rubens : il profitait de toutes les occasions pour remontrer aux personnages influents de la cour et du ministère combien il était fâcheux pour les affaires communes que le roi entendit à un accord avec l'Espagne, et le tort que cela faisait à sa réputation (³).

(1) « ... Che la venuta di Rubens mirava ad indebolir tutti gli amici di questa corona con le gelosie; che tutto quello che piaceva a Spagnuoli doveva dispiacer all' Inghilterra, essendo contrarii gli interessi... » (Autre dépêche du 8 juin, Arch. de Venise.)
(2) « ... Hò fatto pace con la Francia per avantaggio di christianità et per continuar le mie solite massime verso il ben pubblico. Hora stà in petto de Francesi, se vogliono, di andar dissolvendo tutte queste ombre de pittori e d'altro che mi havete accenato : ma non sò che creder di loro, perchè subitò sono entrati in una guerra aperta contro ugonoti... » (*Ibid.*)
(3) « By alle occasien vertoone ick aen de heeren hoe schadelyk

Dans une deuxième audience que Charles donna à Rubens, il lui annonça qu'il avait désigné trois commissaires avec lesquels il pourrait négocier en toute liberté : c'était le grand trésorier, lord Richard Weston, le comte de Pembroke et sir Francis Cottington (¹). Rubens aurait souhaité qu'à ces commissaires fût adjoint le comte de Carlisle, dont il savait les bonnes dispositions pour l'Espagne; il en parla à Cottington. Ce dernier lui dit qu'il regrettait, comme lui, l'exclusion de Carlisle, mais qu'on n'avait pu le nommer, non que sa personne ne fût très-agréable au roi, mais parce que sa femme le gouvernait trop, et qu'apprenant par lui quelque chose de la négociation, elle l'aurait découvert à des personnes auxquelles il convenait que cela restât caché (²).

Les conférences de l'envoyé de Philippe IV avec les commissaires royaux ne tardèrent pas à s'ouvrir. Rubens leur exposa les points sur lesquels il était chargé de négocier, ainsi qu'il l'avait fait au roi. Tout d'abord les

---

dat het is voor de gemeene saecke en de prejudiciabel aen de reputatie van den coningh dat Syne Majesteit haer inlate in tractaet met Spangien. » (Lettre de Joachimi aux états généraux, du 15 juin 1629, aux Archives du royaume, à la Haye.)

(1) Dépêche de Barozzi du 10 juin 1629.

(2) « ... Non perchè la sua persona non fosse gratissima a Sua Maestà, ma perchè la moglie governava assai il suo spirito, e ricavando qualchè cosa del negozio, l'avrebbe detta sua moglie publicato a chi non si dovrebbe... » (Dépêche de Barozzi au duc de Savoie du 13 juin 1629.)

ministres anglais rejetèrent la suspension d'armes proposée par lui, en l'assurant toutefois que leur désir était de conclure la paix en aussi peu de temps qu'il en faudrait pour qu'on parvînt à se mettre d'accord sur une cessation des hostilités. A l'égard du Palatinat ils lui déclarèrent que le roi n'entendait pas demander à l'Espagne des choses impossibles, mais que l'offre toute simple de démarches qui seraient faites par le roi Philippe auprès de l'empereur ne pouvait pas le contenter. C'était là, en effet, la pensée de Charles Ier : ce monarque, recevant l'envoyé de Savoie, Barozzi, lui dit que les moyens mis en avant par le cabinet de Madrid pouvaient bien être des artifices pour tirer les choses en longueur; qu'il ne prétendait pas que l'Espagne fît la guerre à l'empereur ni à d'autres princes pour avoir le Palatinat; qu'il demandait seulement qu'elle disposât l'empereur à promettre la restitution de la partie de ce pays qui était en son pouvoir; que l'Espagne avait auprès de la cour de Vienne un tel crédit qu'elle obtiendrait indubitablement cette promesse, et que lorsque Sa Majesté Impériale l'aurait faite, il était certain, tant il avait de confiance en elle, qu'elle n'y manquerait pas (1).

(1) « ... Che cir·a il Palatinato credera che gli uffici proposti potevano servire a Spagna d'artificio per tirar le cose in longo senza far alla fine cosa alcuna; che la Maestà Sua non voleva che la Spagna facesse la guerra all' imperatore o ad altri per avere detto Palatinato, ma ben poteva disporre l'imperatore a dar una promessa

Jusqu'ici nous avons dû emprunter aux correspondances de l'envoyé de Savoie, des ambassadeurs de Venise et de Hollande, les détails que nous avons donnés sur le séjour et les démarches de Rubens à Londres. Nous avons maintenant des informations plus précises et plus sûres, car elles nous sont fournies par Rubens lui-même. Dans une dépêche du 30 juin il mande ce qui suit au comte-duc d'Olivarès :

Très-excellent Seigneur,

Le 25 juin le roi me fit appeler à Greenwich et m'entretint longuement seul à seul, disant que, comme il voyait que j'étais porteur d'instructions suffisantes et à sa satisfaction, il voulait traiter avec moi librement pour gagner du temps; qu'en conséquence, si j'avais quelque commission réservée et plus particulière, je ne devais pas différer de lui en donner connaissance; que si je n'en avais point, il n'en voulait pas moins déclarer ouvertement tout ce à quoi il lui était possible de consentir pour faire la paix avec l'Espagne, laquelle il prenait Dieu à témoin qu'il désirait de tout son cœur, mais qu'il était nécessaire que le roi notre seigneur se prêtât à quelque chose de son côté pour faciliter un accommodement; que les bons offices que le roi d'Espagne promettait de faire auprès de l'empereur et du duc de Bavière étaient des paroles trop générales et qui ne contenaient rien de positif; qu'il fallait en venir au particulier. Sa Majesté me jura qu'elle était obligée et engagée,

della restitutione di quello stava in poter della Maestà Sua Cesarea; che era sicuro che Spagna avera tal credito con l'imperatore che avrebbe ottenuto questo, e quando l'imperatore l'avesse fatta una promessa, Sua Maestà resterebbe certa che non gli si mancherebbe, tanto confida nell' imperatore... » (Dépêche de Barozzi du 13 juin.)

non seulement par les liens du sang et de la nature, mais encore par des ligues et des confédérations très-étroites, de manière que sa foi, sa conscience et son honneur ne lui permettaient d'entrer en aucun accord avec Sa Majesté Catholique sans la restitution du Palatinat, mais que, reconnaissant qu'il n'était pas au pouvoir de Sa Majesté de lui donner le Palatinat tout entier, elle était contente de faire la paix avec l'Espagne, de couronne à couronne, en la forme du traité de 1604, à condition que le roi lui remît les places du Palatinat où il tient garnison : ajoutant que c'était là sa résolution définitive ; qu'elle ne pouvait faire plus, et que j'en pouvais rendre compte là où il convenait.

Je fis observer au roi que je n'avais pas d'ordre de traiter de telles choses, que cela se devait remettre aux ambassadeurs, et que comme l'affaire principale exigeait, pour être discutée, du temps et de la commodité, avec l'intervention de tous les intéressés, ainsi que la justice le voulait, j'avais apporté la suspension d'armes signée de Sa Majesté Catholique, afin de gagner du temps et de profiter des occasions présentes. Mais le roi me répondit qu'il ne la pouvait accepter, parce qu'elle était exclue par toutes ses alliances comme la paix même ; qu'ayant déjà annoncé partout sa négociation de paix avec le roi d'Espagne, il lui faudrait faire de nouveau avec tous les mêmes diligences : ce qui causerait un beaucoup plus long délai ; qu'ainsi il désirait que la paix se traitât à Madrid, et que Sa Majesté Catholique fît en sorte que l'empereur et le duc de Bavière y envoyassent leurs ambassadeurs pour négocier l'affaire en son entier, à l'intervention de tous les intéressés ; que cela se devait faire avec la commodité et le temps requis, moyennant l'assurance que lui donnerait Sa Majesté Catholique de lui délivrer les places susdites, et que sur cette assurance on pourrait, par anticipation, convenir de la paix sans attendre la fin du traité total.

Voyant le roi si déterminé et résolu, je lui dis que je rendrais volontiers compte au roi, notre seigneur, de tout ce que Sa Majesté venait de me dire, pourvu que, dans l'intervalle, il ne passât outre à la paix avec la France, mais qu'il la suspendît et la tînt en l'état où elle était : ce qu'il ne voulut pas m'accorder, prétextant que cela lui était impossible, puisque l'ambassadeur de France devait arriver et le sien partir sous peu de jours. Toutefois, après beaucoup de débats, il me donna sa parole royale et sa foi que, durant la négociation avec Sa Majesté Catholique, il ne conclurait aucune ligue offensive ni défensive ni n'en renouvellerait aucune faite anciennement avec la France contre l'Espagne.

C'est là tout ce qui s'est pu faire pour maintenant; et que Votre Excellence m'en croie, j'ai dit et allégué toutes les raisons imaginables au contraire. Quant à moi, selon ce que je peux comprendre, il ne se fera guère plus : car Weston et Cottington, quand je leur fis part de ce que j'ai rapporté ci-dessus, tenant la négociation pour rompue, me dirent que le roi s'était élargi beaucoup et qu'ils craignaient que, l'affaire venant au conseil, elle ne fût rejetée, parce qu'il était manifeste que, si l'on acceptait une partie du Palatinat, on renoncerait virtuellement au reste.

Je retournai le même jour vers le roi, sans me montrer aucunement satisfait et, sous le seul prétexte de mon peu de mémoire, le suppliant de me redire et confirmer ce qu'il m'avait dit le matin, comme il le fit très-distinctement ; et les deux seigneurs susnommés étant allés à son audience, il l'approuva et confirma de nouveau.

Si je rapporte ces choses avec tant de détails, ce n'est pas que je croie avoir réussi en rien qui puisse donner quelque satisfaction à Votre Excellence, c'est parce que j'appréhende beaucoup l'instabilité des humeurs anglaises. Rarement, en effet, ces gens-ci persistent dans une résolution, mais, au contraire, ils la changent à chaque instant et toujours de mal en pis : de sorte que, loin d'espérer une amélioration notable, je crains plutôt qu'avec la venue de l'ambassadeur (de France) et le grand effort que fera celui de Venise, secondé de tout le parti français, le roi ne soit combattu de manière qu'il n'accomplisse pas même ce qu'il a offert spontanément : car, si dans d'autres cours les affaires se commencent avec les ministres et s'achèvent par la parole et la signature royales, ici elles se commencent avec le roi et s'achèvent avec les ministres.

Le roi me dit qu'il se rappelait bien les lettres que l'abbé Scaglia lui avait écrites ; que cet abbé avec son grand zèle les abusait, lui et le roi d'Espagne, et Votre Excellence aussi, en leur faisant croire que la paix se pouvait conclure sur des promesses en termes généraux. Sa Majesté ajouta que, par cette raison et aussi pour la réputation de son maître et pour son mérite propre, elle jugeait nécessaire l'intervention de l'abbé dans les négociations de Madrid. Et comme je lui faisais observer que la restitution des places susdites ne pourrait avoir lieu sans le consentement de l'empereur et du duc de Bavière, et que j'étais bien certain que Sa Majesté Catholique ne voudrait s'attirer l'inimitié de l'un ni de l'autre de ces princes pour avoir la paix avec l'Angleterre, elle me répondit qu'elle le croyait ainsi, au cas qu'il fût question d'agir à l'improviste, mais que cela dépendait des circonstances et du mode à choisir pour effectuer la chose ; qu'à cet égard elle se conformerait à la raison et qu'elle s'entendrait aisément avec Sa Majesté Catholique, dès qu'elle aurait la certitude que l'effet s'ensuivrait en son temps.

Sur cette résolution je me serais retiré à Bruxelles, pour en rendre compte à la sérénissime infante : mais Cottington ne me l'a pas permis, m'affirmant que, si je pars, l'affaire demeurera désespérée pour toujours, et me promettant que dans peu nous pourrons faire une dépêche de commun accord. Comme il est lent en affaires et que je sais qu'il ne changera pas son habitude, il m'a paru que je ferais bien de gagner du temps et d'informer de suite Votre Excellence de ce qui se passe, sans en donner connaissance à Cottington, parce que je prévois que la dépêche dont il parle ne s'expédiera qu'après la venue de l'ambassadeur français et qu'il aura eu audience.

J'ai écrit aussi à la sérénissime infante, la suppliant de vouloir me permettre de retourner chez moi ; car le temps et l'état présent du siège de Bois-le-Duc, qui tient en suspens l'une et et l'autre parties, outre la mauvaise disposition des affaires d'ici, ne me laissent espérer aucun bon succès. Je pense toutefois que, pour ne pas mécontenter le roi d'Angleterre et pour la satisfaction de Weston et de Cottington, il conviendra que j'attende la réponse de Votre Excellence, aux ordres de laquelle j'obéirai ponctuellement comme

Son très-humble et très-obéissant serviteur,
Pietro Paolo Rubens (1).

Le même jour Rubens adressa au comte-duc une deuxième dépêche ainsi conçue :

Très-excellent Seigneur,

Il m'a paru nécessaire d'informer Votre Excellence de ce qui s'offre jusqu'à présent, voyant que la dépêche que je pensais faire avec le bon plaisir et le commun accord du roi et de ses ministres subira des retards, et persuadé qu'on la retarde artificieusement pour attendre la venue de l'ambassadeur de France et connaître préalablement ses propositions, de manière à s'attacher ensuite à ce qu'ils trouveront le plus avantageux. Hier matin les carrosses du roi allèrent à la rencontre de cet ambassadeur; la veille au soir, M. Edmunds, ambassadeur de Sa Majesté Britannique en France (2), s'était mis en chemin. On a

(1) Voyez le texte aux *Appendices*, n° XVII.
(2) Le chevalier Edmunds avait déjà, en 1612, rempli la même charge. Antérieurement il avait été ambassadeur du roi Jacques auprès des archiducs Albert et Isabelle.

un peu disputé sur ce que, le roi de France se trouvant si loin, Edmunds ne pourra arriver en Languedoc aussi tôt que l'ambassadeur de France à Londres, afin de faire le serment le même jour : mais cette difficulté a été résolue de façon que, nonobstant la présence ici de l'ambassadeur de France, le serment se différera jusqu'à ce que l'ambassadeur d'Angleterre ait fait savoir son arrivée au lieu où est Sa Majesté Très-Chrétienne et le jour fixé pour cette cérémonie, et ainsi entre-temps il a été convenu avec l'ambassadeur français, lequel se nomme Châteauneuf (1) (on l'appelait ci-devant M. de Préaux), qu'il aura libre entrée et sera admis comme ambassadeur par Sa Majesté et ses ministres pour traiter des choses contenues en son instruction. On l'attend ici dans quatre jours : déjà, comme on le sait publiquement, il a envoyé en avant son secrétaire avec des lettres pour le roi et ses ministres où il les engage à ne pas se presser de conclure quelque traité avec l'Espagne, dont le roi, étant réduit à la dernière extrémité, fera en cette conjoncture tout effort pour empêcher que la paix entre la France et l'Angleterre ne se convertisse en une étroite confédération de ligue offensive et défensive à son préjudice, ajoutant qu'il est porteur d'un pouvoir absolu de Sa Majesté Très-Catholique pour conclure une telle ligue et pour convenir en particulier des moyens d'unir les forces de la France et de l'Angleterre afin de recouvrer le Palatinat. Cottington m'a confié qu'il a vu aussi une lettre du cardinal de Richelieu écrite au grand trésorier, qui contient littéralement les mêmes choses.

Il y a en cette cour plusieurs partis : l'un, qui a pour chef le comte de Carlisle, voulait la paix avec l'Espagne et la guerre avec la France; le second, qui est beaucoup plus nombreux,

(1) Charles de l'Aubespine de Châteauneuf, abbé de Préaux. Il avait rempli plusieurs ambassades en Allemagne, à Venise, en Suisse.

voulait la paix avec tous : pour dire la vérité, je crois que le grand trésorier est de cette opinion, et le comte Holland aussi. Le troisième est le pire : celui-ci voulait la guerre à l'Espagne et une ligue offensive contre elle avec la France ; il est fort enhardi par la venue de cet ambassadeur français et il fait de grands efforts par le moyen de l'ambassadeur de Venise, très-mauvais instrument en cette cour pour la perturbation de toute l'Europe. Déjà le marquis de Mirabel (1) m'avait écrit touchant la commission dont est porteur cet ambassadeur de France, et la sérénissime infante m'expédia un courrier exprès afin que, si je ne pouvais faire autre chose, je tâchasse d'empêcher ladite ligue entre la France et l'Angleterre contre l'Espagne. J'ai traité longuement de cette matière avec le roi sous un autre prétexte, comme Votre Excellence le verra dans le papier inclus (2). Ici je dirai seulement que Sa Majesté persiste dans la résolution qu'elle a prise d'envoyer un ambassadeur en Espagne, et nous pensons que dès à présent elle veut le nommer. J'ai discouru là-dessus avec Cottington. J'aurais désiré que le choix de Sa Majesté tombât sur sa personne ; mais il m'a déclaré clairement, et à mon avis il dit la vérité, que, lui absent, il serait à craindre que l'affaire ne manquât par la faiblesse de ceux qui la soutiennent, Weston étant un homme froid et lourd dans les négociations et qui s'appuie entièrement sur lui. A cela se joignent des raisons d'intérêt particulier : il est certain, en effet, que Cottington s'est élevé maintenant ici à une situation si éminente (3) et à une si grande hauteur qu'il est en train de faire sa fortune, et il ne me paraît pas homme assez imprudent pour la laisser échapper de ses mains : de manière que cette ambassade pourrait bien finir par

(1) Ambassadeur de Philippe IV à Paris.
(2) Nous n'avons pas ce papier.
(3) Il était devenu, comme nous l'avons dit, conseiller d'État et chancelier de l'échiquier.

être confiée à Carlisle, qui montre tout bon zèle, ou à sir Walther Asthon (1); Cottington préférerait le premier pour son mérite et son habileté, mais il craint que la dépense excessive qu'il fait en de semblables missions ne lui soit contraire.

Dans la suite de sa dépêche Rubens parle du duc de Soubise, frère du duc de Rohan, qui se trouvait à Londres, où il sollicitait des secours du roi Charles pour les huguenots de France, et où il espérait en recevoir du roi d'Espagne.

Philippe IV, qui dans ses États n'aurait pas souffert la moindre atteinte à l'exercice exclusif de la religion catholique, qui faisait la guerre aux calvinistes de Hollande et aux luthériens de l'Allemagne, n'éprouvait aucun scrupule à soutenir les huguenots en révolte contre leur souverain. Il avait fait remettre à Rubens, à son départ de Madrid, des lettres de change destinées à venir en aide à Soubise; quelques jours après, ses ministres avaient signé avec Rohan un traité par lequel il s'engageait à payer à celui-ci, chaque année, trois cent mille ducats pour qu'il entretînt six mille hommes de pied et six cents chevaux qui agiraient en Provence, en Languedoc, en Dauphiné et ailleurs; il lui assurait, de plus, une pension de quarante mille ducats et une de huit mille à son frère (2). Rubens avait l'ordre de ne

(1) Asthon était ambassadeur d'Angleterre à Madrid au moment de la rupture. Voy. p. 41.
(2) Ce traité, en date du 3 mai 1629, est dans Du Mont, *Corps diplomatique*, t. V, partie II, p. 532.

se dessaisir des fonds mis à sa disposition que si le gouvernement anglais donnait à Soubise les moyens de se procurer des hommes et des vaisseaux; il lui avait été recommandé aussi de s'assurer préalablement que le roi Charles fût sincère dans l'intention de traiter avec l'Espagne (¹).

Quand il arriva à Bruxelles, l'infante crut devoir se servir, pour les nécessités de la guerre contre les Provinces-Unies, des lettres de change dont il était porteur : cette princesse ne pouvait se persuader que le roi d'Angleterre, qui venait de signer la paix avec le roi de France, eût assez peu de loyauté pour fomenter la rébellion des huguenots (²).

Cependant Soubise, que l'abbé de Scaglia avait averti de la commission donnée à Rubens, s'étonnait du silence de celui-ci; il faisait entendre les plus vives plaintes de l'abandon dans lequel il était laissé (³); il ne cessait de supplier le roi Charles et ses ministres d'intervenir pour que l'argent lui fût délivré, et de l'au-

---

(1) Lettre du secrétaire Barozzi du 6 juin 1629, déjà citée.
(2) *Ibid.*
(3) « .... Soubise, al quale l'abate ha scritto, in credenza di Rubens, d'esser provisto di tutto quello ch'egli desiderava per l'esecuzione delle sue proposizioni, e che però debba dal suo canto sollicitare Sua Maestà per l'assistenza, sgrida sino al cielo e non lascia pietra che non muova per venire al suo fine, e procura che Sua Maestà facci chiamar Rubens, e gli permetta lo sborsamento del danaro per l'effetto sudetto, sopra la sicurezza che Sua Maestà doni di lasciar correre le provisioni necessarie... » (Dépêche de Barozzi du 13 juin 1629.)

toriser en même temps à se pourvoir, dans le royaume, d'hommes et de navires. On lui répondait que le roi ne voulait s'engager qu'autant que l'Espagne le ferait elle-même (¹).

La position de Rubens à l'égard de Soubise était embarrassante, car il ne pouvait dire à celui-ci que l'argent sur lequel il comptait avait été retenu à Bruxelles. A peine débarqué à Londres, il avait écrit au comte-duc d'Olivarès pour l'engager à renouveler le crédit qui lui avait été ouvert, en vue d'aider aux entreprises des huguenots. Dans sa dépêche du 30 juin, il le lui rappelle et l'assure que, s'il avait eu les fonds nécessaires, le roi de la Grande-Bretagne n'aurait pas différé un instant d'exécuter, de son côté, ce qu'il avait promis. Il venait d'apprendre que la reine mère de France faisait des propositions de paix à Rohan : il doutait qu'il en résultât quelque chose; « et si notre » provision était ici auparavant, — ajoutait-il — à » mon avis, jamais il n'en résulterait rien, parce que » Soubise promet de jurer qu'il n'entrera en aucun ac-» cord avec le roi de France sans le consentement du » roi, notre seigneur. »

Olivarès, qui partageait sur ce point la manière de

---

(1) « .... Dopò aver Soubise fatto grandissime istanze perchè il re disponesse Rubens a dar il denaro per il suo impiego, e che la Maestà Sua dichiarasse che permeterebbe la levata delle provisioni, il re gli ha finalmente risposto che non voleva ingaggiarsi che a ciò che Spagnuoli volevano.... » (Dépêche de Barozzi du 22 juin.)

voir de Rubens, avait prévenu ses désirs : par une dépêche du 11 juin il lui avait annoncé l'envoi de nouvelles lettres de change pour remplacer celles dont l'infante avait fait emploi (1). Mais les communications entre Madrid et Londres étaient difficiles et lentes : lorsque Rubens reçut ces lettres, on venait d'apprendre en Angleterre la conclusion de la paix entre les huguenots et Louis XIII, qui avait reçu en grâce leurs deux principaux chefs, Rohan et Soubise (2).

Revenons à la dépêche de Rubens, qui se termine ainsi :

Cottington m'a dit en secret avoir appris du gentilhomme même que le roi d'Angleterre a envoyé en Hollande (3), qu'il a apporté la dernière réponse des états et du prince d'Orange, laquelle est que, prenant ou ne prenant point Bois-le-Duc, ils sont contents d'entrer en négociation avec le roi d'Espagne. Je crois que c'est la vérité : mais, durant le siége, cela sera difficile, si je ne m'abuse.

L'autre jour arriva ici un gentilhomme de Turin, favori du prince de Piémont (4), qui apporte des lettres de ses maîtres où l'on fait des instances à ce roi pour que la négociation de la paix entre l'Espagne et l'Angleterre se remette au duc, disant que Sa Majesté Catholique a commis le marquis Spinola,

(1) Lettre de Rubens du 22 juillet 1629, dans Villaamil, p. 182.
(2) Traité conclu à Alairs le 28 juin 1629.
(3) Le chevalier Vane. Il était revenu à Londres dans le même temps que Rubens y arrivait.
(4) Dans la lettre du 12 septembre où Barozzi annonce au duc de Savoie son départ de Londres, il dit qu'il retourne avec le S*r* *Cisa*. Nous supposons que c'est le nom du gentilhomme dont il est question ici.

avec une autorité plénière pour en traiter en Italie. On m'a demandé ce qu'il en était ; j'ai répondu n'en savoir absolument rien.

Votre Excellence ne doit point faire cas de la négociation du marquis de Ville (1), car elle n'a aucune espèce de fondement : il a fait tant de concessions relativement au Palatinat que je ne m'étonne point qu'il ait emporté une bonne réponse. A dire vrai, je crains que par sa facilité il n'ait été cause que l'affaire manquera, et que notre condition sera beaucoup empirée. Si j'avais eu la commission, comme il pensait que je l'avais en poche, d'offrir une chose semblable, j'aurais eu la hardiesse de rompre la paix entre la France et l'Angleterre dans les vingt-quatre heures, malgré l'ambassadeur français et tout le parti contraire ; car le roi d'Angleterre me dit, de sa propre bouche, que cette paix avec la France se faisait par notre faute et parce que nous ne nous voulions pas résoudre à lui donner le moyen de s'arranger avec nous, en sauvegardant sa foi, son honneur et sa conscience; qu'au surplus il détestait les Français et ne se fierait jamais à eux, qui l'avaient trompé dans tous les traités passés et avaient toujours violé la foi promise.

Je termine pour ne pas fatiguer davantage Votre Excellence,

---

(1) Dans la lettre du 5 juin dont nous avons déjà donné un extrait, p. 122, note 1, l'infante Isabelle disait à Philippe IV : « En ce qui « touche le Palatinat, on a demandé à M. de Ville quelle espèce de « satisfaction on prétendait à Londres, étant donné l'état présent des « choses. Il a répondu qu'on pouvait faire, entre les mains du duc de « Lorraine, le dépôt de tous les États qui avaient appartenu au pala- « tin. Il lui a été répliqué que la plus grande partie de ces États était « au pouvoir du duc de Bavière, ainsi que la dignité électorale, et « qu'il faudrait donc le déposer lui-même, au cas que Votre Ma- « jesté consentit au dépôt pour la partie du Palatinat qu'elle tient; il « a trouvé que c'était là ce qui convenait. » — Est-ce à ce projet d'arrangement de M. de Ville que se rapportent les observations de Rubens?

et me recommandant très-humblement à sa bonne grâce, je lui baise les pieds.

De Londres, 30 juin 1629.

PIETRO PAUOLO RUBENS (1).

Dans une troisième dépêche, Rubens informait le comte-duc que quelques-uns des ministres anglais, ayant eu connaissance de la proposition que le roi lui avait faite, l'avait blâmée et tenue pour imprudente, étant convaincus que de cette manière le roi ne recevrait les places du Palatinat réclamées par lui qu'après des délais très-longs, et qu'il ne les recevrait peut-être jamais : car les prétextes ne manqueraient pas à la cour d'Espagne, avec la collusion de l'empereur et du duc de Bavière, pour mettre en avant toujours de nouveaux arguments et des conditions nouvelles au moyen desquels la remise des places en question serait indéfiniment ajournée; dans le cas même qu'à la fin elles fussent délivrées au roi, il demeurerait exclu, et à bon droit, de tout le reste du Palatinat, attendu que le roi d'Espagne aurait alors satisfait à ses engagements et que les autres princes ne se seraient obligés à rien. Ces ministres auraient voulu qu'au moins un terme limité fût assigné à la restitution des places. Il convient de faire la remarque que ce point n'avait pas échappé à Charles Ier, et qu'au contraire, il avait beaucoup pressé Rubens pour

(1) Voy. le texte aux *Appendices*, n° XVIII.

la fixation d'une date : mais le négociateur flamand s'en était adroitement excusé, disant que les délais, s'il y en avait, ne viendraient point de l'Espagne; qu'ils viendraient des princes d'Allemagne qui avaient à intervenir dans l'affaire, et qu'il serait injuste de prétendre que le roi son maître répondît et s'obligeât pour d'autres qui ne dépendaient pas de sa volonté (¹).

Peu de jours avant d'expédier les dépêches que nous venons de faire connaître, Rubens avait échappé à un danger plus grand encore que celui qu'il avait couru à Paris, lors du mariage d'Henriette de France avec Charles Ier. Il allait en barque à Greenwich avec le secrétaire Barozzi, le chapelain attaché à la mission de celui-ci et plusieurs autres personnes. A London-Bridge, une secousse imprimée à la barque par les mouvements brusques d'un de ceux qui s'y trouvaient la fit chavirer. Le chapelain se noya. Barozzi ne se sauva qu'à grand'peine, ayant été saisi par ses éperons la troisième fois qu'il revint à la surface de l'eau. Rubens fut recueilli par des bateliers qui se trouvaient près de là (²).

Le 2 juillet notre peintre diplomate, profitant de l'occasion d'un courrier extraordinaire que l'envoyé de Savoie faisait partir pour Turin, écrivit encore au comte-duc. Sa dépêche était ainsi conçue :

---

(1) Voy., aux *Appendices*, n° XIX, le texte de cette troisième dépêche.

(2) Sainsbury, pp. XVIII et 133.

Très-excellent Seigneur,

Le 30 juin je fis une dépêche que j'envoyai à la sérénissime infante pour la faire passer de suite en Espagne par un courrier exprès : j'y rendais compte longuement à Votre Excellence de toute ma négociation en cette cour et de l'état où en était le cas principal du traité, lequel, dans ce peu de jours qui se sont écoulés depuis, n'a pas été en empirant : au contraire, il paraît que par les bons offices de nos amis, Sa Majesté va se confirmant en la résolution dont j'ai instruit Votre Excellence. Si je pouvais en acquérir la certitude, je pense qu'il ne serait pas mal que je me rendisse à Bruxelles, pour faire à l'infante une relation détaillée de tout. Je la ferais beaucoup plus volontiers de bouche à Votre Excellence : mais la distance des lieux est si grande et le temps qui se consumerait dans l'intervalle est d'une telle importance que je ne pourrais entreprendre le voyage d'Espagne sans préjudice pour la négociation, tandis qu'étant à Bruxelles il me serait facile, en peu de jours, de revenir en Angleterre, si Votre Excellence le jugeait à propos. Quant à tout ce que j'ai écrit dans ma dépêche précédente, je le confirme de nouveau, et j'espère pouvoir le confirmer, d'ici à quelques jours, dans une dépêche plus explicite et plus certaine, d'après laquelle Votre Excellence sera en état de se résoudre. Je l'assure, selon tout ce que je puis pénétrer et apprendre de Weston et de Cottington, qu'il n'y a, pour maintenant, d'autre résultat à attendre, et que ceux qui donnent l'espoir d'un arrangement basé sur les termes généraux de bons offices, etc., s'abusent eux-mêmes et abusent leurs amis.

J'ai beaucoup insisté sur la nomination de l'ambassadeur que le roi d'Angleterre doit envoyer en Espagne et sur le temps où il partira : Sa Majesté me fit donner connaissance, hier, de sa résolution sur ces deux points par son secrétaire d'État Carleton. Quoique Cottington ait fait tout ce qui a été en son pouvoir pour s'excuser, Sa Majesté n'a pas voulu en nommer un autre, et elle a déclaré son départ pour le 1ᵉʳ août prochain. C'est le délai qui a paru convenable pour avoir quelque réponse sur la dépêche que nous avons à faire ici de commun accord, laquelle sera de la même substance, mais par aventure plus positive, que celle du 30 juin. Cottington, au nom du roi, m'a certifié aussi, de la part du grand trésorier, qui est indisposé, que durant la négociation avec l'Espagne, Sa Majesté ne fera ni ne renouvellera aucune ligue offensive avec la France contre la monarchie espagnole.

C'est là tout ce que j'ai à écrire à Votre Excellence, excepté que le secrétaire Carleton me dit aussi que Sa Majesté ne trouvait pas bon l'expédient, proposé par le duc de Savoie, de tenir les conférences à Turin, mais jugeait convenable qu'elles eussent lieu à Madrid, et que, s'il fallait négocier par le moyen d'un tiers, elle préférerait madame l'infante à tout autre médiateur, et Bruxelles à Turin, à cause du voisinage.

Sur ce je finirai, etc.

PIETRO PAULO RUBENS (1).

Londres, 2 juillet 1629.

Les dépêches de Rubens excitèrent un vif intérêt à Madrid; le cabinet espagnol les jugea assez importantes pour les communiquer à la cour impériale (²). En même temps l'ambassadeur de Philippe IV à Vienne, le marquis d'Aytona, reçut l'ordre de faire les démarches nécessaires pour que l'empereur et le duc de Bavière envoyassent en Espagne des commissaires autorisés à prendre part aux conférences qui s'y ouvriraient pour

(1) Voy. le texte dans les *Appendices*, n° XX.
(2) C'est ainsi que j'en ai trouvé des copies à Vienne, mais traduites en espagnol).

la paix avec l'ambassadeur d'Angleterre. La cour de Madrid espérait que le roi Charles se contenterait des places du Palatinat dont son père s'était dessaisi, et celles-là on ne pouvait en dénier la restitution sans lui donner des motifs de mécontentement, surtout envers le roi catholique (¹).

L'infante Isabelle n'avait pas manqué d'informer le roi de ce que Rubens lui avait écrit à elle-même (²). Philippe IV chargea sa tante de faire savoir à l'artiste diplomate que, quelques difficultés qu'il rencontrât dans sa négociation, il ne devrait point la rompre, mais qu'il lui fallait l'entretenir avec la dextérité et la circonspection qu'on se promettait de sa prudence (³). Il mandait de plus à l'infante que, dès qu'elle aurait la certitude de la destination de sir Francis Cottington pour Madrid, elle pourrait déclarer, en son nom, que don Cárlos Coloma était destiné pour Londres (⁴), où

(1) « ... Considérase que quiça el rey de Inglaterra se contentará con solo las plazas del Palatinato que entregó, y que, tomado en todo rigor esto, no se le puede negar, y negándosele se le dará aparente causa de sentimiento, particularmente contra mí... » (Dépêche de Philippe IV au marquis d'Aytona du 6 avril 1629, en copie aux Archives de Bruxelles.)

(2) La lettre de l'infante est du 10 juillet ; M. Villaamil l'a publiée, p. 152. La minute en est aux Archives de Bruxelles.

(3) « ... Será bien que V. A. ordene á Rubens que esta plática de paz no la rompa, y que la mantenga en qualquier estado que tomare con la buena maña y tiento que se fia de su prudencia... (Dépêche du 6 août, aux Archives de Bruxelles.)

(4) Coloma, blessé de ce qu'on ne l'avait pas chargé du secours de Bois-le-Duc, avait écrit à Madrid pour qu'il lui fût permis de re-

il se rendrait lorsqu'on aurait appris l'embarquement de Cottington, mais pas plus tôt (¹).

Un des jours qui suivirent l'envoi de sa dépêche du 2 juillet, Rubens vit le roi. Charles lui dit qu'il persistait dans ce qu'il lui avait déclaré aussi bien que dans l'envoi en Espagne de sir Francis Cottington ; qu'il désirait toutefois, avant de faire partir son ambassadeur, savoir ce qu'on pensait de ses propositions à Madrid, et si un ambassadeur espagnol viendrait réciproquement à Londres. Rubens lui donna toute satisfaction sur ce dernier point ; il ne pouvait encore avoir reçu de réponse sur l'autre. A cette occasion il renouvela ses instances afin que le roi lui permît d'aller à Bruxelles rendre compte à l'infante de sa négociation. Charles lui répondit qu'il pouvait très-bien le faire par lettres ; qu'il était aussi aisé d'expédier des dépêches en Espagne de Londres que de Bruxelles (²) ; qu'il importait d'ôter tout

---

tourner en Espagne, en offrant toutefois d'aller en Angleterre au cas que quelqu'un y dût être envoyé pour traiter de la paix. Philippe IV, ne voulant pas se priver de ses services, invita l'infante Isabelle, par une lettre du 10 juillet, qui est aux Archives de Bruxelles, à lui annoncer confidentiellement que c'était à lui qu'il avait résolu de confier cette négociation.

(1) « ... Podrá V. A. declarar que por mi parte yrá allá á lo mismo don Cárlos Coloma, al qual podrá V. A. encaminar quando se sepa que Cotinton haya partido para acá, y no ántes... » (Dépêche du 6 août, déjà citée.)

(2) Rubens avait laissé ignorer au roi qu'il avait communiqué ses propositions au comte-duc d'Olivares. (Voy. sa dépêche du 6 juillet dans Villaamil, p. 154.)

ombrage et tout soupçon au roi catholique (¹); qu'il fallait donc qu'il restât pour être témoin de ce qui se passerait entre lui et l'ambassadeur de France, et aussi pour empêcher les Français de traverser la négociation commencée par des bruits faux et artificieux, selon leur coutume. Le roi lui promit derechef qu'il ne ferait pas de ligue avec la France contre l'Espagne (²).

Rubens sortit de cette audience très-satisfait de la sincérité avec laquelle le roi lui avait parlé. Il dit à Barozzi qu'à l'égard du Palatinat il pourrait être donné satisfaction aux Anglais en leur rendant les places que le roi Jacques avait remises à l'Espagne avant la guerre, puisqu'elles n'étaient venues au pouvoir de celle-ci, ni par la force des armes, ni par composition (³). On a vu que c'était aussi l'opinion du cabinet de Madrid : mais il ne l'avait pas encore officiellement exprimée.

(1) Barozzi, rendant compte au prince de Piémont, dans une dépêche du 6 juillet, de l'audience donnée par le roi à Rubens, dit que « il re gli rispose che conosceva lo spirito del conte Olivarez ombraggioso. »

(2) Dépêche de Rubens du 6 juillet, déjà citée. — Dépêche de Barozzi de la même date.

(3) « ... Rubens è restato sodisfatissimo della sincerità con la quale il re gli ha parlato, e meco detto Rubens è uscito a dire che Spagna circa il Palatinato potrebbe dargli soddisfazione con rimettere alcune piazze del Palatinato che dal re Giacomo furono rimesse come in deposito a Spagnuoli, con obligo di restituirle, le quali piazze non furono tolte nè per composizione nè per forza dell'armi di Spagna. (Dépêche de Barozzi, du 6 juillet, citée ci-dessus.)

Les faits semblaient d'accord avec le langage de Charles Iᵉʳ. L'ambassadeur des Provinces-Unies sollicita en ce temps-là un secours de six mille hommes de pied, à la solde de l'Angleterre; les ministres se montrèrent peu disposés à prendre sa demande en considération. Il fit alors beaucoup de plaintes de ce que le roi traitait avec l'Espagne sans l'intervention des états généraux : il lui fut répondu que déjà, à plusieurs reprises, il avait été donné avis de cette négociation, et aux états et au prince d'Orange, par une personne expresse que le roi leur avait envoyée (¹); que s'ils voulaient entrer dans le traité avec l'Espagne, le roi s'emploierait volontiers à les y faire admettre (²).

Le 5 juillet (³) l'ambassadeur français Châteauneuf fit son entrée à Londres. Selon Rubens l'accueil qu'il y reçut fut froid; des vingt carrosses envoyés à sa rencontre la plupart étaient vides (⁴).

Châteauneuf eut sa première audience du roi et de la reine le 8; elle fut toute de compliments et de protestations d'amitié. Deux jours après il eut une seconde audience dans laquelle il proposa au roi une ligue entre

(1) Le chevalier Vane.
(2) Dépêche de Rubens du 6 juillet, déjà citée.
(3) C'est la date donnée par Barozzi dans sa dépêche du 6 : « L'ambasciatore francese giunse ieri. » Rubens, dans sa dépêche du même jour, dit : « Hoggi è arrivato in questa città monsʳ di Châteauneuf »; mais peut-être sa dépêche fut-elle écrite la veille de la date qu'il lui donna.
(4) Villaamil, p. 159.

les couronnes de France et d'Angleterre dans le but de reconquérir le Palatinat (¹). Charles Ier désigna, pour négocier avec lui, les comtes d'Arundel, de Pembroke, de Carlisle, le grand trésorier, le vicomte de Rochester et le comte de Holland ; il assura Rubens, à cette occasion, que, quelles que fussent les offres de l'ambassadeur français, elles n'altéreraient en rien ce qui se traitait avec l'Espagne ; il parla dans le même sens à l'envoyé de Savoie (²).

Cependant Rubens, craignant que les démarches de l'ambassadeur de France n'amenassent quelque changement dans les déterminations des ministres anglais, se résolut à demander au roi qu'il voulût lui donner par écrit ce qu'il lui avait déclaré de bouche. Charles Ier y consentit, non sans difficulté (³). Une note, signée du grand trésorier, fut délivrée, le 13 juillet, à Rubens où il était exprimé en substance que le roi était disposé à traiter de la paix, moyennant l'engagement à prendre par le roi d'Espagne de lui remettre les places du Palatinat qui étaient en son pouvoir, et d'employer tous ses bons offices auprès de l'empereur et du duc de Bavière

---

(1) « Le dessein secret, mais principal, de l'envoi de Châteauneuf était de convenir d'un moyen puissant pour s'opposer à l'ambition de la maison d'Autriche, conserver la liberté d'Allemagne et rétablir le palatin.... » (*Mémoires de Richelieu*, coll. Michaud et Poujoulat, t. VIII, p. 94.)

(2) Dépêches de Barozzi des 13 et 16 juillet.

(3) Lettre de Rubens au comte-duc d'Olivarès du 22 juillet 1629, dans Villaamil, p. 182.

pour qu'ils donnassent une satisfaction raisonnable à la maison palatine. La note se terminait par la promesse du roi d'Angleterre, « sur sa foi royale, de ne faire, » durant ce traité, aucune ligue avec la France contre » et au préjudice de l'Espagne (¹). » Le secret fut demandé à Rubens sur le contenu de cette note; le roi lui défendit d'en donner connaissance même à l'envoyé de Savoie Barozzi; il lui dit qu'il se confiait en la générosité et en la discrétion du comte-duc d'Olivares plus qu'il ne le ferait à l'égard du cardinal de Richelieu, aux mains duquel il ne voudrait jamais qu'un écrit de ce genre tombât, persuadé qu'il le communiquerait tout aussitôt à la partie contraire, pour en tirer avantage (²).

Un émissaire de Richelieu venait d'arriver à Londres; c'était un Anglais du nom de Furston : il était porteur de lettres et d'écrits du cardinal pour le grand trésorier, qui tendaient à persuader au gouvernement anglais de rompre toutes les négociations avec l'Espagne. Richelieu assurait que jamais le roi Philippe ne pourrait réaliser la promesse de faire restituer à l'électeur palatin ses États, alors même qu'il aurait véritablement l'intention de la remplir, car il fallait pour cela le consentement de l'Empire et surtout celui du duc de Bavière, qui était mal disposé pour

(1) Voy. le texte de cette note dans les *Appendices*, n° XXI.
(2) Dépêche de Rubens du 22 juillet, déjà citée.

l'Espagne et au contraire tout dévoué à la France. Il annonçait l'intention de son souverain de faire la guerre, sur tous les points, à la monarchie espagnole; le roi marcherait en personne en Italie; il ferait avancer une armée vers le comté de Bourgogne; il s'était concerté avec les états généraux pour que, de leur côté, ils assaillissent les Pays-Bas. Le cardinal ne réclamait qu'une chose de l'Angleterre : c'était qu'elle joignît sa flotte à celle des Hollandais pour infester les côtes d'Espagne; il offrait, en retour, de lui donner carte blanche pour demander tout ce qu'il serait au pouvoir de la France de lui accorder. Ces particularités furent révélées à Rubens, sous le sceau du secret, par Cottington, avec qui il entretenait les meilleurs rapports; il ne manqua pas d'en instruire le comte-duc d'Olivares. Cottington lui apprit aussi qu'il avait été rendu compte des propositions de Richelieu au roi, qui n'avait fait qu'en rire (1).

Dans ses dépêches au comte-duc Rubens lui fait part quelquefois de ses remarques, de ses appréciations sur les personnages les plus considérables de la cour de Londres, même sur la famille royale. Ainsi il lui écrit le 22 juillet : « Le roi est très-amoureux de la » reine sa femme, et la reine a un grand empire sur son

---

(1) Deuxième dépêche de Rubens à Olivares du 22 juillet 1629, dans Villaamil, p. 173.

» mari(¹) ». Il lui fait de la cour, dans une autre lettre de
la même date, un tableau qui n'est pas précisément flat-
teur : « Tous ces seigneurs principaux, dit-il, mènent un
» train de vie fort splendide et des plus dispendieux;
» aussi la plupart d'entre eux sont-ils criblés de dettes.
» Je citerai surtout le comte de Carlisle et le comte
» de Holland, lesquels tiennent table ouverte, et par
» là s'attirent une suite de beaucoup de noblesse, la
» magnificence, la générosité étant ici en très-grande
» considération. Bien d'autres seigneurs et des mi-
» nistres, ayant peu de fortune, sont obligés de se
» procurer des moyens d'existence comme ils peuvent :
» c'est pourquoi l'on trafique à deniers comptants des
» affaires publiques et privées (²) ». Il ajoute que le

---

(1) « Il re d'Ingalaterra stà inamoratissimo della reyna sua moglie, et ella può assai appresso di Sua Maestà. »
On lit dans les *Mémoires de Richelieu*, liv. XX : « Le roi vivait avec
« elle (la reine) avec de grands témoignages d'amitié, de tendresse,
« et se plaisoit tellement en sa compagnie que ses conseillers se
« plaignoient de n'avoir quasi pas d'heure pour parler à lui, étant
« toujours chez elle lorsqu'il était de retour de la chasse. Il lui
« disoit souvent qu'il voudroit qu'ils fussent toujours ensemble... »
(2) On mit à profit cet avertissement à Madrid. Le 23 août 1629
Philippe IV écrivit à l'infante Isabelle : « Considérant combien il
« convient de se créer des amis en Angleterre et de faciliter par ce
« moyen la négociation principale, on s'occupe de faire quelque
« provision d'argent que don Cárlos Coloma emportera pour l'em-
« ployer ainsi qu'il le jugera à propos : « *Considerando quanto conviene grangear voluntades en Ingalaterra y por este medio facilitar la
negociacion principal, se va tratando de hazer alguna provision de
dinero que lleve don Cárlos consigo, para que le vaya empleando segun
juzgare convenir...* (*Correspondance*, t. XXVI, fol. 172.)

cardinal de Richelieu se fait beaucoup d'amis à Londres par ses libéralités (1). Ce Furston dont nous avons parlé tout à l'heure avait ordre d'offrir au grand trésorier une somme considérable, s'il voulait entrer dans les vues du cardinal (2).

Le 20 juillet Rubens reçut d'Olivarès une lettre dont le contenu, que nous ne connaissons pas, dut lui être sensible, à en juger par la réponse qu'il y fit et dans laquelle il se défendait d'avoir, en quoi que ce fût, outrepassé ses instructions. « Je ne pense pas — » disait-il au premier ministre — avoir mal employé » mon temps, depuis que je suis ici, ni avoir excédé » en rien les termes de ma commission, mais je crois » avoir servi le roi, notre seigneur, avec le zèle et la » prudence qui convenaient à une négociation de l'im- » portance de celle qu'on m'a confiée. Que Votre Excel- » lence se rappelle, de grâce, ces deux articles, conte- » nus dans l'instruction qu'elle me donna, selon lesquels » je devais assurer le roi d'Angleterre que Sa Majesté » Catholique avait la même volonté que lui de parvenir » à un accommodement, et que, lorsqu'il enverrait en » Espagne une personne autorisée à traiter de la paix, » Sa Majesté Catholique, à son tour, en enverrait une » en Angleterre : or il me paraît que j'ai satisfait ponc- » tuellement à ces deux points... » Il ajoutait, non

(1) Villaamil, p. 166.
(2) *Ibid.*, p. 180.

sans amertume : « Je ne me rappelle pas avoir rap-
» porté à Votre Excellence quelque nouvelle fausse
» à laquelle j'aurais cru témérairement, ni aucune
» chose hors de propos. Ayant donc exécuté les ordres
» que le roi notre seigneur et Votre Excellence m'ont
» fait l'honneur de me donner, je la supplie de trouver
» bon que je retourne chez moi, non que je ne préfère
» toujours à mes intérêts le service de Sa Majesté :
» mais, voyant que pour le moment il n'y a rien à
» faire ici, je trouve qu'un plus long séjour m'y
» serait dommageable. Je compte toutefois y rester
» encore pendant le peu de temps que le roi d'Angle-
» terre jugera nécessaire pour que je puisse rendre
» compte à Votre Excellence de ce que Sa Majesté
» négociera avec l'ambassadeur de France : déjà elle
» m'a fait part, de sa propre bouche, des premières
» propositions de celui-ci, et elle continuera de le
» faire par l'entremise de Cottington (¹) ».

(1) Quatrième dépêche de Rubens au comte-duc d'Olivares du
22 juillet, dans Villaamil, p. 169.

CHAPITRE SEPTIÈME.

Satisfaction qu'on a de Rubens à Madrid. — Témoignages avantageux que rendent de sa personne et de sa conduite les ministres anglais et l'ambassadeur d'Espagne à Paris. — Éloge que fait de lui la junte d'État. — Remerciments qu'Olivares lui adresse. — Il notifie au roi Charles et à ses ministres la nomination de Coloma. — Explication qu'il a avec Weston et Cottington. — Fête donnée en son honneur par le chancelier de l'échiquier. — Démarches des ambassadeurs de France, de Hollande et de Venise pour empêcher ou faire avorter l'ambassade de Cottington. — Réflexions de Rubens à ce sujet. — Il informe la cour de Madrid d'une intrigue diplomatique ourdie, à son détriment, par la Savoie. — Il l'instruit aussi de l'idée, qui avait été conçue, d'adjoindre à Cottington, en Espagne, une personne titrée et un docteur. — Il remercie Olivares de la permission de retourner aux Pays-Bas après l'arrivée de Coloma. — Il remet au secrétaire Barozzi des lettres de recommandation auprès de l'infante Isabelle. — Ce qu'il dit des sentiments et du caractère de Charles I*er* à propos d'une demande de l'abbé Scaglia. — Mécontentement que lui témoignent les ministres du silence gardé par la cour d'Espagne. — Il s'en explique avec le roi, à qui il donne toute satisfaction. — Désir sincère de ce monarque de s'entendre avec l'Espagne. — Rubens informe en détail Olivares des sentiments et des dispositions personnels de Cottington. — Il combat les menées de l'ambassadeur de France ; portrait qu'il fait de celui-ci. — Impression pénible que produit sur le roi et sur ses ministres la reddition de Bois-le-Duc. — Olivares communique à la junte d'État la correspondance de Rubens des mois d'août et de septembre. — La junte loue l'habileté du peintre diplomate et propose que de nouveaux remerciments lui soient adressés. — Il va à Cambridge, où il est proclamé *magister in artibus*. — Départ de Cottington pour l'Espagne. — Les ministres anglais s'étonnent que Coloma n'arrive pas à Londres ; ils font des reproches à Rubens, qui exprime à l'infante le déplaisir qu'il en ressent. — Causes du retard que subit le départ de Coloma. — Isabelle annonce à Rubens qu'il sera, le 20 décembre, à Dunkerque. — Cette nouvelle ranime son zèle. — Il écrit à Olivares qu'il se dispose à retourner aux Pays-Bas. — L'infante, nonobstant les observations du conseil des finances, lui fait payer le prix des peintures qu'il a portées en Espagne. — Arrivée de Coloma à Douvres. — Son entrée à Londres. — Rubens est retenu par l'ambassadeur pendant six semaines encore. — Il peut enfin aller prendre congé du roi et de la reine. — Charles le crée chevalier, lui fait de riches présents et lui donne des armoiries empruntées à son propre blason. — Avant son départ de Londres il visite l'ambassadeur des Provinces-Unies. — Absence de renseignements sur les particularités de son retour aux Pays-Bas. — Isabelle nomme son fils Albert secrétaire du conseil privé. Elle ordonne que lui-même reçoive son traitement à partir du jour de sa nomination, quoiqu'il n'ait prêté serment que longtemps après.

En l'absence de la lettre à laquelle Rubens répondit ainsi que le lecteur vient de le voir, on ne saurait former que des conjectures sur les termes de cette lettre qui avaient blessé le grand artiste, mais il est permis de croire qu'il s'en était exagéré la portée : car il est certain qu'on était fort satisfait de lui en Espagne, et la confiance qu'il inspirait au cabinet de Madrid ne pouvait que s'accroître par les témoignages que rendaient de sa personne et de sa conduite le grand trésorier d'Angleterre et le chancelier de l'échiquier. Lord Richard Weston écrivait au comte-duc d'Olivares que le talent et les manières de Rubens lui avaient conquis l'estime du gouvernement anglais ([1]); Cottington disait au ministre dirigeant de la monarchie

[1] Lettre du 10 juillet 1629. (Archives de Simancas, *Estado*, leg. 2519.)

espagnole que l'envoi de Rubens à Londres avait été la mesure la plus opportune qu'on eût pu prendre à Madrid, car non-seulement il montrait beaucoup d'habileté et de dextérité dans sa façon de traiter les affaires, mais encore il savait gagner les sympathies de tout le monde, et en particulier celles du roi (¹). Le marquis de Mirabel, ambassadeur d'Espagne à Paris, ne s'exprimait pas sur son compte en des termes moins flatteurs (²). La junte d'État, à laquelle furent communiquées, dans sa séance du 20 août, les dépêches reçues de lui en dernier lieu, donna son approbation à tout ce qu'il avait fait; elle loua le tact avec lequel il avait procédé; elle proposa qu'il lui en fût adressé des remercîments (³), comme le premier ministre le fit quelques jours après (⁴).

(1) « .... Que el enviarle aquí ha sido muy acertado; que no solamente es muy hábil y diestro en negociar, sino sabe tambien grangear la buena opinion de todos, y particularmente del rey mi señor.... » (Lettre du 20 juillet, aux Archives de Simancas, *Estado*, leg. 2519.)

(2) Dans une consulte de la junte d'État du 16 juillet 1629 qui est aux Archives nationales, à Paris (papiers de Simancas, K 1437), on lit : « En carta de 21 de junio avisa el marqués de Mirabel haver « tenido un despacho de Rubens en que le da cuenta de lo bien reci- « vido que fué del rey de Inglaterra en su primer audiencia..., « y aprueba el marqués el acierto con que se gocierna Rubens. » Et plus loin : « Apunta el marqués se obre en esto como Rubens diere á « entender que conviene. »

(3) « .... Que á Rubens se le apruebe y den gracias de lo que ha hecho y escrive, y del acierto con que ha procedido en esta materia... (Arch. de Simancas, *Estado*, leg. 2519.)

(4) Le 23 août. Cette lettre d'Olivares nous manque, comme

Ce fut le 17 août que Rubens apprit, par une dépêche du comte-duc, la nomination de don Cárlos Coloma comme ambassadeur extraordinaire pour traiter la paix avec la Grande-Bretagne. Il s'empressa d'en porter la nouvelle au roi, qui était à son château d'Outland, à sept lieues de Londres ; il en informa aussi les deux ministres principaux avec lesquels il avait à négocier. Le choix de Coloma fut très-agréable à Charles Ier (¹). Rubens lui demanda quand Cottington partirait pour l'Espagne ; il répondit que les affaires de sa charge exigeaient en ce moment la présence du chancelier à Londres, mais qu'il pourrait se mettre en route au commencement de septembre.

Dans les entretiens que Rubens eut avec Weston et Cottington, ceux-ci voulurent savoir de lui s'il recevrait bientôt une réponse aux propositions contenues dans l'écrit qui lui avait été délivré le 13 juillet : il leur dit

---

toutes les autres qu'il écrivit à Rubens : mo': a première dépêche de Rubens du 21 septembre nous en fait connaître le sens : « Excel-
« lentissimo mio signore, hò ricevuto, il 14 di questo mese, il
« despacho de V. Ex{a} del 23 del passato, che mi ha animato grande-
« mente al servicio di S. M., vedendo che V. Ex{a} *resta alquanto*
« *sodisfatta* del modo che hò tenuto nella mia negotiatione in questa
« corte... » (Villaamil, p. 224.)

(1) Première dépêche de Rubens à Olivares du 24 août, dans Villaamil, p. 190.
On avait écrit au gouvernement anglais (ce qui était inexact) que la cour de Madrid avait choisi pour cette ambassade don Francisco Zapata. Celui-ci n'étant pas d'un rang égal à Cottington, le roi Charles s'était montré peu disposé à le recevoir.

qu'il ne pouvait les en assurer, et qu'il pensait plutôt que le cabinet de Madrid attendrait l'arrivée de Cottington pour s'expliquer là-dessus, d'autant plus qu'il y avait, dans l'écrit en question, des termes obscurs et ambigus qui rendaient des éclaircissements nécessaires. Cottington lui déclara qu'on ne devait pas se flatter, en Espagne, que d'autres obtiendraient plus qu'il n'avait obtenu lui-même, car, il le lui annonçait d'avance, la seule instruction qu'il recevrait de son gouvernement, à son départ pour Madrid, serait d'insister sur ce que renfermait l'écrit signé du grand trésorier, et même avec limitation du temps dans lequel le roi d'Espagne aurait à remettre les places du Palatinat étant en son pouvoir. Si le roi Philippe, ajouta-t-il, acceptait les conditions de paix qu'il serait chargé de lui offrir, à l'instant même il renouvellerait le traité de 1604; si elles étaient rejetées par lui, il reviendrait sur-le-champ en Angleterre. Le grand trésorier tenait un langage semblable. Selon lui la paix se ferait en une heure, ou elle ne se ferait jamais; dans ce dernier cas, le gouvernement anglais se verrait forcé de prendre des mesures qui auraient un caractère tout différent, les choses ne pouvant rester dans l'état où elles étaient (1).

Nul assurément, parmi les ministres du roi d'Angle-

---

(1) Dépêche de Rubens du 24 août déjà mentionnée.

terre, ne désirait, avec autant de sincérité que le chancelier de l'échiquier, de voir la paix rétablie entre les deux couronnes. Il dit à Rubens que, dans le cas où son ambassade en Espagne n'aurait pas les résultats qu'il s'en promettait, il serait un homme perdu, et que le comte-duc d'Olivares devrait dès lors avoir pitié de lui, car il ne consentait à se charger de cette mission que par son commandement et pour les obligations qu'il lui avait (1). Et comme Rubens faisait difficulté de rapporter ces paroles au comte-duc, Cottington prit Dieu à témoin qu'il disait la vérité pure; il protesta qu'on avait fait un miracle en obtenant du roi d'Angleterre qu'il donnât son assentiment à l'écrit dont il a été plusieurs fois question, et en amenant son conseil à l'approuver, alors que les Français lui offraient carte blanche; que la promesse faite de ne rien traiter avec la France au préjudice de l'Espagne était d'une importance telle qu'elle suffisait pour déjouer toutes les intrigues, toutes les machinations de la partie contraire (2).

Rubens n'avait, du reste, qu'à se louer de plus en plus de ses rapports avec le chancelier. Ce ministre donna, en l'honneur du peintre diplomate, une fête

---

(1) «.... Pues que lo hazia solo por su mandado y por las obligaciones que le tiene. »
Ce passage était sans doute en chiffres, et le déchiffrement en aura été fait en espagnol.
(2) Dépêche de Rubens du 24 août.

magnifique en sa résidence à Londres, où il menait une vie de prince (¹).

Il est à peine besoin de dire que les ambassadeurs de France, de Hollande et de Venise s'efforçaient, par tous les moyens qui étaient en leur pouvoir, d'empêcher l'envoi de Cottington en Espagne, ou, s'ils n'y réussissaient pas, de faire échouer sa mission. Châteauneuf insistait sur l'offre d'une ligue offensive et défensive contre l'Espagne et contre toute la maison d'Autriche; il ne demandait au roi Charles nulle assistance d'hommes ni d'argent pour la guerre à faire en Allemagne en vue de recouvrer le Palatinat; il ne sollicitait plus même de vaisseaux pour infester les côtes d'Espagne ou défendre le littoral de la France; la seule chose qu'il prétendit était que le roi d'Angleterre permit à ses sujets de former, avec les Hollandais, une compagnie qui attaquerait les Indes orientales ou occidentales (²).

Ces choses donnaient fort à penser à Rubens :

Je crois fermement — écrivit-il au comte-duc — que les conditions susdites seront acceptées, non que le roi d'Angleterre espère que le roi de France accomplisse quelqu'une de ses offres ou maintienne ses promesses plus qu'il ne l'a jamais fait par le passé, mais parce qu'il traiterait ainsi avec réputation et l'apparence de grands avantages aux yeux du monde. Plusieurs fois Sa Majesté m'a protesté que, si elle pouvait sau-

(1) Première dépêche de Rubens du 24 août, déjà citée.
(2) Deuxième dépêche de Rubens au comte-duc d'Olivares, du 24 août 1629, dans Villaamil, p. 199.

regarder sa réputation et son honneur autrement qu'en conformité de ce qui est contenu dans le papier qui m'a été remis de sa part, elle ne différerait pas un instant de conclure la paix avec l'Espagne, de couronne à couronne, sans aucun avantage de plus que ne lui en accordait la paix dernière; je sais même avec certitude qu'au fond du cœur elle fait mille fois plus de cas de la simple amitié de l'Espagne que de toutes les propositions de la France, et qu'elle maudit le jour où le palatin vint à sa connaissance (1).

L'ambassadeur de Hollande Joachimi ne se contentait pas d'insister sur un secours d'hommes et d'argent, en exagérant les prétendus dangers qui menaçaient les Provinces-Unies, mais il trouvait étrange qu'au lieu de secourir ses alliés, le roi d'Angleterre voulût traiter avec l'ennemi commun : il disait que le voyage seul de Cottington en Espagne causerait une telle appréhension au monde, que ceux qui s'étaient confiés en l'amitié du roi perdraient tout courage; il était persuadé d'ailleurs, et il le déclarait tout haut, que l'affaire était beaucoup plus avancée qu'on ne l'avouait dans les sphères officielles : sans cela le roi enverrait-il publiquement un ambassadeur à la cour de Madrid, et s'apprêterait-il à recevoir celui qu'elle enverrait elle-même?

De son côté Giovanni Soranzo, qui était venu remplacer à Londres, comme ambassadeur de la Seigneurie

---

(1) « ... Et maledice il giorno che giamai il palatino venne alla sua noticia... »

de Venise, Alvise Contarini, avait présenté à Charles Ier un mémoire où la paix avec l'Espagne était fortement combattue.

En informant de tout cela le comte-duc d'Olivares, Rubens l'accompagne de réflexions qui méritent de trouver place ici :

Je n'ai, dit-il, ni le talent ni la qualité qu'il faudrait pour donner des conseils à Votre Excellence. Mais je considère de quelle importance est cette paix, qui me paraît le nœud de toutes les confédérations d'Europe, et dont l'appréhension seule produit dès maintenant de si grands effets. Je comprends encore l'émotion et l'aigreur qui résulteraient de la rupture des négociations; et si celles-ci venaient à être entièrement désespérées, on verrait en peu de temps se changer la face des affaires. J'avoue que, pour le roi, notre seigneur, la paix avec les Provinces-Unies importerait davantage : mais je doute que celle-ci se fasse jamais sans l'intervention du roi de la Grande-Bretagne, tandis que la paix entre l'Espagne et l'Angleterre peut se faire, et elle donnerait à penser aux Hollandais; peut-être même les ferait-elle se résoudre. Or, cette paix est dans les mains de Votre Excellence, et avec la promesse de rendre un petit nombre de places, on obtiendrait un grand résultat : car il est certain, selon le jugement de tout homme doué de perspicacité, que, cette paix faite, toutes les autres se feront. Et il pourrait être que, nonobstant l'engagement qui serait pris par l'Espagne, il survînt, dans l'espace d'une ou de deux années (terme qui sera accordé, à ce que je crois), quelque incident de telle nature qu'avec bonne et juste raison le roi, notre seigneur, pût se dispenser de faire ladite restitution, après avoir, dans l'intervalle, recueilli les fruits de cette paix. Alors le roi d'Angleterre, ayant laissé échapper l'occasion de traiter à son avantage ailleurs, se contenterait peut-être de recevoir une compensation, quelle qu'elle fût, plutôt que d'en venir à une nouvelle rupture; et quand bien même Sa Majesté devrait restituer lesdites places, suivant l'avis de Cottington, au moyen d'une partie elle se rachèterait de tout le reste.

Que Votre Excellence, ajoute Rubens, me pardonne si, par un zèle excessif, je suis allé trop loin. Je la supplie de croire que la pensée n'est pas totalement mienne, mais qu'elle vient, pour la plus grande partie, de quelqu'un en qui Votre Excellence doit se confier et dont elle doit avoir en estime l'opinion et le conseil (1).

Au moyen des amis qu'il s'était faits, Rubens était instruit de ce qui se passait dans le conseil du roi d'Angleterre : il apprit ainsi, et il put porter à la connaissance du cabinet de Madrid, un incident diplomatique d'une assez grande importance. Louis XIII était entré en Savoie dans les premiers jours de mars et avait forcé le passage près de Suse. Charles-Emmanuel, qui n'avait d'autre politique que celle que lui dictaient ses intérêts, s'était empressé de négocier avec lui. Un traité avait été signé le 11 mars (²) par lequel le duc s'obligeait à accorder le passage à l'armée française qui se dirigeait sur le Montferrat, tant pour l'aller que pour le retour, et à fournir les vivres, les munitions de guerre et les autres choses nécessaires au ravitaillement de Casal. Le roi de France, en retour, promettait que le duc de Mantoue céderait à Charles-Emmanuel, pour

---

(1) Deuxième dépêche du 21 août, déjà citée.
(2) Du Mont, *Corps diplomatique*, t. V, part. II, p. 571.

ses prétentions sur le Montferrat, la ville de Trino avec un district valant quinze mille écus d'or de rente. La ville et la citadelle de Suse avaient été livrées aux Français en garantie du traité (¹).

Cette occupation d'une de ses principales forteresses pesait fort à la maison de Savoie. Le prince de Piémont, Victor-Amédée, après s'être assuré de l'assentiment du cardinal de Richelieu, présenta à l'ambassadeur d'Angleterre à Turin un projet de convention où il était stipulé que le roi de France rendrait Suse au duc son père, si le roi de la Grande-Bretagne voulait se porter garant que le duc lui accorderait et à son armée le passage libre toutes les fois qu'il aurait besoin de marcher en Italie pour secourir ses alliés ou ses amis. Le conseil d'État britannique délibéra sur ce projet, Charles étant présent. La plupart des conseillers exprimèrent l'avis de l'accepter, trouvant qu'il était honorable au roi d'être en quelque sorte pris pour arbitre par d'autres potentats. Charles

(1) Don Gonzalo de Córdova avait donné son assentiment à ce traité : mais Philippe IV ne ratifia pas l'engagement que son lieutenant avait pris envers les deux parties contractantes ; il publia une déclaration portant qu'il ne ferait rien qui pût empêcher le duc de Nevers de se mettre en possession des duchés de Mantoue et de Montferrat, et n'attaquerait en aucune manière les États du roi de France et des princes ses alliés, si Sa Majesté Très-Chrétienne voulait prendre un engagement semblable et retirer ses troupes du Montferrat, de Suse, de Piémont et d'Italie. (Lettre de Philippe IV à l'infante Isabelle du 13 mai 1629 et pièces y jointes : *Correspondance*, t. XXV, fol. 214-230.)

n'adopta point leur sentiment; il déclara qu'il n'interviendrait pas dans l'arrangement proposé, parce qu'il ne pourrait le faire sans contrevenir à sa promesse de ne former aucun lien nouveau avec les Français, au préjudice de l'Espagne, tant qu'il traiterait avec celle-ci (¹).

Rubens sut aussi que le comte de Carlisle avait, dans le conseil, émis l'idée d'adjoindre au chancelier Cottington, en Espagne, un personnage titré et un docteur connaissant bien les constitutions, les lois et les priviléges de l'Empire germanique; que la plupart de ses collègues avaient appuyé cette idée, mais que le grand trésorier l'avait combattue, par le motif que le chancelier n'allait point à Madrid pour discuter les affaires d'Allemagne, ni pour débattre les droits du palatin; qu'il y allait seulement pour proposer ce qui était contenu dans le papier délivré à Rubens; que si cette proposition était acceptée, on aurait tout le temps d'envoyer en Espagne d'autres personnes de telle qualité que la matière le requerrait; que si elle ne l'était pas, il n'y aurait plus rien à faire. Le roi, qui assistait au conseil, s'était prononcé dans le sens du chancelier (²).

---

(1) Quatrième dépêche de Rubens, du 24 août, dans Villaamil, p. 211.
(2) Troisième dépêche de Rubens, du 24 août, dans Villaamil, p. 209.

Une des dernières dépêches que Rubens avait reçues du comte-duc l'autorisait à retourner aux Pays-Bas aussitôt après l'arrivée de don Cárlos Coloma à Londres. Il écrivit au premier ministre pour l'en remercier. « Bien que je me trouve en cette cour — lui disait-il » — avec toute commodité et satisfaction (¹), et que j'y » sois honoré universellement plus qu'il n'appartient » à ma qualité, je ne puis cependant faire un plus long » séjour que ne l'exige le service de Sa Majesté (²) et » que ne le permet l'état de mes affaires domestiques, » à l'intérêt desquelles néanmoins je préférerai tou- » jours non-seulement ce que me commandera le roi, » notre seigneur, mais encore ce que Votre Excellence » réclamera de moi pour son service particulier, comme » celui qui fait profession d'être sa créature, avec la » volonté de la servir tant qu'il aura vie (³) ». Le grand peintre, on a pu déjà le remarquer, ne dédaignait pas de faire le courtisan. Olivarès n'était plus, à ses yeux, le ministre passionné qui sacrifiait à ses vues particulières les intérêts de la monarchie (⁴).

(1) Il ne disait pas alors, comme en 1636 (ainsi qu'on le verra plus loin), qu'il avait les cours en horreur.
(2) « .... Nella quale corte benchè mi *ritrovo* con ogni commodità e gusto, et onorato universalmente più che non comporta la qualità mia, non posso trattenermi davantaggio di quello che il servicio di Sua Maestà *richiede*, etc. »
Les mots en italique ont été altérés dans le texte donné par M. Villaamil.
(3) Sixième dépêche du 21 août, dans Villaamil, p. 216.
(4) Voy. p. 67.

Le résident de Savoie, Barozzi, quitta Londres le 15 septembre, étant rappelé à Turin par le duc Charles-Emmanuel. Dans les premiers temps de sa négociation Rubens avait vécu en grande intimité avec Barozzi; ils concertaient presque toutes leurs démarches; ils étaient en communication journalière; chaque matin le diplomate flamand allait entendre la messe chez l'envoyé piémontais (¹) : mais cette confiance qui régnait entre eux s'était altérée depuis que la cour de Savoie avait changé de politique. Cela n'empêcha point Rubens de donner à Barozzi des lettres de recommandation auprès de l'infante Isabelle, que, à son passage par les Pays-Bas, il devait complimenter au nom de Charles I*ᵉʳ* (²).

On a vu, dans l'avant-dernier chapitre, que le duc de Savoie avait envoyé à Madrid l'abbé Scaglia pour qu'il y travaillât à réconcilier l'Espagne avec l'Angleterre. Quelque temps après que Rubens eut quitté la cour du roi catholique, l'abbé en partit lui-même. Il désirait beaucoup y être renvoyé lorsque Cottington s'y trouverait, et prendre part, en qualité d'ambassadeur, aux conférences qui s'ouvriraient alors pour la paix; il eut recours à l'entremise de Rubens afin que le roi de la

---

(1) Dans une lettre du 2 juillet 1629, Barozzi écrivait au duc de Savoie : « Questo è la libertà colla quale Rubens mi parla, avendo « occasione di vedermi ogni giorno a causa della messa ch'egli viene « a sentire nella camera mia.... »

(2) Villaamil, pp. 233 et 252. — Lettre de Barozzi au duc de Savoie du 12 septembre 1629.

Grande-Bretagne voulût en écrire au duc son maître. Quelque enclin que fût le grand peintre à lui rendre service, il ne hasarda point des sollicitations qui auraient été infructueuses. Les dernières négociations de Charles-Emmanuel avec la France avaient fait juger au roi d'Angleterre et à ses ministres que ce prince, selon leur propre expression, avait tourné casaque et était devenu entièrement français (¹); il avait par là perdu tout crédit auprès du roi : « Sa Majesté » — écrit Rubens à ce propos — « ne se soucie plus du duc ni de » l'abbé. Comme la constance et la magnanimité sont » les vertus qui la caractérisent, elle a une aversion » profonde pour ce qui y est contraire (²). »

Le 16 septembre, à Windsor, Charles Iᵉʳ ratifia et jura la paix avec la France (³). Il vint à Londres trois jours après; Rubens alla le voir. Les membres du conseil d'Angleterre lui avaient témoigné leur surprise et leur mécontentement de ce qu'il n'arrivait pas de Madrid de réponse à l'écrit qui lui avait été délivré, qu'on ignorait même s'il y était parvenu; le grand trésorier lui

---

(1) « .... In somma.... appare, secondo l'opinione di questo re e tutti gli altri che sono intravenuti nel consiglio, che questo ducha ha voltato la casaca e sia divenuto del tutto franzes.... » (Dépêche de Rubens du 21 septembre, dans Villaamil, p. 253.)

(2) « .... S. M. non se ne cura più del uno che del altro ; che per esser particolar sua vertù la constanza et magnanimità, odia et abhorrisce grandemente le qualità contrarie.... » (Autre dépêche de Rubens du 21 septembre, dans Villaamil, p. 233.)

(3) Le même jour Louis XIII la jura à Fontainebleau.

avait déclaré ouvertement qu'il ne convenait pas que Cottington partît avant qu'on sût à quoi s'en tenir à cet égard. Cottington lui-même, si bien disposé pour l'Espagne, disait que son voyage ne servirait qu'à précipiter une rupture entre les deux pays, puisqu'il n'aurait à proposer autre chose que ce qui était contenu dans l'écrit en question (¹). Rubens annonça au roi qu'il avait, depuis plusieurs jours (²), des lettres où le comte-duc accusait la réception de cet écrit. Il exposa à Charles Ier que, si ce ministre n'y avait pas répondu, la raison en était qu'il comptait sur la très-prochaine arrivée à Madrid de sir Francis Cottington, d'après l'avis qui lui avait été donné, par ordre de Sa Majesté, du départ du chancelier de l'échiquier pour le 1er août. Il ajouta que lui n'avait point sollicité de réponse parce que le papier signé du grand trésorier au nom du roi lui avait été remis plus de quinze jours après l'expédition du courrier allant porter en Espagne l'avis de la nomination de Cottington et de la date assignée à son départ; que s'il eût alors révoqué en doute cette date, le comte-duc aurait pu en concevoir des ombrages et des soupçons de quelque changement dans les intentions du cabinet britannique. Ces explications satisfirent entièrement le roi, et il promit à Rubens que Cottington

---

(1) Première dépêche de Rubens au comte-duc d'Olivares du 21 septembre 1629, dans Villaamil, p. 224.
(2) Il les avait reçues le 14 septembre.

ne tarderait plus à se mettre en route (¹). Charles était véritablement animé du désir de s'entendre et même de s'allier avec l'Espagne; les larmes lui étaient venues aux yeux — Rubens l'affirme — lorsqu'il avait reçu la nouvelle de la prise de Wesel (²) par les troupes des Provinces-Unies; on était persuadé, dans son entourage, qu'une fois d'accord avec l'Espagne, on le disposerait aisément à se joindre à elle pour mettre à la raison les Hollandais, dont l'insolence commençait à lui devenir insupportable. Mais il ne voulait pas conclure la paix sans obtenir la satisfaction prétendue par lui, non — c'est encore Rubens qui le dit — qu'il se souciât beaucoup des places du Palatinat, mais il tenait à ce que sa réputation en Europe ne reçût pas d'atteinte (³).

Les relations de Rubens avec Cottington continuaient d'être excellentes. Le chancelier le tenait au courant des choses dont il lui importait d'être instruit; il s'ouvrait à lui et il prenait son avis sur les points qui se rattachaient à l'affaire pour laquelle il était à Londres(⁴).

(1) Première dépêche de Rubens du 21 septembre, déjà citée.
(2) Le 19 août.
(3) Dépêche de Rubens au comte-duc d'Olivares du 2 septembre, dans Villaamil, p. 218.
(4) Première dépêche de Rubens à Olivares du 21 septembre, déjà citée; deuxième dépêche du 21 septembre, dans Villaamil, p. 231.
Dans cette dernière dépêche Rubens dit de Cottington : « Mi ha
« fatto sempre l'honore di communicar meco intrinsecamente tutti gli
« suoi concetti et servirse ancor di gli mei. »

Aussi Rubens mande-t-il à Olivares, dans une de ses dépêches du 21 septembre :

Votre Excellence doit certainement avoir toute confiance dans la sincérité et la bonne foi de Cottington, lesquelles ne sauraient être plus grandes, s'il était conseiller du roi notre seigneur et serviteur juré de Votre Excellence. Il m'assure, sur le salut de son âme, que, si Votre Excellence veut le croire, la paix se conclura au grand avantage du roi notre seigneur et à l'honneur et satisfaction de Votre Excellence. L'affaire a été peu à peu amenée à de bons termes par les représentations qui, de notre commun avis, ont été différentes fois faites à Sa Majesté Britannique au sujet de ce que les ambassadeurs français et hollandais eux-mêmes disent du peu de vraisemblance qu'il y a que le roi notre seigneur veuille acheter une simple paix avec elle au prix de la restitution du Palatinat. Et là-dessus on a allégué les raisons suivantes : que Sa Majesté Britannique ayant traité avec la France, l'empereur et le roi de Danemark s'étant arrangés (1), et Sa Majesté voulant continuer sa confédération avec les Provinces-Unies, la paix entre l'Espagne et l'Angleterre ne pourra servir qu'au rétablissement du commerce entre les sujets des deux couronnes, lequel importe autant aux uns qu'aux autres. A l'égard du Palatinat, bien que dans le principe l'Espagne ne l'ait point pris avec l'intention de le garder, et qu'elle ait plusieurs fois promis de le rendre, on considère que la prise et la détention en ont été justifiées depuis par la guerre que, sous ce prétexte, les Anglais ont faite à l'Espagne. En conséquence, et comme dans les affaires d'État il faut toujours, pour parvenir à ses fins, compenser *quid cum quo*; qu'il convient donc de rendre, par quelque notable avantage pour l'Espagne, le contre-poids de la balance égal, et

(1) Par le traité conclu à Lubeck le 12-22 mai 1629. (Du Mont, *Corps diplomatique*, t. V, partie II, p. 554.)

puisque de très-justes prétextes ne manqueront pas pour annuler en son temps la paix de France, Sa Majesté Britannique devrait donner à Cottington un ordre secret d'offrir au roi notre seigneur de faire avec lui une ligue offensive contre cette dernière, de lui offrir également d'employer son autorité pour induire les Hollandais à quelque accord raisonnable avec l'Espagne, et, s'ils s'y refusaient, de les abandonner entièrement, même d'aider le roi notre seigneur contre eux, puisque leur puissance par mer et par terre et leur insolence croissent de telle sorte qu'ils se rendent formidables à tous les rois et princes de l'Europe. L'Angleterre surtout a des motifs de les craindre, étant leur plus proche voisine et la plus exposée à leurs injures, et leurs forces maritimes étant de beaucoup supérieures aux siennes, de manière qu'il dépend presque d'eux de se rendre un jour les maîtres du royaume avec l'aide des puritains, qui tous sont à leur dévotion, qui se montrent on ne peut plus mécontents du roi et, pour ainsi dire, en révolte contre lui, et qui forment la majeure partie de la nation.

Ces discours — poursuit Rubens — ont fait une telle impression sur le roi, que Cottington ne doute pas que les choses n'aillent au mieux si Votre Excellence veut ajouter foi à ses paroles. Il sera porteur d'un pouvoir absolu (pour le cas que Sa Majesté Catholique soit disposée, non-seulement à faire la paix, mais encore à former avec le roi d'Angleterre les nœuds d'une véritable amitié et à rendre communs les intérêts des deux États) de conclure une ligue offensive et défensive des deux couronnes contre la France. Quant à ses instructions, Sa Majesté Britannique ne particularisera rien ; elle se bornera à lui recommander, en un mot, le soin de sa réputation dans les conditions de la paix. En ce qui concerne les Hollandais, il n'y aura aucune difficulté à obtenir ce qui est déclaré ci-dessus.

Cottington m'a dit, à ce propos, que lorsqu'il se trouvera avec Votre Excellence, il vous parlera de deux façons différentes : l'une en qualité d'ambassadeur d'Angleterre, l'autre comme s'il était conseiller d'État du roi notre seigneur et serviteur très-fidèle de Votre Excellence. D'une part, il exposera clairement à Votre Excellence tous les avantages qui se pourront retirer de cette paix et de cette ligue, si, comme le roi son maître le désire, elle se fait de manière à produire la plus étroite union possible, et une union indissoluble, des forces et des sentiments des deux souverains. De l'autre, il fera toucher au doigt à Votre Excellence les grands inconvénients qu'il y aurait à craindre si le roi d'Angleterre se voyait forcé de s'allier avec la France, les Hollandais, le roi de Suède et les princes d'Allemagne (le duc de Bavière y compris), et en Italie avec les Vénitiens, le duc de Nevers et plusieurs autres qui, quoiqu'ils la dissimulent en ce moment, découvriraient à temps leur mauvaise intention contre l'Espagne, en cas de rupture de cette couronne avec l'Angleterre. Surtout il faut faire état que Sa Majesté Britannique tient en suspens, à grand'peine et au mécontentement de ses sujets, l'union des compagnies des Indes d'Angleterre avec celles de Hollande, lesquelles, si cette union venait à s'accomplir, causeraient les plus grands dommages à la monarchie espagnole (1).

On voit que Rubens adressait à la cour de Madrid de précieuses informations. Il eût été difficile, à coup sûr, de la renseigner mieux, et sur les dispositions du ministère anglais, et sur les sentiments personnels du roi Charles.

L'ambassadeur de France cependant ne cessait pas ses menées pour faire révoquer la mission de Cottington ou pour la rendre infructueuse. A l'en croire, le voyage du chancelier n'aboutirait qu'à une perte de

(1) Cette dépêche est dans Villaamil, pp. 234-242.

temps, car il savait de bonne source que, pour rien au monde, le roi catholique ne restituerait une seule des places qu'il tenait au Palatinat (1). Si, nonobstant cela, le gouvernement britannique ne revenait pas sur sa détermination, il fallait au moins, selon lui, que Cottington eût ordre de quitter Madrid au cas que le cabinet espagnol n'acceptât point sur l'heure les propositions qu'il serait chargé de lui faire. Rubens s'opposa avec force à ce qu'un pareil ordre fût donné; il protesta qu'une limitation de temps, lorsqu'il s'agissait d'une négociation aussi importante, serait plus propre pour dénoncer la guerre que pour traiter la paix (2). « Cet ambassadeur de France » — écrit-il au comte-duc — « en est venu à une impudence telle qu'il oublie, dans
» sa rage, le respect dû aux têtes couronnées, et qu'il
» parle de manière à nuire à la cause même de son
» maître. Il débite tout ce qui lui paraît pouvoir em-
» pêcher ou retarder le voyage de Cottington, quoique,
» d'un autre côté, il fasse montre de vouloir hâter ce
» voyage. Il y a trois jours il alla dire au roi qu'il avait
» des avis certains de Bruxelles que, Cottington allât-il
» en Espagne, don Cárlos Coloma ne viendrait pas à
» Londres. A la reine il a tenu des propos différents,
» lui donnant à entendre que Cottington, malicieuse-
» ment et d'accord avec le parti espagnol, différait son

(1) Dépêche de Rubens du 2 septembre, déjà citée.
(2) Première dépêche de Rubens du 21 septembre, déjà citée.

» départ afin de faire perdre au roi les occasions
» favorables qui pourraient se présenter pour ses
» intérêts (¹). »

Ce fut dans ces circonstances qu'on apprit, à Londres, la reddition de Bois-le-Duc au prince Frédéric-Henri (²); il est aisé de comprendre combien elle réjouit les ennemis de l'Espagne. Charles Ier s'en montra très-affligé, et ce sentiment, Weston et Cottington le partagèrent (³).

La correspondance diplomatique de Rubens, des mois d'août et de septembre, dont nous venons de faire connaître la substance et même de donner plusieurs extraits, fut par Olivares communiquée à la junte d'État. Lorsqu'elle en eut pris connaissance, cette junte proposa qu'il en fût envoyé copie aux ambassadeurs du roi en Allemagne, le marquis d'Aytona et le président Bruneau. Elle exprima, de plus, l'avis que le comte-duc remerciât de nouveau Rubens du soin qu'il apportait à tenir le gouvernement informé de tout ce qui se passait, et qu'il lui témoignât sa satisfaction de l'habileté avec laquelle il se conduisait dans la négociation dont il était chargé (⁴).

(1) Deuxième dépêche de Rubens, du 21 septembre, déjà citée.
(2) Cette ville capitula le 14 septembre 1629.
(3) Deuxième dépêche de Rubens, du 21 septembre.
(4) « ... Que á Rubens le responda el conde duque, dándole gracias del cuydado con que avisa de quanto se ofrece, y aprobándole el acierto con que ha procedido. » (Consulte de la junte d'État du 28 octobre 1629, aux Archives de Simancas, *Estado*, leg. 2519.)

Malheureusement nous avons épuisé la série des dépêches de l'immortel artiste au premier ministre de Philippe IV qui sont conservées dans les Archives de Simancas. Il faut croire qu'Olivares n'aura pas jugé à propos de remettre à la secrétairerie d'État celles qui suivirent, une seule exceptée, qu'on trouvera plus loin. Nous sommes par là réduit à des renseignements fort incomplets sur les six derniers mois du séjour de Rubens à Londres.

Au commencement d'octobre, le grand peintre se rendit à Cambridge, dont il visita l'université. Les chefs de cette célèbre corporation lui firent un accueil digne de lui. Le sénat le proclama *magister in artibus* ([1]) : c'était dans les arts la distinction la plus élevée que l'université conférât.

Il pressait de tout son pouvoir le départ de Cottington. Enfin, le 30 octobre (le 20, selon le style d'Angleterre), Charles Ier signa la commission du chancelier de l'échiquier en qualité de son ambassadeur près le roi des Espagnes ([2]), et celui-ci se mit en route quatre jours après ([3]). A sa demande, Rubens lui avait procuré des passe-ports de l'infante Isabelle pour deux navires avec lesquels il partait et dont l'un était chargé

(1) Le 3 octobre (23 septembre, selon le style d'Angleterre). Voy. Sainsbury, p. 138.
(2) Une traduction espagnole en est dans Villaamil, p. 262.
(3) Dépêche de l'ambassadeur vénitien Soranzo au doge, du 2 novembre 1629.

de marchandises de grande valeur que Cottington, qui faisait des affaires aussi bien que de la politique, désirait vendre dans la Péninsule (¹).

On s'attendait, à Londres, que son embarquement serait suivi, à peu de jours d'intervalle, de l'arrivée de l'ambassadeur espagnol; Rubens en avait fait la promesse au nom de son souverain : un bâtiment de la flotte royale fut expédié à Dunkerque pour prendre à son bord don Cárlos Coloma. Aussi le mécontentement des ministres anglais fut extrême lorsque, vers le milieu de novembre, ils reçurent des lettres de Bruxelles où on leur marquait que Coloma ne faisait aucunes dispositions pour passer en Angleterre; qu'il n'était même pas sûr qu'il s'y rendît, car on parlait de son remplacement par le marquis de Mirabel, ambassadeur en France (²). Le grand trésorier fit des reproches très-vifs à Rubens; il lui déclara qu'il tenait, dès ce moment, la négociation pour rompue, et que les Français avaient certainement raison de dire que les Espagnols se moquaient du roi d'Angleterre, qu'ils n'avaient nulle intention d'envoyer un ambassadeur à sa cour, mais que,

---

(1) Dépêche de Rubens à Olivares, du 21 septembre, dans Villaamil, p. 244. — Lettre de l'infante Isabelle à Philippe IV, du 25 octobre. (Archives de Bruxelles.)

(2) Dépêche de Charles I*ᵉʳ* à Cottington du 19/29 novembre, dans Sainsbury, p. 139. Le marquis de Mirabel avait, au mois de septembre, reçu de Philippe IV l'ordre de se rendre à Bruxelles, pour aider l'infante de ses conseils : mais il ne fut pas un seul instant question de l'envoyer en Angleterre.

par de vaines promesses, ils avaient voulu attirer Cottington en Espagne, entendre ses propositions et se déterminer en conséquence. Weston ajouta qu'il se repentait de s'être autant avancé dans cette affaire et d'y avoir impliqué son souverain, contre l'avis de la majorité du conseil, tout le blâme devant en retomber sur lui et sur Cottington (1). Un courrier fut dépêché au chancelier de l'échiquier, porteur de l'ordre de ne demander audience au roi Philippe ni d'entrer en aucune communication avec les ministres espagnols tant que le gouvernement n'aurait pas obtenu satisfaction sur le fait de l'envoi, à Londres, d'un ambassadeur de Sa Majesté Catholique (2).

On ne saurait croire à quel point Rubens était contristé, combien il se sentait humilié même de ce qui arrivait, car il n'était pas l'homme d'une politique à double face. Il écrivit à l'infante Isabelle : « Je tiens » pour si mauvais ce retard en une telle conjoncture » que je maudis l'heure où je suis venu en ce royaume. » Et plaise à Dieu que j'en sorte bien (3) ! »

Les accusations dirigées par le grand trésorier d'Angleterre contre l'Espagne n'étaient pourtant pas fon-

---

(1) Lettre de Rubens à l'infante Isabelle du 24 novembre 1629, dans Villaamil, p. 258.

(2) Dépêche du 19/29 novembre, citée à la page précédente.

(3) « ... Tengo por tan mala esta tardanza en esta ocasion que maldigo la hora en que vine á este reyno. Plegue á Dios que yo salga dél con bien ! » (Villaamil, p. 259.)

dées. Il est bien vrai que Philippe IV, en apprenant la perte de Wesel, avait fait savoir à l'infante Isabelle que, les opérations militaires aux Pays-Bas pouvant réclamer la présence de don Cárlos Coloma, il convenait qu'elle usât de quelque prétexte pour le retenir dans ces provinces jusqu'à la fin de la campagne, sauf à envoyer, à sa place, à Londres, l'un des personnages les plus distingués du pays et qui fût agréable aux Anglais, car il ne voulait pas leur donner de motif de plainte (¹). Mais, lorsque Rubens l'eut informé que Cottington était à la veille de partir pour l'Espagne, il manda à l'infante, aussitôt qu'elle serait assurée de l'embarquement de cet ambassadeur, de donner l'ordre à Coloma de se rendre lui-même à sa destination (²).

Isabelle reçut cette dernière lettre du roi presque en même temps que celle où Rubens lui faisait connaître le mécontentement du gouvernement anglais. Elle ordonna à Coloma de se disposer incontinent à partir; elle dépêcha un courrier à Rubens, pour qu'il donnât avis au roi Charles et à ses ministres que cet ambassadeur serait le 20 décembre à Dunkerque (³). Coloma écrivit par le même courrier à notre peintre diplomate,

---

(1) Dépêche du 27 septembre 1629. (*Correspondance*, t. XXVI, fol. 217.)

(2) Dépêche du 5 novembre 1629.

(3) «.... He despachado correo á Rubens para que signifique á aquel rey y sus ministros... que don Cárlos Coloma se hallará en Dunkerque á los 20 deste, para passar en Inglaterra en el vaxel del

lui confirmant sa prochaine arrivée à Londres, et l'invitant à faire savoir, partout où il le jugerait opportun, qu'il s'y rendait animé des intentions les plus conciliantes (¹).

Ces dépêches ranimèrent le zèle de Rubens, qu'avait singulièrement refroidi l'incident dont nous avons parlé; il ne perdit pas de temps pour les communiquer au ministère anglais, dont elles calmèrent l'irritation. Le roi adressa à sir Francis Cottington une nouvelle lettre où il lui faisait savoir qu'il devait tenir pour non avenue la précédente, et en conséquence exécuter la commission et les instructions qu'il avait reçues en quittant l'Angleterre (²).

Rubens, de son côté, écrivit à Olivares :

Très-excellent Seigneur,

Je fais mes dispositions de retour chez moi en conformité de la permission que Votre Excellence m'a donnée de partir d'ici quelques jours après l'arrivée du seigneur don Cárlos Coloma : car véritablement je ne le saurais différer davantage sans un

dicho rey... » (Lettre de l'infante à Philippe IV du 13 décembre 1629: *Correspondance*, t. XXVI, fol. 290.)

(1) Dans une dépêche du 14 décembre l'ambassadeur Soranzo fait savoir au doge que Coloma « ha scritto lettere a Rubens dell' ottima « volontà con che viene, e con tali amplificationi sopra ciò che da « Rubens sono state publicamente mostrate per prepararle buono « concetto. »

(2) Cette seconde lettre, en date du 5/15 décembre, est dans Sainsbury, p. 140.

grand préjudice de mes affaires domestiques, lesquelles vont se ruinant par ma longue absence de dix-huit mois, et ne pourront se remettre en bon état qu'au moyen de ma présence. Je supplie humblement Votre Excellence de daigner me conserver en sa bonne grâce et protection, et de me tenir pour excusé s'il ne s'est pas fait davantage dans l'affaire dont j'ai été chargé, en considérant que j'arrivai ici au milieu des circonstances les plus défavorables : car la paix récemment conclue avec la France avait donné la prépondérance au parti qui nous était contraire, et l'arrivée de l'ambassadeur de cette couronne vint le renforcer encore. Ce ne fut pas peu de chose que de maintenir notre position et d'entamer l'affaire avec ce peu de ressources qui m'était resté entre les mains, le principal objet de ma commission étant venu à manquer (1). En outre, de très-grandes difficultés ont été aplanies touchant le voyage de sir Francis Cottington en Espagne et la venue ici de don Cárlos Coloma. De sorte qu'il ne me reste qu'à espérer que ma très-loyale intention et mon bon zèle pour le service de Sa Majesté mériteront, sinon des remerciments, au moins quelque indulgence. Je serai en tous lieux toujours très-prompt à recevoir les commandements de Sa Majesté et de Votre Excellence, et à sacrifier ma vie et mes biens pour leur service chaque fois qu'elles daigneront m'y employer. Et dans ces sentiments je baise très-humblement, avec toute affection et respect, les pieds de Votre Excellence, comme

Son très-humble et très-dévoué serviteur,

PIETRO PAOLO RUBENS.

Londres, 11 décembre 1629 (2).

---

(1) Il veut probablement parler de l'affaire qu'il avait été chargé de négocier avec le duc de Soubise.
(2) Voy. le texte dans les *Appendices*, n° XXII.

Ici se place, par sa date, un acte de l'infante Isabelle que nous aimons à citer, parce qu'il est une preuve, entre beaucoup d'autres, de la bienveillance de cette princesse pour le grand peintre anversois. Rubens n'avait pas été payé encore du prix des peintures portées par lui à Philippe IV l'année précédente; il en envoya l'état détaillé à l'infante; le tout se montait à sept mille cinq cents florins, somme qui certes ne paraîtra pas excessive, si l'on se rappelle que les tableaux étaient au nombre de huit : Isabelle fit passer cet état au conseil des finances. Dans tous les temps et dans tous les pays, on n'a guère vu les hommes chargés d'administrer les deniers publics se piquer d'une grande générosité pour les arts et pour les artistes : le conseil des finances, avant d'ordonnancer le compte de Rubens, crut devoir faire des représentations à la gouvernante; il lui adressa un rapport où il demandait « si elle avait apaisement des peintures en » question et de l'estimation d'icelles faicte par per- » sonnes entendues en cette matière et en jugeant sans » réflexion d'amitié et neutralement (¹). »

Isabelle écrivit de sa main sur ce rapport : « Le » prix de ces peintures a été convenu avec Rubens » avant qu'il les fît; elles sont déjà en Espagne, à la

(1) Rapport du 23 décembre 1629. (Original, aux Archives de Bruxelles.)

» grande satisfaction du roi, qui a ordonné qu'on les
» paye promptement. Et comme Rubens devra revenir
» ici à l'arrivée à Londres de don Cárlos Coloma et
» qu'il a besoin d'argent pour quitter cette capitale, il
» sera bien que le payement s'en fasse de suite (¹). »

Cependant, malgré ce qu'avait écrit l'infante, Coloma n'était point à Dunkerque le 20 décembre, et une di-

---

(1) Voici le texte littéral : « Estas pynturas se concertaron con Rubens por este precyo ántes que las ycyese, y están ya en España con mucha satysfacion del rey ; y asy a mandado se le paguen luego. Y como abrá de venyr en llegando don Cárlos y a menester dynero para salyr de Londres, será byen se le pague este luego. »

Philippe IV ignorait encore, assez longtemps après, ce qu'avait ordonné l'infante. Le 22 septembre 1630 il lui écrivit :

« Sérénissime Dame, Rubens apporta ici quelques peintures pour mon service. Le prix lui en est dû, ainsi que le payement de la dépense qu'il a faite en Angleterre pendant le temps qu'il y a été par mon ordre, et de ce qu'il a à recevoir pour son traitement. Je charge Votre Altesse de lui faire donner satisfaction pour le tout, de façon qu'il soit content : j'en serai charmé. Le mérite de Rubens, le zèle qu'il a de mon service, justifient tout ce qu'on peut faire pour lui. Notre-Seigneur garde Votre Altesse comme je le désire ! »

Voici le texte :

« Sereníssima Señora, Pedro Pablo Rubens trajo aquí algunas pinturas para mi servicio. Debésele el precio dellas y lo que gastó en Inglaterra el tiempo que asistió allí por órden mia, y fuera desto lo que ha de haver de su sueldo. Encargo á V. A. que de todo le haga dar justa satisfacion, de manera que quede contento, que yo holgaré dello. Y en las buenas partes de Rubens, y en el zelo que tiene de mi servicio, cabe bien lo que por él se hiziere. Nuestro Señor guarde á V. A. como desseo. De Madrid, á 22 de settiembre de 1630.

« Buen sobrino de V. A.,

« Yo el Rey. »

zaine de jours s'écoulèrent encore avant qu'il y fût. On s'en impatientait à Londres. Rubens, en vue d'imposer silence aux commentaires malveillants des ennemis de l'Espagne, fit partir, le 26 décembre, pour Douvres, son beau-frère Brandt avec trois carrosses destinés à amener dans la capitale l'ambassadeur de Philippe IV et sa suite (¹).

Ce fut seulement le 7 janvier 1630 que Coloma débarqua à Douvres. Le maître des cérémonies de la cour fut envoyé au-devant de lui à Cantorbery; à Gravesende le comte de Newport, suivi de quatre gentilshommes de la chambre, alla à sa rencontre et le conduisit, dans les barques de la couronne, jusqu'à la Tour de Londres, où l'attendait la voiture du roi, pour le mener au logis qui lui avait été préparé. Le 11 il fit son entrée publique, où s'observèrent toutes les cérémonies usitées aux entrées des ambassadeurs extraordinaires (²). Il eut sa première audience du roi et de la reine, le 15, au palais de Whitehall; elle fut entourée d'un grand apparat. Charles fit à l'ambassadeur d'Espagne un accueil très-affectueux; on remarqua même que jamais il ne s'était montré si joyeux de la venue d'un ambassadeur quelconque (³). Il dit à Coloma qu'il le voyait avec

(1) Dépêche de Giovanni Soranzo au doge, du 23 décembre 1629. (Archives de Venise.)
(2) Dépêche de Soranzo du 11 janvier 1629 (1630, n. st.).
(3) « ... La inimicitia non ha punto impedito che l'accoglienza del re non sia stata in tutte le parti molto affettuosa; anzi è stato

plaisir sous tous les rapports, mais particulièrement parce qu'il se promettait de sa droiture bien connue que toutes les choses s'arrangeraient avec facilité (¹).

Rubens s'était flatté en vain qu'aussitôt après l'arrivée de don Cárlos Coloma et sa réception par le roi, il pourrait reprendre le chemin de son pays. L'ambassadeur, qui avait besoin de son concours, usant de la faculté qu'il en avait reçue de Madrid (²), le retint à Londres six semaines encore.

Dans les premiers jours de mars enfin il lui fut permis de faire ses préparatifs de départ, et il alla prendre congé du roi et de la reine. Charles Ier ne voulut pas qu'il quittât sa cour sans emporter des témoignages tout particuliers de son estime et de son affection. Il avait, au mois de juillet précédent, créé

osservato che in altre congiunture Sua Maestà mai habbia cosi giovialmente accolto ambasciator di chi se sia... » (Dépêche de Soranzo du 18 janvier 1630.)

(1) « ... Si publica (et lo porto per avviso di corte) che il re l'habbi detto vederlo per tutti li rispetti volontieri, ma particolarmente perchè sperava, col mezzo della sua ingenuità già conosciuta, che tutte le cose si aggiusterebbero facilmente. » (*Ibid.*)

(2) Le comte-duc d'Olivares ayant consulté le conseil d'État sur le point de savoir si Rubens pouvait quitter Londres, ce conseil, dans un rapport fait au roi le 26 janvier 1630, exprima l'avis qu'il fût écrit à don Cárlos Coloma que, s'il avait besoin de Rubens, il le retînt auprès de lui, et, dans le cas contraire, qu'il lui dît que le roi lui permettait de retourner aux Pays-Bas : *Al consejo parece que, siendo V. M[d] servido, se podria escrivir á don Cárlos que vea si havrá menester alli del dicho Rubens, y que teniendo necessidad de su persona, le detenga, y si no la tuviere, le diga que V. M[d] le permite y tiene por bien que pueda bolverse á Flándes.* (Arch. de Simancas, *Estado*, leg. 2044.)

chevalier l'ambassadeur de Venise, Alvise Contarini, quand celui-ci lui avait remis ses lettres de rappel (¹). Le 3 mars (²), au palais de Whitehall, il conféra le même honneur à Rubens. Il ne se borna pas à cette distinction, mais il y ajouta le don de l'épée, enrichie de pierres précieuses, dont il s'était servi pour le faire chevalier, d'une bague en diamant qu'il portait au doigt (³), d'une chaine d'or et du cordon de son chapeau (⁴). Un des diplomates accrédités auprès de la cour britannique et qui n'était pas un ami de l'Espagne, ne put s'empêcher d'écrire à son gouvernement qu'il eût été impossible de combler de plus de faveurs un ministre, si éminent qu'il fût (⁵).

Lorsque, la paix ayant été conclue, Charles fit expédier le diplôme (⁶) qui accordait à Rubens le titre de

(1) Dépêche de Giovanni Soranzo du 27 juillet 1629. (Archives de Venise.)
(2) 21 février, selon le style d'Angleterre.
(3) Cette bague appartient aujourd'hui à M. le chevalier de Bosschaert, qui habite, à Anvers, la maison de Rubens, dont il est le propriétaire.
(4) D'après M. Sainsbury (p. 146), le roi avait acheté ce cordon de chapeau de Gerbier, au prix de cinq cents livres sterling.
(5) « Rubens fù fatto cavaliere et regalato di una gioia che Sua Mat¹¹ si levò dal ditto, oltre altri regali destinatili : dimostrationi che non potrebbono a sicuro farsi verso qualsivoglia più principal ministro... » (Lettre de Giovanni Soranzo du 8 mars 1630.)
(6) Il est daté du palais de Westminster le 15/25 décembre 1630. Il a été publié par Reiffenberg, *Bulletins de l'Académie royale des sciences et belles-lettres de Bruxelles*, t. XI, 2ᵉ partie, p. 21, et par Van Hasselt, *Histoire de Rubens*, p. 146.

chevalier, « en considération — y dit le roi — de son
» affection et de ses mérites envers nous et nos sujets,
» de son insigne fidélité au souverain son maître, de
» la sagesse et des connaissances pratiques qui re-
» haussent la noblesse de son esprit, de l'intégrité et
» de l'intelligence avec lesquelles il s'est employé au
» rétablissement de la bonne harmonie entre les cou-
» ronnes d'Angleterre et d'Espagne », il donna une
nouvelle marque du cas qu'il faisait du grand artiste :
il lui octroya, pour lui et pour ses descendants (le titre
de chevalier n'était pas héréditaire), une augmentation
d'armoiries empruntée à son propre blason et consis-
tant en un canton de gueules au lion d'or.

Le 6 mars (¹) Rubens quitta Londres; don Cárlos
Coloma le fit accompagner par son gendre jusqu'à
Douvres (²). Un passe-port lui avait été délivré, au nom
du roi, dans lequel était insérée cette clause exceptionnelle, que les états des Provinces-Unies étaient priés
de ne l'inquiéter en aucune façon, si le navire sur
lequel il allait traverser l'Océan était rencontré par
leurs vaisseaux (³).

---

(1) C'est la date indiquée dans la lettre de l'ambassadeur Joachimi
du 6 mars 1630.

(2) « .... Quando partì Rubens, andò seco il genero di questo
ambasciatore di Spagna, et condussero con loro a Dovre alcuni
catolici.... » (Dépêche de Soranzo du 29 mars.)

(3) « .... Rubens ha ottenuto un passaporto del re con clausula
particolare con la quale vengono pregati li signori stati di non infe-

La veille de son départ il fit une démarche qui étonna beaucoup de monde. Par l'entremise et en compagnie de Gerbier, il visita l'ambassadeur des Provinces-Unies, Joachimi : il voulait, lui dit-il, l'entretenir d'un navire de Dunkerque ayant échoué sur les côtes d'Angleterre, et dont l'équipage, livré par les Anglais à des bâtiments de guerre des états, avait été conduit à Rotterdam, où il était fort maltraité; il venait prier l'ambassadeur de s'interposer auprès de l'amirauté de Hollande afin que ces pauvres gens fussent relâchés ou au moins traités plus humainement. Mais ce n'était là qu'un prétexte. Le but de sa visite, qui n'échappa point à la perspicacité du diplomate hollandais, était de le sonder sur les dispositions où se trouvaient les états par rapport au renouvellement de la trêve, qui était toujours vivement désiré à Bruxelles. Il donna à entendre à Joachimi que les Espagnols étaient assurés de la paix avec l'Angleterre; il lui parla de la bonté de l'infante Isabelle, des qualités éminentes du roi Philippe. L'ambassadeur se tint sur une grande réserve, de manière à ne se découvrir en rien. La conversation fut du reste toute courtoise. Rubens la termina en faisant l'éloge du prince d'Orange, dont il avait, dit-il au représentant des états, l'honneur d'être connu ([1]), et en

---

rirli alcuna molestia in ogni caso che li loro vascelli lo incontrassero nel viaggio.... » (Dépêche de Soranzo du 25 janvier.)

[1] Rubens voulait-il dire par là qu'il était *personnellement* connu du

priant celui-ci d'offrir à Son Excellence ses services, autant qu'ils seraient compatibles avec son honneur et son serment (¹).

Telle est, en bref, la relation que l'ambassadeur envoya de cette entrevue aux états généraux.

Les documents nous font complètement défaut sur les particularités du retour de Rubens aux Pays-Bas : mais on ne saurait douter qu'ayant rempli d'une manière aussi distinguée la mission qui lui avait été confiée par le roi, la cour de Bruxelles ne lui ait fait l'accueil qu'il méritait (²).

Deux actes de l'infante Isabelle sont des témoignages irrécusables de la satisfaction et de la gratitude de cette princesse pour le service qu'il venait de rendre à la monarchie espagnole.

L'un est la nomination (³) de son fils aîné, Albert, en qualité de secrétaire du conseil privé, charge dans l'exercice de laquelle il entrerait après le décès de son

---

prince? Il est certain qu'il n'avait pu le voir dans son voyage de Hollande en 1627 : mais peut-être l'avait-il vu huit années auparavant. Le 21 août 1619 Frédéric-Henri arriva à Bruxelles, venant de Paris et retournant à la Haye. Le 22 il en partit pour Breda. Qu'y aurait-il d'extraordinaire à ce que, à son passage par Anvers, il eût voulu connaître le peintre dont la renommée était si grande?

(1) Lettre de Joachimi aux états généraux, du 5 mars 1630. (*Appendices*, n° XXIII.)

(2) Plusieurs écrivains, et entre autres M. Alfred Michiels (*Histoire de la peinture flamande*, t. VII, p. 195), rapportent, à tort, que l'infante Isabelle le renvoya à Madrid.

(3) Par lettres patentes du 15 juin 1630.

père, ou dès lors que celui-ci lui voudrait résigner celle dont il était titulaire (¹).

Par l'autre (²) elle décide que Rubens recevra le traitement de secrétaire sans avoir à en exercer aucune fonction, et qu'il en jouira à partir du jour de sa nomination, quoiqu'il n'ait prêté serment que plus d'une année après (³) : double faveur dont il n'y a peut-être pas d'exemple dans l'histoire du gouvernement des Pays-Bas (⁴).

(1) Isabelle avait été autorisée à faire cette nomination par la lettre particulière du roi du 27 avril 1629 que nous donnons dans les *Appendices*, n° XIV.
(2) Du 24 mars 1631.
(3) Le 7 juin 1630.
(4) Les lettres patentes du 27 avril 1629 portaient que Rubens serait payé de ses gages de secrétaire « à rate du temps qu'il « servirait et serait compté par le commis au contrôle du conseil « privé. » Mais, dans sa lettre particulière, le roi mandait à l'infante que son intention était de conférer à Rubens l'office de secrétaire « à condition de ne le desservir. »
La faveur exceptionnelle faite à Rubens par le décret de l'infante du 24 mars 1631 n'était pas du goût des ministres. Dans un rapport du 12 février 1633, le chef et président du conseil privé, Roose, supplia la princesse « de lui déclarer par écrit sa royale volonté en « ce qui concernait le payement absolu du traitement de ce secrétaire « du conseil : « *Suplico á Vuestra Alteza Serenissima se sirva declararme por escrito su real voluntad en lo del pagamento del sueldo del secretario Rubens absolutamente.* L'infante répondit de sa main en marge de ce rapport : « Le roi m'ayant chargée de faire payer à « Rubens, quoiqu'il ne réside pas, ses gages de secrétaire comme « s'il résidait, vous pouvez l'ordonner ainsi : « *Como el rey me a enbyado á mandar que al secretaryo Rubens se le paguen sus gages de tal, aunque no resyda, como sy resydyese, lo podeys ordenar asy.* (Voy., aux Archives de Bruxelles, les *Papiers du chef et président Roose*, vol. X, fol. 65.)

CHAPITRE HUITIÈME.

Arrivée de Cottington à Madrid. — Plénipotentiaires nommés par Philippe IV pour négocier avec lui. — Conclusion de la paix. — Écrit particulier concernant les prétentions du comte palatin. — Publication du traité; joie de la nation anglaise. — Délibération du conseil d'État sur le choix de celui qui, en attendant la nomination de l'ambassadeur, sera chargé des fonctions de résident à Londres : Juan de Necolalde, Rubens, Jean-Baptiste Van Male. — Necolalde est préféré et nommé par le roi. — Rubens ambitionnait-il d'être ministre à Londres? Aucun document connu n'autorise à le croire. — L'infante Isabelle, ayant besoin de Necolalde, envoie en Angleterre Henri Taylor. — Philippe IV n'en est pas satisfait; il ordonne à l'infante de faire partir pour Londres Necolalde et d'y envoyer aussi Rubens. — Objections faites par celui-ci. — Son mariage avec Hélène Fourment. — Taylor demeure agent de l'infante à la cour d'Angleterre, qui accrédite auprès d'elle Gerbier en la même qualité. — Requête de Rubens à Philippe IV pour être fait chevalier. — Rapport du conseil suprême de Flandre sur cette requête, qui est accueillie favorablement par le roi.

Ce fut seulement au mois de janvier 1630 que sir Francis Cottington arriva à Madrid (¹), ayant pris son chemin par Lisbonne, où il s'était arrêté quelque temps. Il était, comme on l'a vu (²), muni de lettres de

(1) Le nonce Monti l'annonçait en ces termes dans une dépêche du 23 janvier au cardinal secrétaire d'Etat : « Trovasi in Madrid un « Francesco Codington, segretario del re d'Inghilterra, con potere e « commissione di pace con questa corona. » (Bibliothèque Barberini, à Rome.)

(2) Pag. 177.

plein pouvoir de Charles Ier; Philippe IV commit, pour négocier avec lui, le comte-duc d'Olivares, don Iñigo Velez de Guevarra, comte d'Oñate, et don Pedro de Zuñiga, marquis de Flores d'Avila, tous trois de son conseil d'État, qu'il revêtit de même de ses pleins pouvoirs [1].

Le traité fut signé le 15 novembre [2]. Il ne faisait guère que renouveler les stipulations de celui de 1604. Il n'y était pas question du Palatinat, qui avait été la cause principale de la rupture entre les deux couronnes; mais, par un écrit particulier [3], le roi d'Espagne promit

---

[1] Leur commission, en date du 30 avril, est insérée dans le traité du 15 novembre.

[2] Il est dans Du Mont, *Corps diplomatique*, t. V, part. II, p. 619.

[3] Nous n'avons pas cet écrit : mais nous en trouvons la substance dans une instruction donnée par Philippe IV, le 22 mai 1631, à l'abbé Scaglia, qui venait d'être nommé ambassadeur de Savoie à Londres. Charles-Emmanuel était mort le 26 juillet 1630. Son successeur, Victor-Amédée, s'était entendu avec l'empereur par un traité signé à Ratisbonne le 13 octobre de la même année. Les relations entre l'Espagne et la Savoie étaient encore une fois devenues des plus amicales; Philippe IV écrivait à l'infante Isabelle, le 25 mars 1631, à propos de l'abbé Scaglia, que les intérêts du duc son maître et les siens étaient aujourd'hui les mêmes (*siendo hoy unas mismas con migo las conveniencias del duque de Saboia su amo*). En conséquence il chargeait l'abbé d'agir pour lui auprès de la cour de Londres. Voici ce que porte l'instruction du 22 mai : « El rey de Inglaterra ha pretendido
« de mí que restituya al palatino, su cuñado, lo que el archiduque
« Alberto mi tio ocupó en el Palatinato inferior y hoy mantienen mis
« armas, y yo le he offrecido los oficios posibles con el emperador y
« convento electoral por la satisfacion del palatino sobre la restitu-
« cion de sus Estados hereditarios y quitar el vando imperial, y que
« no pondré dificultad ni dilacion alguna en restituirle el Palatinato
« inferior que ocupan mis armas, siempre que haviendo precedido los

de faire toutes les démarches possibles auprès de l'empereur et du collège électoral pour la satisfaction du comte Frédéric à l'égard de son rétablissement dans ses États héréditaires et de la révocation du ban impérial décerné contre lui; il s'engagea, de plus, à lui restituer, sans difficulté ni délai, le Palatinat inférieur occupé par les armes espagnoles, après qu'il aurait fait les actes de soumission dus à l'empereur, et que Sa Majesté Impériale aurait déclaré lui ou ses fils habiles à rentrer en la possession de ce pays (¹).

Philippe à Madrid et Charles à Londres jurèrent, le 17 décembre, l'observation du traité, qui y avait été publié deux jours auparavant. Selon les lettres de l'infante Isabelle, le roi de la Grande-Bretagne, ses

« actos de sumision devidos al emperador y perseverando en ellos, « declare Su Mag^d Cesarea por hábiles á él ó á sus hijos para entrar « en la posesion de dhos Estados, como y en la forma que se contiene « en el papel que sobre esto se dió quando la paze. » (Archives du Royaume, Secrétairerie espagnole : *Correspondance de l'abbé Scaglia avec Philippe IV*, t. I., fol. 1.)

(1) Suivant les historiens anglais (V. Lingard, t. III, p. 244), un traité secret fut signé, le 31 janvier 1631, entre Olivares et Cottington, en exécution duquel le roi d'Angleterre devait joindre ses armes à celles de Philippe pour la réduction des Provinces-Unies. Mais Charles hésita quand il fallut donner sa ratification, et par ce retard il perdit le droit d'exiger de Philippe l'accomplissement de sa promesse en faveur du palatin.

Dans la correspondance de Philippe IV avec l'infante Isabelle qui est aux Archives de Bruxelles, nous ne trouvons rien qui ait rapport à ce traité.

ministres et la nation anglaise en général montrèrent une grande joie de la conclusion de la paix (¹).

L'intention de la cour de Madrid n'était pas de laisser plus longtemps à Londres don Cárlos Coloma, dont on avait besoin, aux Pays-Bas, pour les affaires de la guerre, et que le roi venait de nommer capitaine général de la cavalerie légère dans ces provinces (²). Le comte d'Olivares assembla, le 21 décembre, le conseil d'État, afin qu'il proposât des sujets pour l'ambassade d'Angleterre et qu'il en désignât aussi qui fussent propres à remplir les fonctions de résident en attendant que l'ambassadeur pût se rendre à son poste. Le premier ministre indiquait, pour ces dernières fonctions, Juan de Necolalde, secrétaire du roi, qui se trouvait aux Pays-Bas depuis deux ans, Rubens et Jean-Baptiste Van Male (³); ce dernier, conseiller au conseil des finances, était agent de l'infante Isabelle à Londres lorsque Charles Ier avait déclaré la guerre à l'Espagne.

Le comte d'Oñate opina le premier. Il proposa pour résident Necolalde d'abord et ensuite Van Male. Il aurait, dit-il, trouvé très à propos la personne de

---

(1) « ... Con gran contento y alegría del rey de la Gran Bretaña y de sus ministros y todos en general.... » (Dépêche du 23 décembre 1630 : *Correspondance*, t. XXVIII, fol. 309.)

(2) Il en informa l'infante Isabelle par une dépêche du 7 janvier 1631. (Archives de Bruxelles.)

(3) Villaamil, p. 267.

Rubens, vu la connaissance que celui-ci avait de la cour d'Angleterre et les relations qu'il s'y était créées : mais il lui paraissait difficile de donner le titre de ministre du roi à quelqu'un qui exerçait un art et vivait du produit de son travail (1). Ce grand seigneur, si dédaigneux pour un artiste incomparable, ne se doutait pas que la postérité le trouverait bien petit auprès de celui à qui il refusait son suffrage.

Rubens fut proposé par le marquis de Gelves et le P. confesseur, mais seulement en deuxième ligne. Tous les conseillers donnaient la préférence à Necolalde.

Ce fut ce dernier que Philippe IV choisit; il nomma le marquis de Castañeda son ambassadeur (2).

Rubens ambitionnait-il d'être ministre du roi d'Espagne à Londres, comme le suppose M. Villaamil (3)? Assurément personne n'avait plus de titres que lui à l'honneur d'y représenter son souverain : les résultats de la négociation qui lui avait été confiée témoignaient d'une aptitude diplomatique peu commune; il s'était — on l'a vu — acquis dans cette négociation la con-

---

(1) « .... Y tubiera muy á propósito la persona de Pedro Paolo Rubens para la correspondencia, por la noticia y introducion que tiene en aquella corte : mas, por ser persona de oficio, que enfin es de manufactura y venal, le parece, segun su dictámen, que tiene algo de dificultad que V. M. le mande dar título de miristro suyo. » (Villaamil, p. 267.)

(2) *Ibid.*, p. 270.

(3) Pag. 266, 270.

sidération et l'estime des ministres anglais, avec la faveur particulière du roi Charles. Nous ajouterons que, dans les cercles diplomatiques de Londres, bien des personnes s'attendaient à ce que cette charge lui serait donnée (¹). Mais aucun document connu ni aucun de ceux que nous avons pu recueillir n'autorisent à croire qu'il l'ait sollicitée ou désirée.

Lorsque l'infante Isabelle reçut du roi (²) l'ordre de faire partir pour l'Angleterre le secrétaire Necolalde, elle ne pouvait se passer de lui pour des affaires qui concernaient la solde et la comptabilité des troupes espagnoles aux Pays-Bas; elle résolut d'y envoyer, jusqu'à ce que Necolalde fût libre, Henri Taylor (³), un Anglais depuis longtemps fixé à Bruxelles et qu'elle avait employé antérieurement dans ses rapports avec le gouvernement britannique (⁴). Philippe IV n'en fut pas satisfait; il écrivit à sa tante :

Sérénissime Dame,

..... Quoique Taylor soit, selon ce qu'on me dit, une personne de confiance et d'intelligence, il pourrait arriver que, comme

---

(1) L'ambassadeur vénitien Giovanni Soranzo écrivait au doge, le 8 mars 1630, à propos de Rubens : « Si crede che questo pittore possa ancora venir per ambasciator ordinario. » (Archives de Venise, reg. 35 *Inghilterra*, 1630, pièce 34.)

(2) Lettre de Philippe IV du 7 janvier 1631. (Archives de Bruxelles.)

(3) Dans les dépêches de l'infante et dans celles de Philippe IV ce nom est écrit ainsi : *Teiller*. Mais M. Sainsbury (pp. 169, 181, 182) en donne la véritable orthographe.

(4) « .... Porque el secretario Juan de Necolalde, que ha tenido á

il est du pays, le roi et ses ministres se tinssent sur la réserve avec lui. J'ordonne donc à Necolalde de passer sans délai en Angleterre; et, en conséquence, Taylor pourra retourner à Bruxelles, sans que cela paraisse une révocation de la commission qui lui a été donnée, ni un manque de confiance envers lui. Votre Altesse veillera à ce qu'il en soit fait ainsi. RUBENS EST TRÈS-BIEN VU A LA COUR D'ANGLETERRE ET TRÈS-PROPRE A NÉGOCIER TOUTE SORTE D'AFFAIRES, PAR LA PRUDENCE AVEC LAQUELLE IL LES TRAITE. Les accidents de la détention de la reine mère (1) peuvent donner lieu, dans cette cour, à quelque négociation, particulièrement avec la reine (2), afin de la disposer à se déclarer en faveur de sa mère de la manière que le temps le conseillera. Votre Altesse ordonnera aussi à Rubens de se rendre tout de suite à Londres; les prétextes ne manqueront pas pour cela. Quand il y sera, on l'informera de ce qu'il y aura à faire. En de telles occasions, où que ce soit, on a besoin de ministres qui aient donné des preuves d'intelligence et dont on ait eu lieu d'être satisfait.

Bon neveu de Votre Altesse,
MOI LE ROI.

Madrid, 6 avril 1631 (3).

Isabelle répondit au roi le 8 juin. Elle lui annonça le très-prochain départ (4) de Necolalde pour l'Angle-

---

cargo los papeles de la veedoría general y hazienda deste exército, no ha podido yr con la presteza que V. M⁴ manda à Inglaterra, he embiado allá á Henrrique Teiller mi agente, para que se encargue de aquellos papeles y pueda bolver luego don Cárlos Coloma, hasta que el secretario Necolalde vaya.... » (Lettre de l'infante à Philippe IV du 19 février 1631 : *Correspondance*, t. XXIX, fol. 35.)

(1) Voy. le chapitre suivant.
(2) Henriette de France, épouse de Charles 1ᵉʳ.
(3) Voy. le texte de cette dépêche dans les *Appendices*, n° XXIV.
(4) « Muy presto partirá. »

terre, ajoutant : « J'y aurais déjà envoyé Rubens; je
» ne l'ai pas fait, faute d'occasion et parce que je n'ai
» pas trouvé en lui la volonté d'accepter cette agence,
» à moins que ce ne fût pour quelques jours seule-
» ment (¹). »

On s'explique parfaitement que le grand peintre ne fût pas disposé à s'absenter longtemps de sa résidence : veuf, depuis le mois de juillet 1626, d'Isabelle Brandt, il avait épousé, le 6 décembre 1630, Hélène Fourment, une charmante jeune fille de seize ans à peine dont il était passionnément amoureux. Il faut dire aussi que la nature de la mission dont on voulait le charger avait donné lieu à de sérieuses objections de sa part (²).

Taylor demeura en conséquence à Londres, et, le 13 septembre, l'infante lui envoya des lettres de créance qui le revêtaient du caractère de son agent. Charles Iᵉʳ venait d'accréditer auprès d'elle, avec le même caractère, le peintre Gerbier (³).

Quoique Rubens eût reçu du roi d'Angleterre le titre

---

(1) « ... A Rubens huviera embiado tambien dias ha : pero no lo he hecho por no haver tenido ocasion ni hallado en él voluntad de aceptar aquella agencia, si no es por algunos dias... » (*Correspondance*, t. XXIX, fol. 56.)

(2) Voir, dans le chapitre suivant, les premières lignes de sa lettre au comte-duc d'Olivares du 1ᵉʳ août 1631.

(3) Archives de Bruxelles, collection de l'Audience, liasse 636.
Les lettres de créance de Gerbier sont du 26 mai 1631 (n. st.) ; il y est qualifié par le roi « d'écuyer de son corps ». L'infante y répondit le 13 septembre.

de chevalier, il ne lui était pas permis de porter ce titre aux Pays-Bas; les lois héraldiques s'y opposaient formellement (¹) : il sollicita de Philippe IV la même faveur qu'il avait obtenue de Charles Iᵉʳ; l'infante Isabelle appuya fortement sa requête.

Le conseil suprême de Flandre à Madrid, auquel elle fut renvoyée, fit au roi le rapport suivant :

Sire,

Paul Rubens, secrétaire de Votre Majesté en son conseil privé aux Pays-Bas, représente qu'il l'a servie, avec toute fidélité et satisfaction, dans les affaires qui sont connues à elle et à ses ministres. Désirant continuer à le faire avec plus de lustre et d'autorité dans les occasions qui pourront s'offrir, il supplie Votre Majesté de l'honorer du titre de chevalier.

La sérénissime infante recommande cette prétention à Votre Majesté avec beaucoup d'instance, en faisant valoir les services du suppliant. Votre Majesté le connaît; elle a pu apprécier son mérite; elle sait combien il est éminent dans sa profession. Par ce motif et en considération aussi des services qu'il a rendus en des affaires importantes et de ce qu'il est déjà revêtu de la charge de secrétaire de Votre Majesté, l'octroi de la grâce qu'il sollicite ne pourra tirer à conséquence pour d'autres artistes. L'empereur Charles-Quint fit Titien chevalier

---

(1) L'édit des archiducs Albert et Isabelle du 14 décembre 1616 statuait, art. 8 : « Si défendons bien expressément à tous nos vassaux,
« subjects et habitans en nos pays, de quelle qualité qu'ilz soyent,
« de se dire ou intituler chevaliers, s'ilz n'ont esté créez et faicts che-
« valiers par nous ou noz prédécesseurs, à peine de cent florins
« d'amende et que ledict tiltre sera tracé et biffé en tous escrits où il
« sera trouvé. »

de Saint-Jacques. Il paraît donc au conseil que Votre Majesté pourrait accorder au suppliant le titre de chevalier auquel il prétend.

Madrid, 16 juillet 1631 (1).

Philippe IV affectionnait trop Rubens pour ne pas adopter la proposition du conseil suprême (²).

Le diplôme délivré au grand peintre (³) rappela les titres qu'il s'était acquis à la bienveillance du roi et à la distinction qui lui était conférée.

(1) Voy. le texte dans les *Appendices*, n° XXV.
(2) Il écrivit, de sa main, sur le rapport : « Hágasse » (Que cela se fasse).
(3) En date du 20 août 1631. Reiffenberg l'a publié dans les *Bulletins* de l'Académie, 1ʳᵉ série, t. XI, part. II, p. 23.

CHAPITRE NEUVIÈME.

Marie de Médicis se brouille avec le cardinal de Richelieu. — Louis XIII la relègue à Compiègne. — Le duc d'Orléans se retire en Franche-Comté. — Impression que ces événements produisent sur Rubens. — Démarches des ducs d'Orléans et de Lorraine auprès de l'infante Isabelle. — Ils envoient à Bruxelles le commandeur de Valençay ; Rubens est chargé de négocier avec celui-ci. — Marie de Médicis s'enfuit de Compiègne, et se réfugie à Avesnes. — L'infante la fait complimenter, d'abord par le prince d'Épinoy, et ensuite par le marquis d'Aytona. — La reine choisit, pour traiter en son nom avec les ministres du roi d'Espagne, le marquis de la Vieuville. — Rubens est désigné par le marquis d'Aytona pour le représenter auprès de la reine. — Marie de Médicis vient à Mons. — Lettre de Rubens au comte-duc d'Olivares sur les affaires de France et sur le parti que l'Espagne pourrait tirer des dissensions de ce pays. — Ses idées sont appuyées par les marquis d'Aytona et de Mirabel. — Elles sont combattues par le conseil d'État de Madrid, et n'ont pas l'approbation du roi. — Lettre que Philippe IV écrit à ce sujet à l'infante Isabelle. — Marie de Médicis quitte Mons et arrive à Bruxelles. — Rubens continue d'être l'intermédiaire de la reine et des ministres espagnols. — Il tient le comte-duc d'Olivares informé de tout ce qui se passe parmi les réfugiés français. — Il fait un voyage secret à la Haye. — Il obtient l'autorisation de retourner chez lui, et est remplacé auprès de la reine mère par l'abbé Scaglia. — Il reçoit la visite d'un gentilhomme du duc de Bouillon chargé de l'entretenir d'une affaire importante : lettre qu'il écrit à ce sujet à l'infante Isabelle.

Au moment même où le conseil suprême de Flandre rappelait à Philippe IV les services que Rubens avait rendus à la monarchie espagnole, des choses se passaient, en France et aux Pays-Bas, qui allaient fournir à l'éminent artiste une nouvelle occasion de se livrer au goût décidé qu'il avait pour les affaires publiques.

Marie de Médicis s'était brouillée avec le cardinal de Richelieu, qui, pendant de longues années, avait joui auprès d'elle d'une faveur sans égale. Après l'avoir de sa main élevé au pouvoir, elle avait fait tous ses efforts pour l'en renverser. Une lutte acharnée s'était engagée entre la reine douairière et son ancien confident, qui avait été même, si l'on en croit des historiens, quelque chose de plus. Louis XIII, n'ayant pu les réconcilier, avait fini par donner raison à son ministre contre sa mère. Au mois de février 1631, à l'instigation de Richelieu, il avait relégué la reine à Compiègne. A cette nouvelle, Gaston, duc d'Orléans, frère du roi, qui partageait l'animosité de sa mère contre le cardinal, s'était réfugié au comté de Bourgogne.

Ces événements faisaient grand bruit en Europe; ils occupaient l'esprit de Rubens, à qui rien de ce qui arrivait dans le monde politique n'était indifférent, et qui de plus avait un motif personnel de les suivre avec attention. Il écrivait, le 16 mars, à son ami Valavez, après l'avoir entretenu du duc de Vendôme, qui venait de quitter les Pays-Bas ([1]) :

([1]) Ce prince, frère naturel de Louis XIII, avait séjourné quelque temps à Bruxelles avec son fils le duc de Mercœur; il en était parti

Laissons ce prince, et voyons un peu les nouveautés de la cour de France, qui sont certainement très-grandes, et plaise à Dieu que la catastrophe ne soit pas des plus malheureuses! Je suis fort intéressé à cette querelle par rapport aux mesures que j'avais prises avec M. l'abbé de Saint-Ambroise (1), qui m'a tenu en suspens plus de quatre mois, sans que j'aie mis la main à l'œuvre, et il paraît que quelque bon génie m'ait empêché de m'embarquer plus avant (2). Je regarde dès à présent tout ce que j'ai fait comme une peine perdue, car il est à craindre qu'on ne détienne pas une personne si éminente pour la relâcher, et l'exemple de la précédente évasion (3)

assez mécontent, à cause de quelques différends en matière d'étiquette qu'il y avait eu entre lui et les marquis d'Aytona et de Leganes. (La lettre de Rubens contient des détails à ce sujet.) En quittant les Pays-Bas il alla servir dans les troupes des Provinces-Unies, contre la promesse formelle qu'il avait faite à l'infante Isabelle. Au mois de juillet il désira aller prendre les eaux de Spa, et Louis XIII fit demander pour lui un passe-port à l'infante. Cette princesse répondit par un refus, disant que la conduite du duc et une lettre qu'il avait écrite à l'évêque de Bruges avaient « tellement irrité le peuple contre « lui qu'il était à craindre que, venant ledit duc à repasser par les Pays-« Bas, il ne lui survînt quelque disgrâce, sans qu'on y pût remédier. »

(1) Aumônier de Marie de Médicis, grand ami des arts et qui avait été le conseiller de la reine mère dans les ouvrages qu'elle avait fait exécuter pour la galerie du Luxembourg. Rubens, écrivant à Pierre du Puy en 1630, disait de lui : « Je vous assure que j'estime autant « son amitié et faveur que, me manquant ses bonnes grâces, je feroys « mon compte d'avoir perdu ma fortune en France, etc. » (*Bulletins* de la Commission royale d'histoire de Belgique, t. II, p. 193.)

(2) Il s'agissait d'une seconde collection qui avait été demandée à Rubens pour la galerie du Luxembourg et où devait être représentée, en vingt et une toiles, toute l'histoire de Henri IV. La lettre citée à la note précédente nous apprend qu'il y travaillait activement en 1630 et qu'il avait « fort avancé quelques pièces des plus grandes et importantes. »

(3) Marie de Médicis, au mois de février 1619, s'était évadée du château de Blois, où le roi la retenait prisonnière depuis plus d'un an.

fera prendre, pour l'avenir, des précautions telles qu'on ne doit guère espérer qu'elle se renouvelle. En somme, toutes les cours sont sujettes à de grandes vicissitudes, mais celle de France plus qu'aucune autre. Il est difficile de juger parfaitement des choses qu'on voit de loin : par cette raison, je m'en tairai plutôt que de censurer à tort (1).

Rubens ne se doutait pas, en traçant ces lignes, que la captivité de Marie de Médicis amènerait des incidents dont il aurait à se mêler.

A peine entré au comté de Bourgogne, le duc d'Orléans fit partir pour Bruxelles un de ses gentilshommes, auquel, à son passage par la Lorraine, le duc Charles IV adjoignit une personne de sa maison : l'un et l'autre avaient pour mission de demander à l'infante Isabelle qu'elle voulût secourir le frère du roi de France. L'infante consulta les ministres espagnols qui formaient son conseil : ils furent d'avis qu'on ne pouvait se dispenser d'assister Monsieur en tout ce qui ne serait pas de nature à entraîner une rupture avec la France. Isabelle envoya le greffier du conseil des finances Jacques de Brecht aux ducs d'Orléans et de Lorraine, afin de persuader au premier de se retirer dans les États du second, et à celui-ci de l'y recevoir ; de Brecht était porteur de vingt-cinq mille écus qu'il avait ordre de mettre à la disposition de Monsieur. Charles IV accueillit sans difficulté dans son pays le

(1) Voy. cette lettre de Rubens dans les *Appendices*, n° XXVI.

duc d'Orléans, qui refusa les vingt-cinq mille écus de l'infante (¹).

A la fin de juin arriva à Bruxelles le commandeur de Valençay, Achille d'Étampes ; il était porteur de lettres de créance des deux ducs. Isabelle chargea d'entendre ce qu'il avait à proposer le marquis d'Aytona, don Francisco Moncada, qui, à la fin de 1629, était venu remplacer auprès d'elle, comme ambassadeur de Philippe IV, le cardinal de la Cueva. Le marquis se disposait à partir pour l'armée ; par ce motif, ou plus probablement parce que la langue française lui était peu familière, il pria l'infante de désigner un autre à sa place pour s'aboucher avec le commandeur ; et qui lui nomma-t-il? Ce fut Rubens. On peut inférer de là que des rapports suivis existaient entre le grand peintre et les ministres. Ce qui est certain en tout cas, c'est que, depuis sa mission en Angleterre, il était en correspondance, sur les affaires publiques, avec le comte-duc d'Olivares (²).

---

(1) Lettre du marquis d'Aytona à Philippe IV du 30 juillet 1631. (*Appendices*, n° XXVII.)

(2) Nous en avons la preuve dans un rapport que le conseil d'État fit à Philippe IV le 23 mai 1631 (Archives de Simancas, *Estado*, leg. 2519), et dans lequel il lui rendait compte de deux lettres que Rubens avait écrites au comte-duc les 10 et 18 mars. « Dans ces « lettres — disait le conseil — Rubens parle de différentes matières « du service de Votre Majesté en Flandre » ; et il proposait que des remercîments lui en fussent adressés. Le roi donna son assentiment à cette proposition.

De longs pourparlers eurent lieu entre Rubens et le commandeur de Valençay, à la suite desquels il fut convenu qu'Achille d'Etampes retournerait en Lorraine pour avoir de nouvelles instructions. Rubens, par ordre de l'infante, alla rendre compte au marquis d'Aytona, à Dunkerque, de ce qu'il avait négocié [1].

Aytona était de retour à Bruxelles quand le commandeur y revint : celui-ci lui dit que le duc d'Orléans ne pourrait rien entreprendre de sérieux tant que la reine mère ne serait pas en liberté. Le jour même qu'il tenait ce langage, un gentilhomme du duc de Lorraine, envoyé par son maître, venait s'informer de l'infante Isabelle si la reine serait reçue dans les Pays-Bas au cas qu'elle parvînt à s'échapper de sa prison. L'infante fit une réponse qu'elle avait concertée avec Aytona et le cardinal de la Cueva; elle souhaiterait — dit-elle à l'envoyé de Charles IV — que l'état des affaires de la reine mère lui laissât le temps de prendre les ordres du roi son neveu, non qu'elle doutât de ses intentions à cet égard, mais parce que le roi pourrait alors se mettre en mesure contre ce que le cardinal de Richelieu, en apprenant la retraite de la reine dans les Pays-Bas, voudrait entreprendre contre ces provinces : mais, si la reine se trouvait dans une situation telle

---

[1] Lettre du marquis d'Aytona du 30 juillet, déjà citée — Sainsbury, p. 157.

qu'elle ne pût différer sa résolution, il serait fait envers elle ce qui se devait à sa personne (1).

Marie de Médicis avait en effet formé le dessein de s'enfuir de Compiègne, et elle l'exécuta dans la nuit du 18 au 19 juillet (2). Son intention n'était pas d'abord de se retirer aux Pays-Bas, mais elle voulait s'établir dans la place forte de la Capelle; le chevalier de Vardes, qui en était gouverneur, avait promis de la lui livrer. Elle n'en était plus qu'à deux lieues lorsqu'elle apprit que le vieux marquis de Vardes, père du chevalier, y était arrivé inopinément, en avait fait sortir son fils, et que les portes de la ville étaient fermées. Il ne lui restait plus d'autre ressource alors que de se diriger vers les Pays-Bas : c'est ce qu'elle fit. Elle arriva le même jour à Étrun, petit village de la frontière, à une lieue d'Avesnes : elle avait fait ainsi, sans s'arrêter, une traite de plus de trente lieues. Elle passa la nuit à Étrun. Le 20, à quatre heures de l'après-midi, elle entra dans Avesnes. Cette place avait pour gouverneur Philippe-Jean d'Anneux, baron de Crèvecœur. La reine lui demanda si elle était en sûreté dans la ville où il commandait : ce gentilhomme lui dit « qu'elle y était bien assurée et qu'il en répondait avec

---

(1) Lettre du marquis d'Aytona au roi du 30 juillet, déjà citée.
(2) Dans le livre qu'il a publié sous le titre de *Marie de Médicis dans les Pays-Bas*, 1631-1638, et qui a obtenu un légitime succès, M. le major Henrard donne de curieux détails, empruntés à une relation authentique, sur l'évasion de la reine.

» tout ce qu'il y avait dedans la ville, au péril de
» leurs vies. » Elle fut si satisfaite de cette réponse
que, quoique bien fatiguée, elle s'entretint familièrement avec le gouverneur jusqu'à une heure de
nuit (¹).

Marie de Médicis ne connaissait pas la réponse
donnée par l'infante Isabelle au gentilhomme du duc de
Lorraine venu vers elle en dernier lieu; elle envoya, le
21 juillet, à Bruxelles, un des officiers de sa maison
pour annoncer à l'infante son entrée dans les Pays-Bas;
elle en fit partir un autre pour Nancy avec des lettres
qu'elle adressait aux ducs d'Orléans et de Lorraine; le
23 elle écrivit au roi son fils, afin de justifier à ses yeux
la résolution qu'elle avait prise (²).

Isabelle, informée dans la journée du 20, par une
dépêche du prince d'Épinoy, Guillaume de Melun, gouverneur du Hainaut, que la reine mère était attendue à
Avesnes, lui ordonna aussitôt de se rendre « comme de
» lui-même » en cette ville et de la complimenter (³). Elle
envoya à la reine, le 24, la marquise de Mirabel, femme
de l'ambassadeur d'Espagne à Paris, laquelle se trouvait

---

(1) Rapport de l'audiencier Verreyken à l'infante Isabelle, du
24 juillet. (Archives de Bruxelles : Audience, liasse 640.)

(2) Sur le contenu de la lettre de la reine à son fils, la réponse que
fit le roi au Sr de la Barre, qui en était porteur, et celle qu'il adressa
ensuite à sa mère elle-même, voir le livre de M. Henrard, pp. 66 et
suiv.

(3) Lettre de l'infante au prince, du 20. (Archives de Bruxelles.)

en ce moment à sa cour, et le jour suivant le marquis d'Aytona (1). Elle chargea le doyen de Cambrai, François de Carondelet, de se rendre auprès de Louis XIII et de l'instruire de l'arrivée de sa mère aux Pays-Bas; elle donna connaissance de cet événement au pape (2) et aux souverains avec lesquels le roi d'Espagne entre-

(1) Lettre de l'audiencier Verreyken au comte de Solre, du 25 juillet. (Archives de Bruxelles.)

(2) Elle écrivit à Urbain VIII :

« Très-saint père, s'estant icy présenté ung affaire inopiné, et néantmoins de considération, de l'arrivée en ce pays de madame ma très-chère sœur et cousine la royne mère du roy très-chrestien, j'ay jugé de mon debvoir d'en avertir Vostre Sainteté, et de la supplier de donner entière foy et créance à mon cousin le cardinal de Borja en ce que, de ma part, il luy représentera plus amplement touchant ce subject. Ce que me promettant de la paternèle bénignité de Vostre Sainteté, je luy feray très-humblement la révérence, inclinée à ses pieds pour obtenir sa paternèle bénédiction, et prieray le Créateur, très-saint père, de conserver Vostre Sainteté à longues années pour le bien et repos de son église. A Bruxelles, le 25 de juillet 1631. »

La lettre au cardinal Borja était ainsi conçue :

« Mon cousin, estant une partie de mon debvoir de tenir Sa Sainteté advertie des principaux événemens qui arrivent en ces Estatz, j'ay creu ne le pouvoir mieux faire que par vostre moyen et interposition. C'est pourquoy, comme j'ay advis que la royne mère du roy très-chrestien, estant sortie du lieu de Compiègne, où elle estoit détenue, s'est retirée en grande diligence en ces pays, où elle se trouve présentement, j'ay bien voulu vous en donner part, afin que le faciez aussytost entendre à Sa Sainteté, en vertu de la lettre cy-jointe que je luy escris en vostre créance, suivant laquelle vous l'asseurerez, de ma part, qu'estant ladicte royne ce qu'elle est, à sçavoir mère dudict seigneur roy très-chrestien et de la royne madame ma niepce, je procureray de l'accueillir, traiter et servir, durant son séjour par deçà, avecq la décence et respect deu à sa qualité et au parentage qu'il y a entre nous, comme chose tant conforme à la volonté et intention de Sa Majesté. Et je prie sur ce Dieu, mon

tenait des relations d'amitié; elle en informa elle-même l'agent du roi d'Angleterre Gerbier et, par le secrétaire d'État La Faille, elle le fit savoir au nonce et à l'agent de l'électeur de Cologne accrédités auprès d'elle.

Aytona, arrivé à Avesnes le 26 juillet après midi, alla aussitôt présenter à Marie de Médicis les compliments dont il était chargé par l'infante, s'abstenant, dans cette première visite, de lui parler d'autres choses (¹). Il retourna auprès d'elle le jour suivant; il lui dit alors que l'infante désirait savoir en quoi elle pouvait lui complaire, étant prête à faire, pour lui être agréable, tout ce qui était en son pouvoir. La reine répondit, en riant, qu'elle était entre les mains du roi catholique, et que c'était la volonté du roi qui lui devait servir de règle (²). Aytona la supplia, pour qu'il n'eût point à l'importuner de ses visites, de choisir quelqu'un avec qui il pût conférer d'affaires : elle désigna le marquis de la Vieuville; c'était, lui dit-elle, de tous ses serviteurs qui se trouvaient en ce moment à sa disposition, celui dans lequel elle avait le plus de confiance (³).

cousin, qu'il vous maintienne en santé à longues années. A Bruxelles, le 25 de juillet 1631. » (Archives de Bruxelles, papiers de l'Audience, liasse 636.)

(1) (Lettre d'Aytona à l'infante Isabelle, du 27 juillet. (Archives de Simancas, *Estado*, leg. 2045.)

(2) Lettre d'Aytona au roi, du 30 juillet, déjà citée.

(3) « .... Respondióme que el marqués de la Viovila era la de mas

L'envoyé d'Isabelle s'était fait accompagner à Avesnes de Rubens. Il apprit là que la Vieuville avait déjà jeté les yeux, pour être leur intermédiaire, sur le prince de Barbançon, Albert de Ligne. Quels que fussent le rang et le mérite de ce personnage, il ne jugea pas qu'il convînt de le mettre dans le secret des choses qui allaient se traiter (¹). Rubens lui parut un intermédiaire préférable; il était au courant des communications échangées entre les ducs d'Orléans et de Lorraine et la cour de Bruxelles; sa discrétion était éprouvée, autant que sa dextérité à manier les affaires et son zèle pour le service du roi. Il le proposa à Marie de Médicis, qui l'accepta sans difficulté (²) : cette princesse faisait un cas particulier du grand artiste.

Avesnes était une place assez faible, et sa proximité de la frontière de France pouvait faire naître dans l'esprit de Richelieu l'idée d'y venir enlever la reine. Aytona pressa Marie de Médicis de la quitter. Le 29 juillet il l'emmena à Mons (³).

Rubens écrivit, de cette ville, le 1ᵉʳ août, au comte-duc d'Olivarès, une lettre que nous allons traduire

---

confianza que por agora tenia para este efecto... » (Lettre d'Aytona du 27 juillet, déjà citée.)

(1) « .... Verdaderamente seria cosa fuera de todo camino que él andubiese en esto ni tubiese noticia de lo que se trata... » (*Ibid.*)

(2) « .... Yo propuse á la reyna la persona de Rubens, y Su Maᵈ vinó en ello, porque le es grato, y á mí me paresció á propósito por tener las noticias antecedentes de todo lo tratado... » (*Ibid.*)

(3) Lettre d'Aytona au roi du 30 juillet, déjà citée.

tout entière, malgré son étendue, parce qu'elle nous semble, plus qu'aucun des documents que nous avons recueillis, propre à faire apprécier le génie politique de son auteur :

Très-excellent Seigneur,

Votre Excellence ne doit pas s'émerveiller si je me trouve encore ici, puisqu'elle sait que jusqu'à cette heure il n'a pas été satisfait, de son côté, aux objections faites par la sérénissime infante et par moi touchant la nature de ma mission (1), et entre-temps il s'est offert des occasions si notables de m'employer par ici au service de Sa Majesté, que j'ose remettre au jugement de l'abbé Scaglia (2) lui-même s'il convient que j'y renonce pour aller en Angleterre alors que M. Necolalde vient de s'y rendre, outre que nous n'avons pas encore reçu avis de l'arrivée de M. l'abbé à cette cour (3). Que Votre Excellence n'attende donc autre chose de moi qu'une pure et simple obéissance en tout et partout, et qu'elle veuille croire que je ne demeure ici et ne m'ingère en rien que d'ordre exprès de la sérénissime infante et du seigneur marquis d'Aytona.

Grandes sont les nouveautés de France, puisque la reine mère est venue se jeter dans les bras de Son Altesse, poussée à cela par la violence du cardinal de Richelieu, lequel, sans égard à ce qu'il est sa créature et qu'elle l'a non-seulement tiré de la boue, mais encore mis à la place éminente qu'il occupe, lance contre elle les foudres de son ingratitude. Si je devais n'envisager que les intérêts d'une personne privée, je douterais de ce

(1) En Angleterre. Voy. p. 199.
(2) Voy. p. 193, note 3.
(3) Il n'y arriva qu'au mois de septembre. Il eut ses deux premières audiences du roi Charles le 21 et le 23 de ce mois, comme nous l'apprend une lettre écrite par lui, le 26, à Philippe IV.

qu'il y a à faire : mais, considérant que les grands princes doivent prendre pour fondement de leurs raisons d'État leur réputation et la bonne opinion du monde à leur égard, je ne vois pas que, sous ce rapport, on puisse désirer plus que ceci : que la mère et la belle-mère de tant de rois vienne, avec une telle confiance, remettre sa personne au pouvoir de Sa Majesté Catholique, se donnant elle-même pour otage de son fils, semblablement fugitif du royaume auquel il doit succéder immédiatement après son frère.

Certes que nous avons, de notre temps, un exemple manifeste de tout le mal que peut faire un favori qui est mû plus par ambition personnelle que par le bien public et le service de son roi, et du point jusqu'où un bon prince, mal informé, peut se laisser conduire à violer les obligations de la nature envers sa mère et son propre sang. Au contraire, et comme toute chose reçoit plus d'éclat de ce qui lui fait opposition, le monde voit, en la personne de Votre Excellence, de quel appui et soulagement est pour une monarchie telle que la nôtre un ministre doué de mérite et de prudence, qui n'aspire à rien qu'à la véritable gloire et grandeur du roi son maître. Et cela sera plus évident encore selon que Votre Excellence saura profiter de l'occasion que le seigneur Dieu est venu lui offrir.

Et si elle me permet, par sa bénignité accoutumée, de dire mon opinion, il me paraît que plus Votre Excellence se montrera éloignée de toute intelligence et collusion avec le cardinal de Richelieu, et plus non-seulement s'affaiblira l'envie et l'infamie qu'il attire sur tous les favoris des princes, mais encore s'accroîtra et se confirmera infiniment l'opinion très-véritable qu'on a universellement de la sincérité de Votre Excellence et des succès de son administration.

Je ne croirais pas aux rapports des ennemis du cardinal si, dans la négociation d'Angleterre, je n'avais acquis l'expérience que, par sa perfidie, il s'est rendu incapable de pouvoir jamais plus abuser quelqu'un : ce qui me paraît la pire raison d'État qui se puisse imaginer au monde, puisque sur le crédit seul se fonde tout commerce du genre humain. Cela a causé la fuite de la reine mère ; cela a rendu irréconciliables sa cause et celle de Monsieur. Pour cela la reine m'a dit, de sa propre bouche, que jamais elle ne s'accommodera avec le roi son fils tant que le cardinal ne sera pas par terre : car elle sait, avec certitude, que si jamais, sous prétexte de traité, quel qu'il fût, ils se fiaient à lui, ils seraient perdus sans remède.

Je n'ai jamais poussé à la guerre, comme Votre Excellence en peut faire foi, mais toujours j'ai tâché, en ce qui m'a été possible, de procurer la paix partout ; et si je voyais que la reine mère ou Monsieur eût en vue d'amener une rupture entre les deux couronnes, je ne me mêlerais plus de l'affaire. Mais, comme ils m'assurent qu'ils n'ont pas un tel but, je ne me sens aucun scrupule, d'autant que leurs raisons sont fort claires : car s'ils se servaient ouvertement des armes d'Espagne contre le cardinal, qui se couvre de la personne et du manteau du roi de France, ils se rendraient si odieux à tous les Français que ce serait la ruine de leur parti ; et Monsieur deviendrait par là presque incapable de succéder à la couronne de France, à laquelle il est aussi éloigné d'aspirer du vivant de son frère, qu'il est certain qu'il se défend contre la violence du cardinal et qu'il prend les armes parce qu'il y est forcé, aucun genre de paix ne lui offrant de garantie pour sa vie et celle de sa mère.

Il est bien vraisemblable qu'un parti soit très-nombreux, étant composé de trois factions, parce que le roi de France n'étant pas trop bien complexionné, tous regardent vers le soleil levant, et chacun désire s'acquérir la bonne grâce de Monsieur. Je pourrais rendre bon compte de cela à Votre Excellence, le seigneur marquis d'Aytona m'ayant chargé de faire toutes diligences pour m'en informer particulièrement : mais là-dessus il faut se fier à leur parole, car on ne peut exiger de preuves écrites des intelligences secrètes, qui véritablement sont très-grandes, par rapport à Monsieur seulement, outre que la reine, par l'espace de trente ans, a rendu ses obligés et ses affectionnés une infinité de princes et de gentilshommes dans lesquels consiste le nerf du royaume de France : mais ce qui surtout agira en leur faveur, c'est la haine contre le cardinal, laquelle va en augmentant chaque jour, par l'extrême rigueur dont il use envers tous, emprisonnant les uns, exilant les autres, et confisquant leurs biens sans forme de procès. Il ne manque qu'une chose : c'est que Monsieur puisse arborer son drapeau et se mettre en campagne, afin que ses adhérents puissent lever le masque et se rassembler à leur place d'armes, car, tant que le parti n'est pas formé, personne n'ose se découvrir.

Ils me disent qu'ils ont de grandes intelligences avec les gouverneurs des forteresses, et qu'entre autres le duc de Bouillon recevra les gens de Monsieur à Sedan, pour se maintenir contre le roi de France. Le comte de la Rochefoucauld, gouverneur du Poitou, fera de même avec toute cette province, comme me l'assure son propre frère le marquis d'Estissac, qui est ici. Ils disent encore que le gouverneur de Calais, dont le brave frère, le commandeur de Valençay, est déjà depuis quelque temps à Bruxelles, offre de rendre cette place à Monsieur, et qu'il en sera de même de la ville de Reims et d'autres lieux de Picardie. Ils m'assurent encore qu'ils sont d'intelligence avec les ducs de Guise et d'Épernon et d'autres seigneurs de qualité, sans compter qu'ils ont pratiqué les colonels mêmes et les capitaines des régiments de la garde du roi, lesquels, si l'on en vient aux mains, ont promis de tourner casaque. Une partie de la noblesse est déjà allée vers Monsieur, comme M. de Lignières, le comte de la Feuillade, le marquis de la Ferté, M. de Caudray-Montpensier, M. du Roy, frère du duc de Bouillon, M. de la Ferté. Il n'est pas besoin de nommer le duc d'Elbeuf, ni Bellegarde, ni les autres qui se sont déclarés déjà ou qui sont avec Monsieur, tels que le comte de Moret, frère naturel du roi, le duc de Rohan, beau-frère du duc d'Elbeuf, le marquis de Boissy, son fils, et plusieurs autres qui complètent chacun à part leurs troupes, comme c'est d'ordinaire dans les guerres civiles en France. Et d'abord le duc de Bouillon lèvera 4,000 gens de pied et 1,500 chevaux; un prince étranger le même nombre d'infanterie et 500 chevaux; M. de Vateville, suisse, 4,000 gens de pied; un personnage secret 3,000 gens de pied et 500 chevaux; de plus, une infinité de personnes appartenant à la noblesse française s'offre à faire des levées pour Monsieur en tel nombre qu'il se trouve en peine pour s'en excuser. Mais tout cela ira bientôt en fumée, si Monsieur n'est promptement secouru d'argent pour payer les levées, et, comme me l'a dit le marquis de la Vieuville, personne qui occupe le premier rang auprès de la reine, si nous laissons se refroidir cette furie propre à la nation française, sans avoir tiré parti du premier mouvement, on donnera du temps aux artifices du cardinal, et par là s'évanouiront les entreprises et les intelligences, car l'âme de celles-ci est le secret et la prompte exécution, et le tout se réduira à rien, et les amis de Monsieur et de la reine recevront, en récompense de leur bonne volonté, de très-cruels châtiments; ils payeront, de leur sang, de leur vie, de leurs biens, les manquements d'autrui. Et si Monsieur, dans ces commencements, par faute de notre assistance, ne se fait pas valoir, il perdra tout crédit auprès des siens, et jamais il ne pourra le recouvrer.

La somme qu'il demande, quant à présent, est si petite qu'il ne nous paraît pas vraisemblable qu'il puisse avec cela faire un grand effet. Il est bien vrai que j'ai longuement représenté à la reine combien sont défavorables les conjonctures actuelles, et notre armée étant en face de l'ennemi en campagne, à laquelle nous ne pourrions, sans nous exposer à de très-grands inconvénients, retrancher rien de sa solde pour l'employer ailleurs. Les besoins de Monsieur sont cependant si urgents, et il serait si déraisonnable de laisser échapper une si belle occasion, qui ne s'est pas présentée en cent années, qu'il faudrait faire de nécessité vertu et donner son sang pour la réputation et l'intérêt d'État de Sa Majesté Catholique : car, certainement, la ligue catholique avec le duc de Guise et son frère, pour laquelle le roi Philippe II dépensa tant de millions, n'était à comparer en aucune manière avec l'occasion qui se présente aujourd'hui.

Ç'a été une grande faute pour Monsieur, que le duc de Feria n'ait pas payé les 200,000 écus à la date fixée : après bien des délais, ils ont été remis au marquis de Mirabel, qui depuis les assigne au marquis d'Aytona, lequel pourrait bien les payer si le million destiné pour l'Allemagne et la France était effectif; mais, comme il consiste en lettres de change, et que les hommes de négoce ne veulent faire aucune avance, le pauvre Monsieur reste en blanc et la reine mère jouée: car elle m'a dit que le marquis de Mirabel lui a, par tierce personne, fait offrir ladite somme à Compiègne.

Votre Excellence seule, après Dieu, peut remédier à cela : sa générosité naturelle lui fait aimer les grandes entreprises, et elle a non-seulement la prudence et la valeur, mais encore les moyens nécessaires dans les mains, pour exécuter celle-ci. Mais il sera nécessaire d'envoyer promptement quelque provision qui arrive à temps pour qu'on puisse se mettre en campagne avant que les fourrages manquent et que les greniers se vident.

Ceci n'est pas une chose à faire à moitié, parce que, si Monsieur n'est pas secouru de manière qu'il puisse exécuter son dessein, ce sera le ruiner doublement. Du plus ou du moins, il dépend qu'il soit éternellement obligé pour le bon succès de l'entreprise, ou qu'il soit perdu avec les avantages qu'on peut se promettre de celle-ci; et enfin, s'il ne peut subsister par notre secours, il sera forcé de se jeter dans les bras des Hollandais : déjà le prince d'Orange lui a offert, pour sa retraite, la principauté qu'il possède. De quel préjudice et de quelle infamie cela serait à Sa Majesté Catholique, je laisse à la prudence de Votre Excellence à le considérer.

La reine mère et Monsieur sont pour cela résolus de ne se servir en aucune manière des huguenots, ni de relever ce parti en tout ni partiellement, ni de causer d'autre ruine au royaume de France qu'à l'égard de la personne du cardinal, lequel véritablement ne s'est jamais attaché à autre chose, avec toute son industrie et ses forces, qu'à contreminer, affronter et abaisser la monarchie d'Espagne. Celle-ci devrait acheter, même au prix de milliards, la perte d'un ennemi si pernicieux, et elle ne l'obtiendra jamais à si vil prix que par les mains et avec le sang des Français eux-mêmes, lesquels peut-être, après s'être servis de nos subsides, ne le reconnaîtront pas comme ils le devraient; mais on peut s'attendre à ce qu'une grande partie d'entre eux périra par les discordes intestines, et que cette fière nation s'affaiblira ainsi de ses propres mains : de manière que, soit que l'un ou l'autre triomphe ou soit vaincu, nous aurons un ennemi de moins.

Il n'est pas à craindre que les Hollandais fassent quelque chose cette année : nous avons une armée puissante, de laquelle apparemment quelques régiments pourront être réformés, qu'on laissera passer file à file vers Monsieur, comme cela s'est pratiqué de tout temps, et particulièrement durant la trêve, sans démembrer les compagnies et en changeant seulement la commission, et cela ne nous ferait pas courir le moindre danger de rupture. Ce genre de secours, et même quand on livrerait passage file à file à quelques troupes de Monsieur pour l'entreprise de Calais ou de Sedan, n'équivaudrait pas encore à la moindre partie de l'assistance que donne aux Hollandais le roi de France, lequel permet qu'on batte le tambour au milieu même de Paris, et non-seulement ordonne, mais encore expédie et signe de sa main les patentes des charges et offices des régiments qu'il entretient à ses frais à leur service, commandés par des maréchaux, des ducs et des pairs de France. En vérité, ce serait, selon moi, la plus grande indignité et en même temps une marque de faiblesse, que de souffrir une telle chose sans oser rendre la pareille en embrassant une occasion aussi pieuse et aussi honnête que le secours de la belle-mère et du beau-frère de Sa Majesté. Aussi je me réjouis de pouvoir féliciter Votre Excellence de ce qu'il est tombé, comme du ciel, en ses mains une chose si propre à donner du lustre et de la splendeur à son gouvernement; espérant qu'elle voudra et pourra la disposer de manière qu'il en résultera une gloire éternelle au roi notre seigneur, et à Votre Excellence une réputation immortelle et un immense mérite auprès de tous ceux qui sont bien affectionnés à cette monarchie.

La somme qui se demande pour mettre Monsieur à cheval est de trois cent mille écus d'or, de douze réaux l'écu, y compris les deux cent mille du marquis de Mirabel : elle n'égale pas la provision de deux mois pour les Pays-Bas; avec cela il fera son expédition. Si l'entreprise réussit, elle s'alimentera d'elle-même dans les entrailles du royaume de France; si Monsieur ne trouve pas les adhérents que l'on croit, nous aurons, avec ce peu d'argent, satisfait à ce qu'on pouvait attendre de nous. Mais alors même qu'il fallût continuer ce subside, à mon avis les finances royales ne se pourraient mieux employer pour notre sûreté qu'en soutenant la guerre civile dans ce royaume : car pour le moins il ne pourra, pendant ce temps, donner assistance à nos ennemis en Flandre et en Allemagne.

Le marquis de la Vieuville m'a dit que le duc de Fridlandt a offert son service à la reine : il croit que le duc viendra en personne, avec d'autres princes d'Allemagne, si Sa Majesté Catholique permet qu'on fasse des levées dans ses États pour le service de Monsieur. Et cela me paraît n'être pas de peu de considération.

M. Gerbier (1) fait de grandes offres à Monsieur de la part du roi son maître, de manière que vraisemblablement M. l'abbé Scaglia arrivera à Londres en bonne conjoncture. Certes il a fort mal informé en cette matière son grand ami le marquis de Santa Cruz (2) : mais je crois que s'ils étaient une heure ensemble (autant que je connais l'humeur de l'un et de l'autre), il l'amènerait facilement à son avis. Si Votre Excellence, comme je l'espère et comme son honneur l'exige, prend à cœur l'affaire qui est sur le tapis, il faudra de suite, de suite, pourvoir au plus nécessaire, comme j'ai dit, et laisser agir la sérénissime infante et le marquis d'Aytona selon les occurrences qui s'offriront d'heure à autre, et que le marquis de Santa Cruz nous serve de défense du côté des Hollandais, où, à mon avis, il se fera peu de chose. Le prince Frédéric-Henri favorise aussi sous main le parti de Monsieur, étant irrité contre le cardinal pour la trahison du château d'Orange (3). Il serait désirable, si l'affaire réussissait bien, qu'il se fît enfin, aux dépens du cardinal, qui tient le monde en trouble, une bonne paix universelle, à l'intervention de la France et de l'Angleterre, non-seulement aux Pays-Bas, mais encore en Allemagne et par toute la chrétienté. J'espère que le seigneur Dieu l'a réservée à Votre Excellence, qui par sa piété et son rare dévouement au service de Sa Divine Majesté et du roi notre seigneur, mérite cette gloire d'être l'unique instrument d'un si bon ouvrage et une plus grande encore.

(1) Comme on l'a vu p. 199, il était devenu l'agent du roi d'Angleterre auprès de l'infante Isabelle.

(2) Le roi venait d'envoyer Santa Cruz aux Pays-Bas, pour y gouverner les armes.

(3) Jean de Herthoge d'Osmael, seigneur de Valckembourg, gouverneur de la principauté d'Orange pour Frédéric-Henri, avait traité avec Richelieu afin de livrer à la France le château d'Orange. Il fut tué, en 1630, par les partisans du prince avant d'avoir pu mettre à exécution ce dessein. Voy. La Pise, *Tableau de l'histoire des princes et de la principauté d'Orange*, pp. 835 et suiv.

Je ne puis laisser de dire à Votre Excellence que le marquis de la Vieuville, exilé comme il est et ayant la majeure partie de ses biens confisquée, fournira cinquante mille pistoles pour le soutien de la cause commune. Conférant avec lui sur la matière, par ordre de la reine et du marquis d'Aytona, et à l'intervention de M. Monsigot, premier secrétaire d'État de Monsieur, il m'a dit que, s'il se trouvait avec la commodité accoutumée, il ne ferait pas difficulté d'aider un ami d'une somme comme celle qui se prétend pour Monsieur : ce qui me paraît une parole très-généreuse et qui devrait porter le monarque le plus grand du monde à faire plus encore alors qu'il s'agit de son beau-frère et de sa belle-mère, et aussi pour ne le céder pas en magnanimité à un simple particulier. Je supplie donc Votre Excellence d'ôter cet opprobre de sa très-généreuse nation espagnole, qu'on lui impute à tort, par une opinion invétérée généralement, qu'elle ne se peut résoudre ni embrasser promptement les occasions quand elles se présentent, mais que, délibérant sans fin, elle envoie bien souvent *post bellum auxilium* : ce qui ne cadre pas avec la célérité, vertu propre de Votre Excellence.

Je ne pense pas que le marquis de Mirabel engagera Votre Excellence (je ne sais pour quelle jalousie) à faire grand'chose pour Monsieur (1) : car, à dire la vérité, ces seigneurs n'osent pas lui communiquer leurs entreprises secrètes, malgré les instances qu'il fait pour les connaître : non qu'ils se défient de sa personne, mais pour le peu de discrétion de quelqu'un de ses secrétaires que je ne connais pas : je ne veux d'ailleurs charger personne, et je rapporte seulement ce qui m'est dit de bonne part. Le marquis de Mirabel, il est vrai, ordonne qu'on paye à Monsieur cinquante mille écus : mais cela est si peu que ce sera perdu sans fruit aucun. A mon avis, les secours doivent être proportionnés aux besoins, ou il n'en faut pas donner, pour ne pas perdre en même temps et l'ami et l'argent. J'attends

(1) Il se trompait en ce point, comme on le verra plus loin.

de la générosité de Votre Excellence, en cette conjoncture, des résolutions grandes, bien que j'aie de la peine à en persuader ces seigneurs, qui n'ont pas considéré de près, comme moi, le génie héroïque de Votre Excellence.

Je me recommande humblement à la grâce de Votre Excellence, et du cœur le plus sincère je lui baise les pieds.

PIETRO PAOLO RUBENS.

Mons, 1er août 1631.

P. S. La reine me dit, en remerciant S. A. pour les cadeaux qu'elle lui a envoyés, qui certes étaient très-beaux et qui ont été infiniment agréables à Sa Majesté, que le plus grand et le plus vrai cadeau serait un prompt secours à son fils, d'où dépend toute sa satisfaction; que, du reste, il fallait peu s'occuper de sa personne, mais faire servir promptement à cet objet particulier, selon le besoin, la faveur qu'on lui témoigne. Elle m'a dit vouloir envoyer en Espagne une personne exprès pour se jeter aux pieds de Sa Majesté, bien que la nécessité soit si pressante que la réponse sera tardive au cas qu'il faille l'attendre avant le secours, le roi de France faisant déjà marcher de grandes troupes pour opprimer Monsieur, qui n'est pas encore prêt (1). »

Rubens voulait donc que l'Espagne profitât des discordes intestines de la France pour y fomenter la guerre civile. Et il n'était pas seul de cet avis. Le marquis d'Aytona disait, de son côté, au roi : « Jamais
» Votre Majesté ni aucun de ses prédécesseurs n'eut
» une occasion telle que celle-ci pour humilier ses en-
» nemis les plus déclarés et ceux qui sont le plus oppo-
» sés à sa grandeur, car jamais on n'a vu, comme

(1) Voy. le texte dans les *Appendices*, n° XXVIII.

» aujourd'hui, Votre Majesté disposer d'une reine qui
» pendant de longues années a gouverné la France, qui
» y a tant de gens à sa dévotion, et d'un frère du roi
» lequel est présentement l'héritier présomptif de cette
» couronne (¹). » Il écrivait au comte-duc : « C'est, à
» mon avis, un des faits les plus considérables qui
» soient arrivés du temps de Votre Excellence, et la
» conjoncture la plus propice qui jamais se soit offerte
» pour se venger des injures reçues de la France,
» puisque non-seulement le roi notre seigneur a des
» motifs plausibles, mais encore la justice et la raison
» lui commandent de délivrer sa belle-mère de l'op-
» pression qu'elle subit par la violence du cardinal (²). »
Les dépêches du marquis de Mirabel étaient conçues
dans le même sens (³).

Philippe IV avait reçu, presque en même temps, la
lettre où l'infante Isabelle l'informait de la réponse
qu'elle avait donnée à l'envoyé du duc de Lorraine,

(1) Voir le texte dans la lettre d'Aytona au roi, du 30 juillet, plusieurs fois déjà citée.
(2) « .... Este, á mi parecer, es uno de los mayores accidentes que V. E. ha tenido en su tiempo y la mayor ocasion para satisfazerse de los agravios recevidos de Francia que se ha tenido jamás, porque no solamente es justificacion aparente, pero justicia y razon, el librar el rey nuestro señor á su suegra de una opresion tan grande como le haze la violencia del cardenal.... » (Lettre du 30 juillet 1631 : Archives de Simancas, *Estado*, leg. 2015.)
(3) Nous n'avons pas ces dépêches : mais la consulte du conseil d'État du 19 août et la lettre du roi du 23 en font connaître le sens.

chargé de s'informer d'elle si la reine mère serait reçue aux Pays-Bas, et, par son ambassadeur à Paris, la nouvelle de l'entrée de Marie de Médicis dans ces provinces. Il avait donné son approbation à la conduite de l'infante. « Il ne pouvait être douteux — lui écrivait-il — que, » la reine mère voulant se rendre en quelqu'un de mes » États, elle n'y dût être reçue, servie et traitée avec » toutes démonstrations d'amitié (¹). » Mais il ne se dissimulait pas les embarras que cette action de la reine pourrait lui causer; aussi aurait-il souhaité qu'elle se retirât plutôt dans une ville neutre d'Allemagne, sous la protection de l'empereur et de l'Empire (²); il ne voulait point donner à Louis XIII de motif de rompre avec lui : c'est pourquoi il fit savoir à sa tante et à ses ministres aux Pays-Bas et en France qu'il n'entendait, en aucune manière, au moins pour le moment, soutenir par les armes la cause de la reine, mais qu'il était prêt à employer en sa faveur la voie des négociations (³). Il écrivit au pape, à l'empereur, au roi d'Angleterre, au duc de Savoie, au grand-duc de Toscane, afin qu'ils

---

(1) .... No pudiendo dudarse que queriendo la reyna madre passar á qualque reyno ó provincia mia, havia de ser admitida, servida y agasajada con demostracion.... » (Dépêche du 13 août 1631 : *Correspondance*, t. XXIX, fol. 71.)

(2) Autre dépêche du 13 août. (*Ibid.*, fol. 78.)

(3) « .... V. A. y todos mis ministros esten advertidos de que de ninguna manera por ahora se ha de assistir por fuerza con armas y banderas mias á la reduccion de la reyna madre, sino por negociacion y officios convenientes.... » (Deuxième dépêche du 13 août.)

voulussent travailler, de leur côté, à la réconciliation de la reine avec son fils (¹).

Lorsque les lettres de Rubens, du marquis d'Aytona et de son ambassadeur à Paris lui parvinrent, il ordonna au conseil d'État de lui en faire rapport. Le conseil en délibéra le 19 août. Le comte-duc d'Olivares parla le premier et longuement; après lui le duc d'Albe, le comte d'Oñate, le marquis de Gelves, le P. confesseur, les marquis de Leganes et de Flores, don Gonzalo de Córdova, le comte de la Puebla, prirent successivement la parole (²). Ces ministres se prononcèrent unanimement contre l'intervention en France telle que la proposait Rubens : le comte-duc, tout en rendant justice aux bonnes intentions du secrétaire du conseil privé, trouva que sa lettre renfermait beaucoup d'absurdités et de verbiage italien (³).

Les résolutions de Philippe IV, conformes presque en tout point à l'avis du conseil d'État, furent portées à la connaissance de l'infante Isabelle, avec les motifs sur lesquels elles se fondaient, dans la dépêche suivante :

---

(1) Deuxième dépêche du 13 août.
(2) La consulte ou rapport du conseil d'État ne forme pas moins de trente-deux pages d'écriture.
(3) « .... No discorre el conde duque sobre el papel de Rubens, porque trae muchos despropósitos y chácharas italianas, aunque cree cierto que todo con muy buena intencion.... » (Consulte du 19 août 1631 : Archives de Simancas, *Estado*, leg. 2045.)

CHAPITRE NEUVIÈME

Sérénissime Dame,

. . . .

Les lettres des ministres donnent quelque lumière des projets de Monsieur et de la reine mère ainsi que des mécontents de France qui paraissent disposés à suivre leur parti; on y lit (particulièrement dans celles de Rubens) qu'il convient de ne pas perdre cette occasion de mortifier la France, d'éloigner le cardinal de Richelieu de l'autorité qu'il a dans le gouvernement, de mettre le roi en inquiétude pour sa propre maison et ainsi dans la nécessité de faire des dépenses qui le forceront à retirer l'assistance qu'il donne à mes ennemis en Hollande et en Allemagne, en même temps que nous rendrons la reine mère et Monsieur nos obligés, et reconnaissants envers nous pour l'avenir.

Je ne doute pas que ces ministres ne soient animés d'un bon zèle dans ce qu'ils proposent, ni qu'il n'y ait des raisons qui m'autoriseraient à l'entreprendre. Mais, en considérant les moyens que le temps et la matière en elle-même donnent, ainsi que l'état de nos affaires et de celles de la France, il se voit combien il importe de n'agir qu'avec maturité.

Les rapports sur lesquels Rubens se fonde, et auxquels le marquis d'Aytona aussi ajoute foi, sont de Français qui se remuent aisément et dont les paroles sont peu sûres. Alors même qu'on pourrait se fier à eux, j'ai considéré que, voulant faire valoir l'assistance que Monsieur aurait, celui qui l'a rapportée à Rubens parle de 15,000 hommes d'infanterie et de 2,500 chevaux, tous français, sans dire pour combien de temps on les entretiendrait; or, vu l'inquiétude naturelle des Français, il pourrait arriver que, même étant bien entretenus, ils se dispersassent en quatre jours avant d'être à la place d'armes; et la supposition que les ducs de Guise et d'Epernon aideront Monsieur et que le duc de Bouillon lui remettra Sedan, n'a d'autre base qu'un simple rapport. Les fondements de tout cela sont donc bien faibles; et comme mes secours d'argent devraient être effectifs et en quantité si considérable que d'environ quatre cent mille écus en deux mois, il ne paraîtrait pas sage de les hasarder pour seulement irriter le roi de France, tandis que nous resterions dans un plus grand embarras encore et, selon toute vraisemblance, avec l'impossibilité ou du moins une difficulté grande d'arranger l'affaire de la reine mère. Que si l'on veut encourager, autant que possible, le parti de Monsieur, et qu'il parvienne à rassembler une armée de 24,000 hommes d'infanterie et 6,000 chevaux payée pour six mois (ce qui n'est guère probable), nous devons considérer que le roi a ses vieux régiments et ceux de sa garde, qu'il sera renforcé de nouvelles recrues, qu'il a les places à lui et couvertes de son armée, que ses troupes seront animées par sa présence. Alors il sera évident que Monsieur peut faire peu de chose :

Parce que, s'il veut assiéger des places, son armée se défera, et vraisemblablement le roi pourra secourir celles dont il entreprendra le siège. S'il prend quelque position, le roi, en se mettant en face, la lui rendra inutile et lui coupera les vivres. Monsieur n'ayant pas une seconde armée, s'il entre en une place, le roi l'y enfermera, et ce serait sa perte. Donner une bataille, il ne le pourrait faire qu'avec des forces inférieures en nombre et en qualité à celles du roi. S'aventurer dans l'espérance que les gardes du roi passeront à Monsieur serait une détermination peu sage. Croire que les ducs de Guise et d'Épernon, ou d'autres, se soulèveront, est un fondement vain, parce que la facilité avec laquelle les Français se soulevaient contre leur roi naissait de la force et de la sûreté que présentait le parti des huguenots, auprès duquel ils trouvaient accueil et assistance : aujourd'hui cela leur manque, et tous se contiendront dans le devoir. Le duc de Guise, à ce qu'on dit, n'a guère pour lui l'opinion en France. Le duc d'Épernon est fini. Candale n'est pas réputé homme de ressources. Quant au duc de la Valette, on le croit grand ami du cardinal son frère, et celui-ci intime du cardinal de Richelieu.

Les arguments sur lesquels se fondent mes ministres paraissent donc bien faibles, et si l'on s'en laissait persuader pour prendre de grands engagements, on aventurerait l'argent et la réputation avec peu ou point d'espérance de succès.

J'ai dit à Votre Altesse qu'il ne fallait pas compter sur le parti de Monsieur pour le *cantonnement* de la France, parce que Monsieur avec raison ne voudrait pas voir divisé le royaume auquel il espère succéder. Il paraît qu'on a prévu ce que la reine mère et ses ministres déclarent maintenant, puisqu'ils excluent le recours au parti des huguenots et toute tentative de le restaurer : ce qui fait voir avec quelle attention ils veillent aux intérêts et aux convenances de Monsieur, et que la reine mère ne prétend autre chose que la ruine du cardinal.

Comme il n'y a donc pas en France de parti puissant ni de force considérable sur lequel je puisse compter pour l'avantage de ma couronne, ni même pour confondre mes intérêts avec les siens, et qu'il ne s'agit que d'éloigner de la personne du roi le cardinal de Richelieu, il paraît que ce serait une erreur d'assister Monsieur de la manière qu'on me le propose ; qu'on ne ferait par là que dépenser l'argent sans fruit, exciter la haine du roi, augmenter la force de l'ennemi ; et des inconvénients de cette nature ne peuvent que rendre plus difficile l'accomplissement des vues et la consolation de la reine mère, ainsi que l'accommodement de tout. On ne me propose pas, à la vérité, de rompre de couronne à couronne pour la reine (quoique les marquis d'Aytona et de Mirabel, non sans que j'en sois émerveillé, y inclinent) : mais on ne peut nier que, mes secours d'argent à Monsieur étant publics, comme ils viendraient nécessairement à l'être, et lui s'étant mis en campagne, le roi son frère y trouverait l'occasion de rompre avec moi aujourd'hui ou demain ; et contracter de telles obligations sans avoir un grand but et des moyens proportionnés, ce ne serait pas sage.

Si, comme je l'écrivis à Votre Altesse dans ma dépêche

du 13, l'empereur, le roi d'Angleterre, les ducs de Savoie et de Florence s'embarquaient dans l'entreprise, chacun avec ses vues propres, et qu'ils s'unissent à la satisfaction de la reine mère, l'affaire prendrait une autre couleur et une autre force, parce que ces princes mettraient leur réputation en jeu : ils ont des intérêts qui se peuvent concilier ; ils ont les moyens de se soutenir, et une fois unis, à leur ombre et en leur nom, on pourrait espérer que de grands mouvements se produiraient. Alors une ligue pourrait être formée avec la reine mère et Monsieur, et ce ne serait pas, de ma part, rompre de couronne à couronne, que d'y adhérer en fournissant un subside jusqu'au retour de la reine et de Monsieur en France, ni même quand je m'obligerais (au cas que je ne pusse faire autrement) à la diversion du côté de la Provence dont il a été question. Mais, sans le règlement et l'assurance des moyens, il paraît que ce serait, de ma part, une bévue et en quelque manière une indignité de fournir tout d'abord près de quatre cent mille écus et des vaisseaux de la flotte de Dunkerque au parti du duc de Bouillon et des autres qui ne se sont pas fait connaître. Ce qui est apparent et ce qui est caché, même en y croyant comme ils se le figurent, ne suffit pas pour assurer le succès ni garantir la réputation.

Il m'a paru à propos de communiquer à Votre Altesse ces réflexions que suggère la matière même. Je ne doute point que là-bas on ne les ait faites aussi et d'autres encore qui conduisent, comme ici, à penser que mes ministres pourraient dire à la reine mère, par manière de considération, en premier lieu, combien je me suis félicité qu'elle m'ait donné l'occasion de l'assister et de la consoler, et que toujours je le ferai de très-bonne volonté ; qu'en ce qui concerne son retour en France, il y a deux moyens : l'un des négociations, et pour celui-ci j'offre entièrement tout ce qui est en mon pouvoir ; l'autre de la force : quant à ce dernier, je ferai tout ce qui me sera possible. Mais, comme, tant que durera la guerre de Flandre, ce ne pourra être tout ce qu'il faudrait, je ne voudrais pas que Sa Majesté Très-Chrétienne échouât dans son entreprise, parce que, si celle-ci venait à manquer, on ne pourrait plus recourir à la voie des négociations avec quelque espoir de succès. Les ministres, voyant, par les raisons que j'ai dites et celles qui se seront présentées à leur esprit, qu'aucun engagement avec les partis qui se sont découverts et dont on m'a rendu compte jusqu'à présent, n'est convenable ni sûr, pourront dire à la reine celui qui apparemment le sera et au moyen duquel on obtiendra quelque résultat d'importance de la manière que j'ai dit : ce à quoi je coopérerai très-volontiers. La reine mère verra ainsi que je ne cherche pas à éviter la dépense, mais que je veux dépenser d'une manière utile et convenable à ses intérêts : de façon que, par une action précipitée, sans union et sans qu'on puisse compter au moins sur deux armées, on n'empêche pas ce qu'on peut espérer en agissant prudemment, et sur des fondements certains, pour l'exécution de projets, quels qu'ils soient, que la reine mère formera.

Je pense aussi qu'on pourrait dire à la reine (et cela avant tout, par raison de convenance) que si Monsieur, comme il est exprimé en la lettre de Rubens, a le moyen de se mettre dans Calais ou dans une autre place semblable qu'on ne craigne pas d'être empêché de secourir, j'y donnerai mon assentiment et j'y aiderai très-volontiers ; on pourra même offrir à la reine ce qui sera jugé à propos après que la chose aura été exécutée. Les intéressés prendraient ainsi courage ; tous les partis en France en acquerraient de la réputation ; au moment où celui de Monsieur se forme, cela causerait une grande diversion à son frère, et tout marcherait bien et pourrait se disposer avec nerf et autorité.

. . . .

Madrid, le 23 août 1631.

Moi le Roi (1).

(1) Voy. le texte dans les *Appendices*, n° XXIX.

Cependant Marie de Médicis avait quitté Mons le 12 août en compagnie de l'infante Isabelle, qui y était venue lui faire visite; les deux princesses étaient entrées le jour suivant dans Bruxelles (¹). Rubens continua, en cette capitale, malgré le peu de succès que ses vues politiques avaient obtenu, d'être l'intermédiaire de la reine et des ministres espagnols : ce fut par lui que Marie de Médicis fit parvenir à la cour de Madrid un projet d'accommodement avec le roi son fils que le comte-duc d'Olivarès trouva conçu dans des termes très-convenables (²), mais auquel l'ambassadeur de Philippe IV à Paris ne jugea pas qu'il pût être donné suite, à cause de l'opposition qu'y aurait indubitablement faite le cardinal de Richelieu (³). Sur ce qui se passait dans la maison de la reine mère, sur ses rapports avec les Français qui accouraient à Bruxelles et sur bien d'autres choses Rubens tenait exactement informé le comte-duc : le premier ministre apprit, par lui, que la reine avait envoyé un de ses gentilshommes au prince d'Orange, pour qu'il se montrât favorable à la conclusion d'une trêve entre les Provinces-Unies et l'Espagne; il sut aussi quel avait été le résultat de ce voyage (⁴). Au

---

(1) Henrard, *Marie de Médicis*, etc., p. 83.
(2) Consulte du conseil d'État du 11 septembre 1631. (Archives de Simancas, *Estado*, leg. 2149.)
(3) Consulte du même conseil du 26 octobre. (*Ibid.*, leg. 2045.)
(4) Lettre de Philippe IV à l'infante Isabelle, du 15 septembre 1631.

mois de décembre Rubens, d'après les ordres de l'infante, se rendit lui-même, dans le plus grand secret, à la Haye, et eut un entretien avec le prince (¹). Les renseignements font défaut sur ce qui se passa dans cette entrevue.

Le grand artiste ne pouvait pas pourtant, quel que fût son zèle pour le service du roi et la chose publique, négliger toujours ses affaires et le soin de ses intérêts; il éprouvait d'ailleurs un vif désir de revoir sa maison d'Anvers et sa jeune et charmante femme, de reprendre ses pinceaux, de se retrouver au sein de sa famille et de ses amis. Au mois d'avril 1632 il demanda et obtint d'être déchargé de la commission qu'il remplissait depuis près d'une année (²).

(*Correspondance*, t. XXIX, fol. 114.) — Consulte du conseil d'État du 18 novembre 1631. (Archives de Simancas, *Estado*, leg. 2040.)

(1) Voir, dans Sainsbury, p. 166, la lettre écrite de Bruxelles par Gerbier au lord Dorchester le 16/26 décembre. L'ambassadeur de France à la Haye, le Sr de Baugy, mandait, le 23 décembre, au secrétaire d'État pour les affaires étrangères : « Le peintre Rubens a fait « ici une course, laquelle, quoique fort secrète, n'a pas laissé « d'esclater et de desplaire à beaucoup de gens qui sçavent de quoy « il se mesle. Il n'y a esté que du soir au matin et n'a conféré qu'une « demi-heure. » (Archives des affaires étrangères à Paris, vol. intitulé *Hollande*, 1631-1632.) Baugy n'était pas exactement informé. Rubens avait passé deux jours à la Haye.

(2) Dans une lettre écrite d'Anvers, le 12 avril, à Gerbier (Sainsbury, p. 263), il lui disait : « Je me suis retiré pour un temps, et je « n'eus jamais moins de regret d'aucune résolution prise par moi à « aucune époque. » (*Ick ben my tot nester tyt gheretireert, ende en hadde noot min berauw van eenighe resolvere by my ghenomen tot eenighe tyt*).

L'abbé Scaglia, ce diplomate ambulant et remuant dont il a été plusieurs fois question dans les chapitres qui précèdent, revint en ce temps-là à Bruxelles. Le duc de Savoie l'avait rappelé d'Angleterre à l'instigation des Français, qui ne l'aimaient pas : au lieu de retourner à Turin, comme il en avait l'ordre, il passa aux Pays-Bas, sous prétexte que les eaux de Spa lui étaient prescrites par ses médecins. Il avait été, à Londres, le pensionnaire du roi d'Espagne; Philippe IV le prit à son service et en fit son représentant auprès de la reine mère (¹).

(1) Par une lettre du 12 mai, où il lui mandait qu'il aurait « à servir « la reine dans les affaires qui se présenteraient, en rendant compte « au roi et à l'infante. » C'est ce que nous apprend la réponse de Scaglia en date du 28 juin dont la minute est aux Archives de Bruxelles : « Reciví la carta de V. M^d de 12 de mayo, y veo lo « que V. M^d es servido mandarme por ella para que sirva á la reyna « christianissima madre en loque se le offreziere, dando quenta á « V. M^d y á la señora infanta. »
Quoiqu'il eût sans hésiter accepté cette charge ainsi qu'elle lui était offerte, l'abbé donna à entendre au comte-duc d'Olivares que le titre d'ambassadeur auprès de la personne de Marie de Médicis lui serait agréable. Philippe IV fit observer à l'infante Isabelle que, la reine n'ayant ni États ni gouvernement, donner un pareil titre à celui qui serait employé auprès d'elle paraîtrait chose extravagante, et qu'une lettre de créance serait suffisante (lettre du 16 juillet 1632, *Correspondance*, t. XXX, fol. 83). L'abbé se conforma à l'intention du roi, même avec beaucoup de plaisir, « con mucho gusto, » comme l'écrivit l'infante le 24 septembre (*Ibid.*, fol. 184.)
En 1636 Philippe IV fit savoir à l'abbé qu'il avait besoin de lui à Madrid, et l'invita à y venir. Scaglia s'y montra disposé d'abord : mais ensuite il prit des prétextes pour s'en dispenser, et il demeura à Bruxelles.
Le 26 mai 1639 le roi écrivit, de Madrid, au cardinal infant Ferdi-

Il ne faudrait pas croire qu'à Anvers les douceurs de la vie de famille et les satisfactions que lui donnait l'exercice de son art fissent oublier à Rubens la politique : il avait pris trop de part aux affaires, il aimait trop à s'en occuper, pour les perdre de vue. Là, aussi bien qu'à Bruxelles, il entretenait des rapports avec nombre d'hommes d'État. On savait le crédit dont il jouissait auprès de l'infante Isabelle et des ministres, comme le prouve la démarche du duc de Bouillon dont il rend compte à cette princesse dans la lettre qu'on va lire :

Sérénissime Dame,

Un gentilhomme du duc de Bouillon (1) est venu me trouver secrètement, par ordre de son maître. Il dit qu'il va à Bruxelles remontrer à M. le duc d'Orléans (2) la nécessité de mettre dans Sedan, aussitôt que possible, un corps de douze cents hommes, pour obvier à toute nouveauté que pourrait faire naître, parmi ses vassaux, sa déclaration en faveur de Monsieur. Ce gentilhomme va lever les douze cents hommes

nand : « L'abbé Scaglia se trouve destitué de toutes ressources, son
« traitement ayant été supprimé à cause qu'il n'est pas venu ici quand
« je le lui ai ordonné. Il sera bien que de temps en temps vous lui fas-
« siez donner quelque secours, et que, sans lui confier des choses qui
« doivent rester secrètes, vous vous serviez de lui dans les occasions
« qui pourront s'offrir, puisque ses informations ne peuvent nuire en
« rien, et que l'entendement qu'il montre en toutes matières est tel
« qu'on en pourra retirer quelque fruit. » (*Correspondance de Ferdinand avec le roi*, t. XIII, fol. 116.)
A partir de cette date nous perdons l'abbé entièrement de vue.
(1) Frédéric-Maurice de la Tour.
(2) Gaston était arrivé à Bruxelles le 28 janvier.

dans les environs de Sedan. Il m'assure que le duc son maître est passionnément porté pour le service de Monsieur, et qu'il ne manquera en un seul point à tout ce dont il est convenu avec le marquis d'Estissac. Mais ce prince désire être assuré par Votre Altesse de deux choses : la première, que l'écrit de sa protection (1) soit fait de manière que Votre Altesse, non-seulement promette, en son nom et en celui du roi d'Espagne, de le défendre et soutenir contre le roi de France et tout autre qui le voudrait offenser, en tant que sa cause soit liée au parti de Monsieur, mais encore que si, par quelque malheur (que Dieu ne veuille), ou par un incident quelconque, ou par une autre raison, cette union de parti commun entre lui et Monsieur venait à cesser, Votre Altesse le garantisse qu'il ne sera abandonné d'elle ni du roi notre seigneur, et au contraire qu'il sera soutenu comme il est dit plus haut. L'autre point est que le duc de Bouillon, sachant que tout ce que le marquis d'Estissac lui a promis au nom de Monsieur, doit venir des mains de Votre Altesse (2), désire également être assuré que cela s'effectuera, et que Monsieur sera en état de remplir ses promesses (3). Surtout, de même que le duc s'oblige à servir en personne Monsieur à Sedan, ou en son armée, au moment où se fera l'exécution de son entreprise, de même il ne serait à propos, ni pour son particulier ni pour le service du parti, qu'il vînt et se découvrît avant le temps convenable. Il souhaiterait pour cela d'être informé avec certitude si Monsieur est prêt ou à la veille de l'être, et si nos secours sont en point pour marcher, ou s'il se passera encore quelque peu de temps avant qu'on puisse

(1) En marge : « Que Votre Altesse a promis de faire par un écrit signé de sa main. »

(2) En marge : « Comme Votre Altesse aura vu par la liste que d'Estissac a apportée de Hollande. »

(3) En marge : « Cela ne s'entend pas des choses qui dépendent de Monsieur seul. »

monter à cheval, et pour quel jour précisément cela pourra avoir lieu, afin de ne pas venir trop tôt ni trop tard (1).

Telle est la supplique sur laquelle le duc de Bouillon désire avoir réponse, le plus tôt possible, par mon intermédiaire, tandis que ce gentilhomme se rend à Bruxelles pour traiter avec les seigneurs français qui y sont. La résolution du duc dépend de ce que je lui ferai savoir de la part de Votre Altesse. Il importe que le secret soit gardé en cela, et que les demandes que fait le duc ne parviennent point à la connaissance des Français, car il en pourrait résulter de grands inconvénients.

Je finis en me recommandant très-humblement à la bonne grâce de Votre Altesse, et en lui baisant les pieds en toute dévotion.

De Votre Altesse Sérénissime

Très-humble et très-dévoué serviteur,

Pietro Paolo Rubens.

D'Anvers, le 11 mai 1632.

P. S. Si Votre Altesse charge M. le marquis d'Aytona de me faire la réponse, je la supplie de vouloir lui recommander la promptitude, ce gentilhomme devant venir me retrouver dans trois ou quatre jours (2).

Nous ne voyons pas, dans la correspondance de l'infante Isabelle avec Philippe IV, l'accueil qu'elle fit à la demande du duc de Bouillon. Il est à croire qu'elle ne voulut prendre aucun engagement envers ce prince, puisque bientôt après il figura dans les rangs de

(1) En marge : « Le duc voudrait avoir encore quelque temps avant de se déclarer, afin de réclamer le vicomte de Turenne, son frère, qui se trouve à la cour de France, et qui courrait risque d'être mis à la Bastille, s'il ne se sauvait auparavant. »

(2) Voy. le texte de cette lettre dans les *Appendices*, n° XXX.

l'armée hollandaise qui assiégea Maestricht. Au mois de décembre de l'année précédente, il avait sollicité de l'infante la faveur d'être reçu en la protection de l'Espagne; il aurait été, pour l'obtenir, jusqu'à remettre la place de Sedan entre les mains du roi (1).

(1) Lettre d'Isabelle à Philippe IV du 19 décembre 1631. (*Correspondance*, t. XXIX, fol. 201.)

CHAPITRE DIXIÈME.

Guerre entre l'Espagne et les Provinces-Unies. — Perte de Wesel et de Bois-le-Duc. — Siége de Maestricht par Frédéric-Henri. — L'infante Isabelle charge Rubens de négocier avec les Hollandais. — Il se rend à cet effet à Liége et au camp du prince d'Orange. — Convocation à Bruxelles des états généraux. — Ils nomment des députés pour aller traiter à la Haye. — Ils demandent à l'infante copie de l'instruction qu'elle a donnée à Rubens. — Lettre de celui-ci au prince d'Orange pour avoir un passe-port, qui lui est envoyé. — Mécontentement que les états généraux ressentent de cette démarche. — Ils s'en plaignent à l'infante. — Explication qu'elle leur donne. — Lettre de Rubens au duc d'Arschot. — Réponse du duc. — Les états prennent fait et cause pour ce dernier. — Rubens n'en persiste pas moins à vouloir aller à la Haye. — Lettre piquante qu'il s'attire de la part de d'Arschot. — Nouvelles plaintes des états contre lui. — L'infante le justifie une seconde fois. — Mort d'Isabelle. — Rupture des négociations entre les états belges et hollandais. — Traité de partage des Pays-Bas espagnols conclu entre la France et les Provinces-Unies. — Premiers succès de leurs armes. — Revers dont ils sont suivis. — Le cardinal infant don Ferdinand prend Limbourg et le fort de Schenck. — Découragement des Hollandais. — L'évêque de Gand, Antoine Triest, propose d'en profiter pour renouer les négociations de paix. — Il confère là-dessus avec Rubens, qui offre de se rendre en Hollande. — Son offre est acceptée par le cardinal infant. — Il fait ses apprêts de voyage et demande un passe-port aux états généraux. — Opposition des envoyés de France et de Venise à cette demande. — Le passe-port est refusé. — Fin de la carrière politique de Rubens : lettre qu'il écrit à Peiresc. — Il est nommé par le cardinal infant peintre de son hôtel. — Il reçoit la visite de ce prince à Anvers. — Sa mort.

Depuis onze ans la guerre s'était rallumée entre l'Espagne et les Provinces-Unies, sans qu'elle eût été un seul instant interrompue. Les premières campagnes n'avaient eu de résultat bien important ni pour l'une ni pour l'autre des deux parties belligérantes. Si les Espagnols avaient pris Breda en 1625, les Hollandais, en 1627, s'étaient rendus maîtres de Grol, dont la possession rendait faciles à leurs ennemis des incursions dans l'Overyssel et la Gueldre. Mais les choses changèrent de face après qu'Ambroise Spinola eut quitté les Pays-Bas. Le prince d'Orange, Frédéric-Henri, n'ayant plus à tenir tête à un capitaine aussi habile et aussi expérimenté, en profita pour prendre hardiment l'offensive. En 1629 il conquit Wesel, Bois-le-Duc et plusieurs places du duché de Clèves et du comté de la Marck. L'année suivante il étendit ses conquêtes dans le pays de Juliers, et l'un de ses lieutenants, le comte Ernest de Nassau, mit en déroute une armée navale que l'infante Isabelle avait rassemblée à grands frais dans le dessein de s'emparer d'une des îles de la Zélande, tandis que la compagnie des Indes occidentales, qui s'était enrichie par la prise des galions de la Nouvelle-Espagne, allait attaquer le Brésil et soumettait à son autorité le pays de Fernambouc. La campagne de 1632 devait être plus désastreuse encore pour la monarchie espagnole. Frédéric-Henri avait conçu de vastes projets : il ne songeait à rien moins qu'à venir dicter la loi, dans Bruxelles même, à l'infante

Isabelle (¹) : la trahison du comte Henri de Bergh, l'imprudence impardonnable qu'avait commise la cour de Madrid en dégarnissant le pays de troupes, pour les envoyer au Palatinat, semblaient autoriser en lui cette confiance. Il attaqua successivement Arsen, Venlo, Stralen, Ruremonde, qui se rendirent presque sans résistance; le 10 juin il mit le siége devant Maestricht.

Justement alarmée des conséquences qu'aurait pour les provinces placées sous son gouvernement la perte d'une place aussi importante, l'infante Isabelle jugea que le seul moyen de les conjurer était un accommodement, quel qu'il fût, avec les Provinces-Unies. Toutes les négociations qui avaient été tentées, dans les cinq dernières années, pour la conclusion d'une nouvelle trêve, étaient demeurées infructueuses, par la faute du cabinet de Madrid, qui n'avait pas su saisir le moment où il aurait pu traiter avec dignité et avec avantage (²).

---

(1) L'ambassadeur de Venise à la Haye, Alvise Contarini, écrivait au doge, le 9 septembre 1632 : « ... Già se ne parla commune-
« mente, che mi è stato anco confirmato da buona parte, che
« discorrendo il signor principe con persona principale, si habbia las-
« ciato intendere *di sperare, quest' anno ancora, di andar a baciar la*
« *mano alla serenissima infanta a Brusselles.* » (Archives de Venise.)

(2) En 1628. Alors l'Angleterre et la France étaient en guerre, et la dernière puissance s'était récemment alliée avec l'Espagne : les Hollandais ne pouvaient donc espérer de recevoir de secours ni de l'une ni de l'autre. Ils avaient, de plus, à craindre que l'empereur et la ligue catholique, qui avaient vaincu les protestants, ne tournassent

Isabelle résolut de faire une nouvelle tentative auprès des états généraux et du prince d'Orange, et ce fut sur Rubens qu'elle jeta les yeux pour cette délicate mission. Elle avait les pouvoirs du roi; elle autorisa Rubens, par un acte en forme, à traiter en son nom (¹). Muni de cet acte et des instructions de l'infante, l'artiste diplomate se rendit, dans les premiers jours du mois d'août 1632, à Liége (²), où était une députation des états généraux, venue là pour suivre de plus près les opérations militaires devant Maestricht. Il y retourna, après avoir rendu compte à l'infante de ses premiers

---

leurs armes contre les Provinces-Unies. Aussi ceux qui gouvernaient la république se montraient-ils disposés à faire des concessions pour avoir la paix ; ils renonçaient même au titre d'états libres que leur avait donné l'article 1ᵉʳ du traité de 1609, et qui était en horreur à la cour de Madrid.

Dans plusieurs lettres notables, qui sont aux Archives de Bruxelles, l'infante engagea fortement le roi son neveu à accepter les offres des Hollandais, en lui faisant sagement observer que les choses changeaient vite, et qu'on pourrait se repentir de n'avoir pas profité d'une occasion si favorable.

Philippe IV hésita; il se flattait de contraindre les Hollandais, par la force des armes, à accepter les conditions qu'il lui plairait de leur imposer.

Grand fut son mécompte. Dès l'année suivante, comme on l'a vu plus haut, les Hollandais prirent le dessus ; dès lors ils revinrent sur les offres qu'ils avaient faites, et ne voulurent même plus entendre à aucun traité.

Sur les négociations qui eurent lieu entre l'infante Isabelle et les états généraux, Aitzema, *Saken can Staet en Oorlogh*, t. I, pp. 898 et suiv., donne de grands détails.

(1) *Actes des états généraux de* 1632, t. I, p. 99.
(2) Sainsbury, p. 171.

entretiens avec les députés. Le 26 il se transporta de Liége au camp du prince, qui était entré dans Maestricht quatre jours auparavant. Il en repartit le 29 pour Bruxelles (1). C'est à quoi se réduit tout ce que nous savons de cette négociation (2), qui excita la jalousie des ministres étrangers en Hollande (3) et valut au grand artiste, dans son pays, l'inimitié de certains personnages, comme on le verra bientôt. Il est avéré seulement que Rubens ne réussit pas dans ses démarches : les Hollandais ne voulaient plus traiter avec les Espagnols.

Cependant Isabelle s'était vue forcée, par la situation périlleuse où se trouvaient les Pays-Bas catholiques et par le vœu de toute la nation, de convoquer à Bruxelles les états généraux, qui n'avaient pas été assemblés

---

(1) Sainsbury, p. 171. — Lettre de l'abbé Scaglia au comte-duc d'Olivares du 21 août 1632, aux Archives de Bruxelles. — Dépêches d'Alvise Contarini, ambassadeur de Venise à la Haye, écrites au doge les 9 et 16 septembre, aux Archives de Venise.

(2) Nous avons en vain, pour en apprendre davantage, fait les recherches les plus scrupuleuses dans les Archives de Bruxelles, et celles que, à notre demande, on a bien voulu faire dans les Archives de la Haye n'ont pas été couronnées de plus de succès.

(3) Dans sa dépêche du 9 septembre citée à l'avant-dernière note, Contarini disait : « Doppò esser stato il Rubens, pittore, a Liége, « era andato a Brusselles, e vi è ritornato. Questo passare e ripas- « sare dà qualchè gelosia a tutti li ministri interessati, se bene per « quello che si può comprendere dalli raggionamenti di questi signori, « non inclina la maggior parte a trattationi di tregua, massime nel « tempo presente, che sperano ancora di avansarsi e di fare qualchè « acquisto.... »

depuis trente-deux ans. A peine réunis (¹), les états demandèrent à l'infante l'autorisation, qui leur fut accordée, de se mettre directement en rapport, pour la conclusion de la paix ou d'une trêve, avec les états généraux des Provinces-Unies ; ils envoyèrent trois des membres de leur assemblée au prince d'Orange et aux députés de la république qui étaient à son camp, afin de leur donner ouverture de leur intention et de connaître la leur. Sur la réponse favorable que ces envoyés rapportèrent, ils élurent dix députés auxquels ils donnèrent le mandat de négocier avec ceux qui seraient choisis par les états généraux des Provinces-Unies ; l'archevêque de Malines, Jacques Boonen, et le duc d'Arschot, Philippe-Charles, prince-comte d'Arenberg, étaient en tête de cette députation. La Haye fut choisie pour être le lieu des conférences, qui s'ouvrirent le 13 décembre. Il en avait été tenu plusieurs lorsque, à la fin de ce mois, les députés belges chargèrent quatre d'entre eux, l'archevêque de Malines, le duc d'Arschot, Guillaume de Blasere, seigneur d'Hellebus, premier échevin de Gand, et le conseiller pensionnaire de Douai, Broide, de se rendre à Bruxelles, pour soumettre aux états généraux et à l'infante les difficultés qui se présentaient dans les négociations qu'ils avaient entamées (²).

Ceux qui avaient été envoyés à Maestricht avaient

(1) Leur première séance eut lieu le 9 septembre 1632.
(2) *Actes des états généraux de* 1632, t. I et II, passim.

appris, de la bouche du prince d'Orange, et ils n'avaient pas manqué d'en informer les états généraux, que Rubens y était venu faire des propositions à ce prince (¹). Dans la séance du 4 janvier 1633, les états résolurent de demander à l'infante Isabelle communication de l'instruction qu'elle lui avait donnée (²).

Isabelle songeait, en ce moment, à faire partir Rubens pour la Haye, où, sous couleur de fournir aux députés belges des éclaircissements sur les négociations antérieures, il pourrait agir, auprès du prince d'Orange et de personnages influents dans la république, selon les vues des ministres espagnols qui formaient son conseil (³). Le 13 décembre Rubens écrivit de Bruxelles au prince d'Orange :

Monseigneur,

La sérénissime infante me commande d'aviser à Vostre Excellence qu'elle trouve estre nécessaire que je me transporte au plus tost à la Haye, pour servir et assister messieurs les députez de nos estats à esclaircir et maintenir quelques points desquels j'ay particulière cognoissance ; et, à cest effect, je vous prie, de sa part, me faire obtenir un passe-port de messieurs les estats des Provinces-Unies pour ma personne avec deux ou trois serviteurs. Il ne faut insérer autre qualité que de secrétaire du roy d'Espagne en son conseil privé.

---

(1) *Actes des états généraux de* 1632, t. 1, p. 324.
(2) *Ibid.*, t. II, p. 117.
(3) Voir la lettre de Gerbier au secrétaire Coke écrite de Bruxelles, le 5 février 1633, dans Sainsbury, p. 177.

J'espère que Vostre Excellence faira ce plaisir à Son Altesse, et à moy l'honneur de croire que je suis vrayement,

Monseigneur,

De Vostre Excellence

Très-humble et très-obéissant serviteur,

Pietro Pauolo Rubens.

Il ajoutait sur un petit papier inséré dans la lettre :

J'espère de donner, par cette occasion, à Vostre Excellence si bon compte et raison de nostre silence qu'elle-même jugera qu'on n'en pouvoit user aultrement pour la conservation des affaires (1).

Les états généraux des Provinces-Unies, auxquels Frédéric-Henri transmit la lettre de Rubens, accordèrent le passe-port demandé (2); l'expédition en eut lieu le 22 (3).

Le duc d'Arschot fut informé, par un avis qu'il reçut de la Haye, de la démarche de Rubens; la personne

---

(1) Archives du royaume, à la Haye : *Notulen gehouden van 't geene voorgeloopen is noopende de onderhandelingen by de heeren gedeputeerden van de heeren staten van d'andere syde aengeboden*, fol. 123 v°.

(2) Voici les termes de leur résolution en date du 19 janvier : « Waerop gedelibereert synde, hebben Hare Hoog. Mog. geaccordeert ende accorderen dat by deselve voor den voors. Rubens, en qualité als vooren, paspoort zal worden gedepescheert voor vier maenden om herwaerts te mogen comen, te verblyven ende naer Brussel weder te keeren, ende voorts in communi formâ. » (*Notulen gehouden*, etc., fol. 123 v°.)

(3) Lettre de l'ambassadeur vénitien Alvise Contarini au doge, écrite de la Haye le 27 janvier. (Archives de Venise.)

qui lui faisait passer cet avis disait que le peintre de l'infante avait la prétention d'intervenir dans les négociations avec les Provinces-Unies. Le duc n'aimait pas Rubens (¹); il ressentit un vif mécontentement de sa démarche, qu'il fit partager aux états généraux. Dans la séance du 24 janvier, cette assemblée chargea les évêques d'Ypres et de Namur et le baron d'Hoboken, l'un des députés du Brabant, de se rendre auprès de l'infante, et de lui adresser des remontrances contre la prétention de Rubens. Isabelle répondit aux envoyés des états que, si Rubens avait demandé un passe-port au prince d'Orange, c'était « afin de se pouvoir trouver
» à la Haye pour lors quand les députés de l'assem-
» blée auroient besoin de voir les papiers de sa négo-
» ciation de la trève, et non pour entrevenir au traité
» commencé par lesdits députés (²).

Les quatre membres des états généraux qui étaient venus de la Haye dans les derniers jours de décembre, reprirent le chemin de la Hollande le 28 janvier (³); ils s'arrêtèrent vingt-quatre heures à Anvers. Rubens n'alla point les chercher; il n'ignorait pas ce qui s'était passé

---

(1) Gerbier écrivait, le 23 janvier 1633, au ministre d'Angleterre à la Haye, Boswell, que le duc d'Arschot avait pour Rubens une grande aversion, pour des raisons trop longues à raconter : « The
« duke d'Arschot has a great aversion to him, for several reasons
« too long to relate. » (Sainsbury, p. 170.)
(2) *Actes des états généraux de* 1632, t. II, pp. 137, 138.
(3) *Ibid.*, t. II, p. 140.

à Bruxelles; il savait que le duc d'Arschot était mal disposé pour lui. Il écrivit au duc :

Monseigneur,

Je suis bien marry d'entendre le ressentiment que Vostre Excellence a monstré sur la demande de mon passe-port, car je marche de bon pied, et vous supplie de croire que je rendray tousjours bon compte de mes actions. Aussi je proteste devant Dieu que je n'ay eu jamais aultre charge de mes supérieurs que de servir Vostre Excellence, par toutes les voyes, en l'entremise de cette affaire, si nécessaire au service du roy et pour la conservation de la patrie que j'estimerois indigne de vie celui qui, pour ses intérêts particuliers, y apporteroit le moindre retardement. Je ne vois pas pourtant quel inconvénient en fust résulté si j'eusse porté à la Haye et mis entre les mains de Vostre Excellence mes papiers, sans aucun aultre employ ou qualité que de vous rendre très-humble service, ne désirant aultre chose en ce monde tant que des occasions pour monstrer par effet que je suis, de tout mon cœur, etc.

A cette lettre, dont les termes étaient d'une parfaite convenance et que plusieurs écrivains ont même trouvée trop timide, trop humble (¹), le duc d'Arschot fit la réponse hautaine qu'on va lire :

Monsieur Rubens,

J'ay veu par vostre billet le marryssement que vous avez de ce que j'aurois monstré du ressentiment sur la demande de vostre passe-port, et que vous marchez de bon pied, et me priez de croire que vous rendrez tousjours bon compte de vos

---

(1) Emile Gachet, *Lettres inédites de Pierre-Paul Rubens*, p. LIX. — Alfred Michiels, *Rubens et l'école d'Anvers*, p. 172.

actions. J'eusse bien pu obmettre de vous faire l'honneur de vous respondre, pour avoir si notablement manqué à vostre debvoir de venir me trouver en personne, sans faire le confident à m'escrire ce billet, qui est bon pour personnes égales, puisque j'ay esté, depuis onze heures jusques à douze heures et demie, à la taverne (1), et y suis retourné le soir à cinq heures et demie, et vous avez eu assez de loisir pour me parler. Néantmoins je vous diray que toute l'assemblée qui a esté à Bruxelles a trouvé très-estrange qu'après avoir supplié Son Altesse et requis le marquis d'Aytone de vous mander pour nous communiquer vos papiers, lesquels vous m'escrivez avoir, ce qu'ils nous promirent, au lieu de ce, vous ayez demandé un passe-port; m'important fort peu de quel pied vous marchez et quel compte vous pouvez rendre de vos actions. Tout ce que je vous puis dire, c'est que je seray bien ayse que vous appreniez d'ores en avant comme doibvent escrire à des gens de ma sorte ceux de la vostre.

Ces lettres firent grand bruit en Belgique et en Hollande, où elles ne tardèrent pas à devenir publiques (2). Le duc d'Arschot en envoya lui-même des copies aux états généraux, et les états les communiquèrent à l'infante, ainsi qu'au marquis d'Aytona, en

---

(1) Le duc était logé à l'hotel de *l'Aigle*.
(2) Le ministre de France à la Haye, Brasset, écrivait le 7 mars au secrétaire d'État pour les affaires étrangères : « Je vous envoye « la copie de deux lettres que le duc d'Arschot et le peintre Rubens « se sont entre escrites en termes altiers et picquans. Vous remar- « querez, par celle de Rubens, qu'en maudissant ceux qui retarde- « ront une œuvre si nécessaire à la conservation de la patrie comme « est la trefve, que ceulx de l'aultre party en ont grand besoin. Il est « vray qu'il n'a que faire de le dire, car on le veoyt bien. » (Archives des affaires étrangères, à Paris : vol. intitulé *Hollande*, 1633.)

ne laissant pas ignorer à la gouvernante et à l'ambassadeur de Philippe IV « que ceste forme de procéder » de Rubens leur estoit désagréable (¹). » Y a-t-il lieu de s'étonner de ce blâme infligé à l'éminent artiste ? Nous ne le pensons pas : comme l'écrivait l'ambassadeur d'Angleterre à la Haye, les états voyaient avec déplaisir et envie qu'il se mêlât des affaires publiques, parce qu'il ne faisait point partie de leur assemblée, et peut-être aussi — ajoute ce diplomate — parce qu'il avait plus d'esprit qu'aucun d'eux (²).

Nous voudrions pouvoir dire qu'après ce triste incident Rubens renonça de lui-même à intervenir dans une négociation qui ne pouvait lui valoir que des dégoûts. Mais la vérité est le premier devoir de l'historien, et il nous faut bien avouer que l'illustre peintre ne se montra pas sensible, autant qu'il aurait dû l'être, à l'injure qui venait de lui être faite. Apprenant que les députés des états généraux avaient quitté Anvers, il leur écrivit à la Haye qu'il avait fait ses dispositions pour les accompagner, mais qu'ils étaient partis sans qu'il en sût rien. Ce fut le duc d'Arschot qui se chargea de lui répondre, et il le fit en des termes amers, lui signifiant qu'il n'était pas quelqu'un

---

(1) *Actes des états généraux de* 1633, t. II, p. 143.
(2) « ...... And having more sperit then any member of them..... » (Lettre de W. Boswel au secrétaire Coke du 3 février 1633, dans Sainsbury, p. 177.)

tel que ses collègues et lui eussent dû l'attendre ; qu'ils s'émerveillaient de son outrecuidance ; qu'ils n'avaient nul besoin de l'avoir pour compagnon dans la négociation dont ils étaient chargés (¹). « Nous n'avons » que faire de peintres, » disait cet orgueilleux personnage (²), à la Haye, à qui voulait l'entendre (³).

Il fut encore question de Rubens dans plusieurs séances des états généraux. Le 29 mai 1633 le duc d'Arschot, revenu depuis peu à Bruxelles, lut à cette assemblée des lettres qu'il avait reçues des députés à la Haye ; il y était dit que Rubens venait, par ordre de l'infante, d'écrire aux états unis, afin d'avoir des passe-ports pour de nouveaux commissaires, lesquels seraient munis d'instructions spéciales : c'était le greffier des états unis lui-même, le S' Museh, qui en avait averti les députés. L'assemblée nationale s'émut

---

(1) C'est ce qui résulte d'une dépêche de l'ambassadeur vénitien Alvise Contarini en date du 10 février 1633, dans laquelle on lit : « Il Rubens, pittore, ha scritto d'Anversa al duca di Arescot et « alli altri deputati che si era portato in quella città per venirsene « con loro, ma non averli ritrovati, essendo già partiti. Li è stato « risposto dal medesimo duca, con parole rissentite, non aver egli « persona tale che dovessero attendere ; che si maravigliano di lui, « nè hanno bisogno di averlo per compagno in cose simili..... » (Archives de Venise.)

(2) « Hoogh van moede », comme l'appelle Aitzema, t. II, p. 25.

(3) « Arrivò finalmente lunedì sera, ultimo del passato, il duca di Arescot con gli altri deputati, senza però che con essi sia venuto il Rubens, pittore, havendo havuto a dire il duca, come quello che è molto libero nel parlare, che non tengono bisogno nè hanno che fare di pittori..... » (Dépêche de Contarini du 3 février.)

de cet avis. Le duc d'Arschot fut chargé de communiquer à l'infante les lettres qui lui avaient été adressées. Isabelle répondit qu'il n'était pas vrai que Rubens eût écrit celles dont on parlait; que ce devait être des lettres fabriquées dans le but de mettre obstacle à un arrangement entre les deux parties; elle offrit au duc un billet où elle inviterait Rubens à déclarer ce qu'il en était à la vérité. Le baron d'Hoboken eut, à ce sujet, avec le grand peintre, une explication qui dut donner toute satisfaction aux états, puisqu'ils ne s'en occupèrent plus [1].

Le 1er décembre 1633 mourut l'infante Isabelle, après avoir régné vingt-trois ans sur les Pays-Bas catholiques et les avoir régis ensuite, comme gouvernante, pendant douze années. Cette bonne et sage princesse emportait au tombeau les regrets de tous les Belges, qui l'aimaient autant qu'ils en étaient aimés [2]. Plus que tout autre, Rubens dut ressentir

---

[1] *Actes des états généraux de* 1632, t. II, pp. 215, 216, 217, 218.
[2] La *Gazette de France*, qui, à cette époque, était écrite dans un esprit peu favorable à l'Espagne, contenait, sous la rubrique de Bruxelles, 3 décembre 1633, l'article suivant :

« L'affliction que nous avons reçue en cette cour par le décèz de la sérénissime infante est du rang de celles qui ne se peuvent consoler. Cette pieuse princesse, que nostre aage peut, sans soupçon de flatterie, appeler le plus parfait exemple de vertu que son sexe se puisse proposer, bien qu'accoustumée à la dévotion, s'eschauffa néantmoins si fort en la procession de l'Avent qu'elle fut contrainte de s'allitter deux jours après, estant travaillée d'une inflammation de poumon avec fièvre continue, pour laquelle elle fut saignée une fois par son

une perte qui était pour lui sans égale, car Isabelle n'avait cessé de l'honorer de sa confiance; elle lui avait donné des marques nombreuses de l'estime et de l'affection qu'elle avait pour lui.

On s'étonnera que, privé de la faveur et de l'appui qu'il avait trouvés jusque-là dans les hautes régions du pouvoir, et qui toujours l'avaient soutenu contre ses envieux, l'illustre peintre n'ait pas dès lors pris le parti de se vouer exclusivement à l'exercice de son art, qui était pour lui une source inépuisable de gloire et de richesses. Mais nous en avons déjà fait l'observation : Rubens avait un penchant irrésistible pour la politique; il était animé aussi d'un grand patriotisme, et il n'hésitait pas à laisser ses pinceaux lorsqu'il croyait que ses services pouvaient être utiles à son pays.

Les négociations entamées entre l'assemblée nationale de Bruxelles et les états généraux des Provinces-Unies étaient restées sans résultat; les députés belges

---

chirurgien, et deux fois depuis par le sieur Turpin, chirurgien de la reine mère. Mais ces secours et tous les autres que ses médecins luy ont apportés se trouvans inutiles, elle mourut le 1ᵉʳ du courant, à quatre heures et demie du matin, entre la 67ᵉ et la 68ᵉ année de son aage..... Sa mort a esté semblable à sa vie, pendant laquelle elle a si heureusement maintenu en paix les humeurs différentes des peuples qui se trouvoient en ses terres, que les François l'estimoient françoise de courtoisie, les Espagnols la croyoient toute castillane, et les Flamens l'aimoient comme ayans esté gouvernez par elle plus de trente ans avec une insigne clémence et bonté..... •

envoyés à la Haye avaient été congédiés après une année de pourparlers et de discussions (¹). La victoire que remporta sur les Suédois, à Nordlingen, le 7 septembre 1634, le cardinal infant Ferdinand, frère de Philippe IV, désigné pour succéder à l'infante Isabelle dans le gouvernement des Pays-Bas, donna à réfléchir aux Hollandais; ils cherchèrent alors à renouer les négociations, même au prix d'assez grands sacrifices (²): mais la cour de Madrid ayant temporisé selon son habitude, ils ne songèrent plus qu'à resserrer leur alliance avec la France. Le 8 février 1635 les deux États conclurent ce fameux traité par lequel ils s'engageaient à envahir les Pays-Bas espagnols, pour les conquérir et les partager entre eux selon leurs convenances mutuelles, à moins que ces provinces, se soulevant contre leur souverain, ne formassent un corps d'État libre (³). Les débuts de la campagne qui s'ouvrit sous ces auspices furent malheureux pour l'Espagne; les Français mirent dans une déroute complète, à Auwin, près de

---

(1) *Actes des états généraux de* 1632, t. I, pp. 472 et suiv.

(2) A la fin de septembre la dame de T'Serclaes, dont il est question dans le 1ᵉʳ chapitre de cet ouvrage, vint trouver le marquis d'Aytona à Dunkerque. Elle lui dit, de la part du prince d'Orange, que, si l'Espagne voulait renouveler la trève de 1609, les états consentiraient que la navigation aux Indes fût réglée ainsi qu'elle l'avait été par les articles 4 et 5 de cette trève, et de plus que l'Escaut fût ouvert. (Dépêche du marquis d'Aytona à Philippe IV, du 2 octobre 1634 : *Correspondance du cardinal infant avec Philippe IV*, t. II, fol. 1.)

(3) Du Mont, *Corps diplomatique*, t. VI, part. I, p. 81.

Liége, un corps d'armée commandé par le prince Thomas de Savoie; s'étant réunis aux Hollandais, ils entrèrent ensuite dans le Brabant, emportèrent, presque sans coup férir, Tirlemont, Saint-Trond, Landen, Haelen, Diest, et mirent le siége devant Louvain. La résistance héroïque des habitants de cette ville, jointe à la valeur de la garnison, fit subir aux armées combinées un premier échec; bientôt après le cardinal infant, qui avait rassemblé ses forces, prit vigoureusement l'offensive, et non-seulement il rejeta les ennemis hors du territoire des Pays-Bas, mais encore il s'empara de la ville et du château du Limbourg, du fort de Schenck en Gueldre, considéré comme le boulevard de la Hollande de ce côté-là, et de plusieurs places du duché de Clèves.

Ces succès des armes espagnoles changeaient notablement la face des affaires. Les Hollandais étaient découragés (1); le moment semblait donc propice pour traiter avec eux à des conditions avantageuses. Parmi les hommes qui aux Pays-Bas souhaitaient le plus la fin de la guerre dont ces provinces étaient le théâtre, on comptait l'évêque de Gand, Antoine Triest. Ce prélat, l'un des membres principaux du conseil d'État,

---

(1) « On ne saurait exprimer — dit un de leurs historiens nationaux — la consternation que la perte du fort de Schenck répandit dans les Provinces-Unies. » (Van Loon, *Histoire métallique des Pays-Bas*, t. II, p. 224.)

avait des relations avec un ancien bourgmestre de Rotterdam, le sieur Van Berckel (¹), lequel était fort avant dans la confiance du prince d'Orange; il le sonda, après en avoir reçu l'autorisation du cardinal infant, sur les dispositions du prince (²). Van Berckel vint à Anvers; il y eut, avec un confident de l'évêque, un entretien sur les conditions auxquelles il semblait que la paix ou une trêve pût se conclure (³). Quelques jours après, Triest se rendit en cette ville pour le sacre de l'évêque Gaspar Nemius (⁴). Son confident l'ayant instruit des communications de Van Berckel, il alla en conférer avec Rubens. Le grand artiste lui dit que lui aussi il trouvait très-favorable l'occasion qui s'offrait, car les états de Hollande étaient remplis de crainte et fort mécontents des Français, ainsi que du peu de succès qu'avaient eu leurs propres armes. Il ajouta que, si tel était le plaisir du cardinal infant, il irait lui-même s'assurer de l'inclination du prince d'Orange et de quelques amis qu'il avait à la Haye; qu'il pourrait le faire sans exciter aucun genre de défiance, ayant reçu l'invitation de se rendre à Amsterdam, pour voir des peintures d'anciens mat-

(1) Le même qui, dans les conférences de Roosendael en 1627, 1628 et 1629, avait été député par les Provinces-Unies. (Voir p. 115, note 2.)

(2) Lettre de l'évêque au secrétaire d'État Martin de Axpe, du 3 juillet 1635; réponse du secrétaire du 7. (Archives de Bruxelles.)

(3) Lettre de l'évêque au secrétaire d'Etat du 28 juillet 1635. (*Ibid.*)

(4) Cette cérémonie eut lieu le 22 juillet 1635. (De Ram, *Synopsis actorum Ecclesiæ Antverpiensis*, p. 62.)

tres d'Italie qui y étaient récemment arrivées, et qu'afin de mieux dissimuler l'objet de son voyage, il prendrait en sa compagnie cinq ou six curieux. Il était persuadé que les personnes avec lesquelles, les années précédentes, il avait traité la même affaire, seraient les premières à lui en parler (¹).

L'évêque rendit compte au secrétaire d'État, Martin de Axpe, de l'entretien qu'il avait eu avec Rubens. Ce ministre lui répondit, par ordre du cardinal infant, qu'il n'y avait pas d'inconvénient à ce que Rubens allât voir les peintures d'Amsterdam et qu'il écoutât tout ce que ses amis lui diraient, l'évêque devant l'en informer avec ponctualité (²).

(1) « .... Después yo fué à visitar al señor Rubbens, y traté con él muy particularmente sobre el mismo negocio. Y él es de parecer tambien que la occasion presente es muy à propósito, pues que los estados de Hollanda son llenos de miedo et apprehension, y muy mal satisfechos de los Franceses y malos successos de sus armas. Passando adelante en nuestros discursos, me dicho (dixo) que si Su Alteza Real gusta que vaya sondando la inclinacion del dicho príncipe y de algunos sus amigos, que lo podrá hazer sin algun genero de sospecha, pues que han venido muchas pinturas de algunos antiguos maestros de Italia en Amsterdam, y que le han combidado para que las viniesse à ver. Y assi, sy Su Alteza Real está servido, él irá con quatro ó seys curiosos para tanto mejor dissimular el subjeto de su venida, assegurándose que los que los años pasados tratáron con él el dicho negocio no decherán (dexarán) de empechar (empezar) primeros la prática.... » (Lettre du 23 juillet citée à la page précédente.)

(2) He recivido la carta de V. S. I. de 23 de julio y dado quenta á Su Alteza de lo que contiene, que estima el buen zelo de V. S. I. Parece que aquella materia tendrá agora mejor disposicion que nunca; y assi no alló inconveniente en que el señor Rubens, yendo á ver las pinturas, oyga todo lo que le dixieren sus amigos, y que

Du temps d'Isabelle et de Spinola, c'était en des termes plus gracieux, et sans recourir pour cela à des tiers, que le gouvernement réclamait le concours du grand peintre anversois. Cette considération ne refroidit pas le zèle de Rubens, comme le fait voir la lettre suivante de l'évêque à don Martin de Axpe :

Monsieur,

J'ai reçu, le 7 août, la lettre de Votre Seigneurie du 3, et j'en ai immédiatement donné part à M. Rubens, lequel va s'apprêter à faire le voyage de Hollande, pour voir les peintures et curiosités dont j'ai parlé dans ma lettre du 28 juillet. Il négociera avec prudence, circonspection et dextérité au sujet de la pièce principale que Votre Seigneurie sait : mais il sera besoin que Son Altesse Royale fasse expédier un passe-port pour lui et son domestique ou camarade, sans qu'il y soit parlé de *rebelles*. Je sais que le président (1) fera des difficultés pour cela : mais Votre Seigneurie peut faire faire le passe-port sous la signature et le sceau de Son Altesse Royale ou bien du seigneur marquis d'Aytona. Ledit Rubens désire, pour des raisons sérieuses, que ce passe-port soit antidaté d'un mois ou de trois semaines....... »

Bruxelles, 11 août 1635.

ANTOINE, ÉVÊQUE DE GAND (2).

Les dépêches de l'ambassadeur vénitien à la Haye, Francesco Michiel (³), nous apprennent quelle fut la

---

V. S. 1. me lo avise con toda puntualidad...... (Lettre du 3 août 1635, aux Archives de Bruxelles.)

(1) Pierre Roose, chef et président du conseil privé.
(2) Voy. le texte dans les *Appendices*, n° XXXI.
(3) N'est-il pas singulier qu'il n'existe rien là-dessus dans les Archives de la Haye ?

suite de cette affaire. Le 18 octobre ce diplomate écrivait au doge :

Les états généraux qui se trouvaient ici sont appelés à l'armée.... Quelques-uns croient que c'est pour la neutralité du Brandebourg; d'autres, pour donner leur avis sur le projet d'attaquer le cardinal infant... D'autres estiment que c'est pour parler de trève, les Espagnols s'y montrant très-disposés. A cet égard il y a une chose qui mérite grande réflexion : c'est que Rubens, peintre célèbre d'Anvers, a fait présenter requête au conseil d'État pour venir, accompagné de ses deux fils, dans ces provinces, d'où il passerait en Angleterre avec des peintures, et cela afin que son voyage par ici soit plus sûr et plus facile. Le conseil d'État a envoyé cette requête à l'assemblée générale, laquelle l'a transmise aux états de Hollande. Ce Rubens est plein d'artifices; il est très-habile à traiter les affaires, et il a été employé par les Espagnols en d'autres occasions bien graves. Chacun est persuadé qu'il veut venir plutôt pour mettre sur le tapis l'affaire de la trève, parce que c'est lui qui a été l'instrument des premières comme des dernières tentatives faites dans ce but. Aussi le secrétaire de France a déclaré que sa venue ne pourrait que causer une grande jalousie au roi son maître et apporter du trouble dans les affaires; et il se donne tous les mouvements imaginables pour que le passe-port soit refusé... On croit encore qu'après avoir proposé la trève, Rubens passera en Angleterre pour traiter la question du Palatinat, de même que, il y a peu d'années, il fut envoyé à cette cour pour d'autres affaires très-importantes. Les états de Hollande ont longuement délibéré et discuté sur la requête sans avoir jusqu'ici pris de résolution (1).

Arrêtons-nous un instant à cette dépêche qui en vaut

(1) Voy. le texte dans les *Appendices*, n° XXXII.

bien la peine. Ne suffirait-elle pas en effet à montrer, s'il en était besoin, quel renom d'habileté dans les affaires s'était acquis Rubens, et quel cas le monde politique faisait de lui? Il annonce le dessein de passer en Hollande; aussitôt les représentants de la France et de la république de Venise s'en émeuvent et s'en inquiètent; la diplomatie française fait les derniers efforts pour y mettre obstacle. Tandis que l'ambassadeur, le baron de Charnacé, représente au prince d'Orange et aux membres des états généraux députés à l'armée qu'ils ne pourraient, sans manquer à leur foi, prêter l'oreille aux propositions de l'Espagne, le secrétaire de la légation, resté à la Haye, agit dans le même sens auprès des états de Hollande : l'un et l'autre publient que les Espagnols n'ont d'autre but que de tromper les états et de semer la zizanie entre eux et la France.

Ces diplomates atteignirent leur but. Effrayés du langage qu'ils faisaient entendre, les états de Hollande n'osèrent pas accorder à Rubens le passe-port demandé par lui. Ils renvoyèrent sa requête aux états généraux, et ceux-ci, à leur tour, la transmirent au prince d'Orange, pour y avoir égard, s'il le jugeait convenable (¹). Frédéric-Henri laissa tomber la chose. Ce

(1) « Sciarnassé, che ha penetrato molto bene ogni cosa, mette gl'ultimi sforzi per divertire il maneggio, esclamando che Spagnuoli non hanno altro oggetto che d'ingannare, con speranza d'introdurre amarezze tra la Francia e queste provincie; che ben certo si dolerà che questi signori, obligati a non parlar di tregua, scordatisi della

CHAPITRE DIXIÈME

n'était pas que ce prince fût contraire à un traité avec l'Espagne : loin de là, car, en ce moment même, il entamait des négociations par une autre voie [1].

La tentative avortée d'une nouvelle négociation en Hollande, que nous venons de raconter, fut le dernier acte de la vie politique de Rubens.

Il y faisait allusion — on n'en saurait guère douter — lorsqu'il écrivait, le 16 mars 1636, à son ami Peiresc : « Je suis demeuré, contre mon goût, » quelques jours à Bruxelles pour quelque affaire me » concernant. Ne croyez pas que ce sera pour cet » emploi que vous soupçonnez (je parle de bonne foi » et vous pouvez me croire entièrement.) J'avoue, il » est vrai, que dans le principe je fus invité à m'em- » ployer dans cette affaire : mais comme, à mon goût,

fede, habbino dato l'orecchio a Spagnuoli. Le voci medesime fà pur rissuonare qui il secretario. Ma questi d'Holanda affermano di non saper alcuna cosa. In tanto spaventati dalle minaccie di lui, non hanno ardito di conceder il passaporto a Rubens, rimandata la supplica alli stati generali, acciò col prencipe la consiglino... (Dépêche de Francesco Michiel du 25 octobre 1635.) — « ... Niente hanno voluto risolvere i stati sopra la supplica a nome di Rubens presentata, data libertà al prencipe di fare quello egli vuole, che sin hora però non ha concesso il passaporto... » (Dépêche du 1er novembre.)

(1) Dans les derniers jours d'octobre, le greffier des états généraux Musch, par ordre des états et du prince d'Orange, se rendit à Kranenburgh, où il eut, avec le secrétaire d'État des Pays-Bas don Martin de Axpe, des conférences sur les conditions auxquelles l'Espagne et les Provinces-Unies pourraient entrer en accord. Ces conférences se continuèrent depuis à Turnhout. Elles n'eurent pas plus de résultat que les négociations précédentes.

» elle ne me fournissait pas suffisamment de matière,
» mon passe-port m'ayant fait éprouver quelques
» difficultés, ayant de mon côté fait naître quelque
» retard volontaire, et comme il ne manquait pas de
» gens extrêmement avides de tel emploi, je me suis
» conservé le repos domestique, et, avec la grâce de
» Dieu, je suis demeuré tranquille dans ma maison (¹). »
Et il ajoutait : (faut-il prendre cette déclaration au
pied de la lettre?) « J'ai en horreur le séjour des
» cours (²). »

Disons, pour terminer, que, le 15 avril 1636, le
cardinal infant conféra à Rubens le titre de peintre de
son hôtel, en le gratifiant de la même pension dont il
avait joui du vivant des archiducs Albert et Isabelle (³).

(1) *Bulletins* de la Commission royale d'histoire de Belgique,
t. II, p. 318.
(2) « Hò in horrore le corti. »
(3) Ce fait n'a été connu d'aucun des historiens de Rubens ; il est
consigné dans le Livre aux gages de la chambre des comptes de
Flandre de 1640 à 1650, fol. 304 (n° 45974 de l'inventaire).
Nous avions eu le bonheur, il y a trente-cinq ans, de trouver les
patentes des archiducs qui nommaient Rubens peintre de leur hôtel :
c'est vainement que nous avons fait les recherches les plus minutieuses aux Archives du royaume pour découvrir celles de l'infant
don Ferdinand, et M. l'abbé Dehaisnes, archiviste du département
du Nord, qui a eu la complaisance, à notre demande, de visiter les
archives de l'ancienne chambre des comptes de Flandre conservées
dans le dépôt dont il a la garde, n'a pas vu ses investigations couronnées de plus de succès.
Nous donnons, dans les *Appendices*, n° XXXIII, un mandement de
don Francisco de Mello, gouverneur général des Pays-Bas, à la

Lorsque, au mois de mai de l'année précédente, il avait, comme gouverneur général, fait sa première entrée en la ville d'Anvers, il avait rendu visite au grand artiste, que la goutte retenait au lit en ce moment, lui donnant publiquement toutes les marques d'estime et de considération qui étaient dues à son génie et à ses travaux.

Il y avait longtemps déjà que Rubens souffrait de la goutte. D'année en année les accès de cette terrible maladie devinrent plus fréquents et plus graves; elle emporta le chef immortel de l'École flamande le 30 mai 1640, à l'âge de soixante-deux ans et onze mois.

chambre des comptes de Lille, pour le payement, à la veuve de Rubens, Hélène Fourment, des gages de son mari, comme peintre de l'hôtel du cardinal infant, dont il n'avait rien touché. Ce mandement constate que Rubens avait prêté serment le 13 juin 1636.

FIN.

APPENDICES.

I

Ordonnance de l'infante Isabelle qui assigne à Rubens dix écus d'entretien par mois au château d'Anvers.

Bruxelles, 30 septembre 1623.
(Voy. page 6.)

DOÑA ISABEL CLARA EUGENIA, POR LA GRACIA DE DIOS, INFANTA DE SPAÑA, ETC.

Don Gaspar Ruiz de Pereda, del hábito de S. Tiago, del consejo de guerra del rey, mi señor, en estos Estados y veedor general deste su felicissimo exército, y Luis de Casuso Maeda, contador dél, saved que teniendo consideracion á las buenas partes de Pedro Paulo Rubens y á lo que ha servido á Su Magestad, para que pueda continuarlo con mas comodidad, hemos tenido por bien de señalarle, como por tenor de la presente le señalamos, diez escudos de entretenimiento al mes en el castillo de Anveres, sin obligacion de presentarse á las muestras. Por tanto os ordenamos y mandamos se los asenteis y hagais buenos en los libros de vuestros officios, para que goze dellos desde el dia de la data desta en adelante : que tal es nuestra voluntad, y que se libren y paguen segun y como á los demás entretenidos en el dho castillo. Datta en Brusselas á treinta de setiembre de mill y seiscientos y veinte y tres años.

ISABEL.

Por mandado de Su Alteza :

MATHEO DE URQUINA.

V. A. señala á Pedro Paulo Rubens diez escudos de entretenimiento al mes en el castillo de Anveres, sin obligacion de presentarse á las muestras.

(Original, à la Bibliothèque royale de la Haye, fonds Gérard, MS. 132.)

II

Rapport de l'Évêque de Ségovie, président du conseil suprême de Flandre à Madrid, au roi Philippe IV, sur la requête de Rubens tendante à obtenir des lettres de noblesse.

Madrid, 29 janvier 1624.

(Voy. page 7.)

Señor,

Pedro Pablo Rubens, pintor de la señora infanta doña Isabel, refiere en su memorial que desciende de parientes honrrados, que siempre han sido muy fieles vasallos de la corona de V. M^d y servido en oficios principales : su padre, doctor en leyes, esclavin de la ciudad de Anveres; Phelipe Rubens, su hermano, secretario della; y el suplicante se ha aplicado desde su niñez á la pintura, frecuentando muchas tierras para habilitarse mas; y por la grande experiencia y plática que tiene, el señor archiduque Alberto le recibió por su pintor con doscientos escudos de sueldo al año. Suplica á V. M^d se sirva de concederle letras de nobleza sin pagar finanzas, atento á que es criado doméstico de S. A.

El suplicante Pedro Pablo Rubens es muy raro en son arte y muy estimado en toda Europa; y cierto que muchos príncipes della le han procurado sacar de Anveres con grandes promesas de honrra y dinero, y juntándose á esto ser hijo de padres honrrados y fieles vasallos de V. M^d, y que el suplicante, además de la excelencia y primor de la pintura, tiene otras buenas calidades de letras y noticia de historias y lenguas, y se ha tratado siempre muy lucidamente, teniendo mucho caudal para ello. Y assí parece podria V. M^d servirse de hacerle la merced y honrra que pretende de nobleza, y dispensar en la paga de finanzas.

Ordenará V. M^d lo que fuere servido.

En Madrid, à 29 de enero 1624.

OBISPO DE SEGOVIA.

Résolution du roi : Como parece. *(Avec parafe.)*

(Original, aux Archives de Simancas :
Secretarias provinciales, leg. 2433.)

III

Lettre de Rubens au chancelier Pecquius.

Anvers, 30 septembre 1623.

(Voy. page 21.)

Illustrissimo Signore mio colendissimo,

Hò trovato il nostro Cattolico molto afflito per la grave infirmità di suo padre, la quale, secondo il giudicio de' medici, è peremptoria, et lui ancora viene ogni giorno travagliato di una febretta quasi continua, di maniera che l'una o l'altra, o tutte due queste cause insieme, lo tratteneranno forse più di quello sarà necessario. È ben vero che lui propone in tal caso di far venire il suo zio a Lillo, per potergli dare ex propinquo relatione del suo negociato. Ma io procurerò di divertire questo pensiero quanto potrò, almeno per alcuni giorni. Quando però gli communicai la risposta, quasi se gli raddoppiò la febbre, nonostante che ciò si fece doppo una longa oratione preparatoria, et ch'egli ammirasse la summa industria, prudenza et eleganza che riluce in quella polizza, parendo impossibile di poter variare con più artificio un medesimo soggietto in tanti modi come si è fatto. In fine il Cattolico cacciò mano alla sua instruttione, et mi mostrò ivi un aphorismo che non mi piacque : ciò è ch'egli non dovesse accettar da noi o riportar altra risposta che fosse ambigua o simile a l'altre già mandate, ma sola una semplice accettatione della tregua, o niente. A che io risposi, ridendo, questi esser terrori panici da spaventar gli fanciulli, et che lui stesso non era così scocco di prestarci fede ; che questo trattato secreto era senza pregiudicio delle parti, non cessando fra tanto ciascuno di far quanto poteva. Et egli mi rispose di novo quello ch' io dissi a V. S. Illustrissima, che noi si aiutavamo delle polizze del principe a gli suoi danni, mandandole in Francia per metterlo in diffidenza col re et in sospetto delli stati. Io dissi che quando il principe fosse servito di dar qualque maggior luce i securtà di questo a Sua Altezza Serenissima, che forse sene risentirebbe di tal maniera ch'egli restarebbe sodisfattissimo della sua innocenza, ma questi esser artificii e cavillationi conquisite per romper il trattato. Egli però restò sempre saldo e persistò esser vero, et che il principe potrebbe essibire, come ha fatto ad alcuni, le copie istesse mandate a lui da quella corte. Alla fine si lasciò persuadere di copiar di sua mano la nostra risposta, per portarla al principe colla prima sua commodità, et l'haverebbe fatto subito, se non fosse ch' io gli dissi ch' era meglio di differire sin che passasse il parosismo et ch' egli fosse del tutto libero di febbre. Et così io la riportai meco, promettendo di tornare a vederlo, et ch' io desiderava che la copia si facesse, con buona commodità sua et mia, in mia presenza : con che si acquietò, e fra tanto guadagnamo quel poco di tempo. Et io mi raccommando di vero cuore nella bona gracia di Vostra Signoria Illustrissima, et gli baccio le mani.

Di V. S. Illustrissima servitor affezzionato.

(*Paraphe de Rubens.*)

D'Anversa, alli 30 di settembre 1623.

Hò scritto con più securtà per la confidenza grande ch' io hò nella puntualità del portatore di questa, che mi ha promesso di dar questa in propria mano di V. S. Illustrissima, et il simile farò nel rimandargli a suo tempo l' originale della risposta.

Mi dice di più il Cattolico ch'el secretario del principe (1), per la cui mano passa la speditione di questo trattato, si chiama Giunio, et è huomo molto corruptibile et che piglia d'ambo le mani, ma che il suo zio non sarebbe a proposito per guadagnarlo per tal mezzo, che per l' integrità propria giudicarebbe cattivo quel modo di procedere. Hò però creduto esser buono che V. S. Illustrissima lo sappia.

Mi pare ancora molto pericoloso che per l'avenire il Cattolico in persona comparisca a Brusselles, per il sospetto che darebbe al cardinal della Cueva, et perciò sarebbe meglio che lui, caso che questa volta non si rompa il commercio del trattato, al ritorno si fermasse in Anversa, et ch' io mandassi o portassi in persona la sua risposta. Ma questo non bisogna che venga da me, perchè lui forse entrarebbe in sospetto di me, crede-

(1) En marge : « Questo secretario fù causa che l' ultima risposta non si mandasse in meglior forma, ma vi fece levar non so che a nostro favore, potendo egli molto col principe. »

rebbe ch'io volessi escluderlo et transferir tutto il negocio nella mia persona. Et perciò, se pare necessario a V. S. Illustrissima, saria bene ch'io potessi mostrargli qualque aviso o ordine di V. S. Illustrissima a questo proposito.

In questa città non si parla d'altro che del ritorno del principe de Galles in Inghterra : ma non viene creduto universalmente, per esser venuta la nova di Zelanda.

(Original autographe, aux Archives du royaume.)

IV

Lettre de Rubens à l'infante Isabelle.

Paris, 15 mars 1625.

(Voy. p. 29.)

Madama Serenissima,

Doppo che io scrissi col ultimo ordinario a Montfort, hò ricevuto ancora un aviso molto particolare toccante la venuta del signor duca di Neoburgh in questa corte, qualificato et autorisato dal re per tratare et concludere la tregua con Olandesi : la qual cosa, ancor che io cognosco il valore, capacità et industria di esso signor duca, mi ha parso molto strana, tanto più che sappiamo di certo esser fundata questa resolutione di Sua Ma^{tà} in un soggietto molto devole, et che il tutto si è fatto a persuasione del graffir de Bye, el qual pensa de haver praticato un gran negocio, per via di un certo Fuquier, in questa corte, con el favorito del re chiamato Thorasse. Et perchè io haveva qualche inditio di questa briga inanzi la mia partenza di Brusselles, mi sono informato minutamente delle qualità di questi personnaggi ; et perciò, vedendo la cosa non esser secreta, y considerando il valore del sig.r de Meulevelt, gli diedi parte del tutto, per intendere la sua intentione y giuditio cerca questa materia : la cui opinione V. A. intenderà della sua lettera propria, che va qui giunta, la quale non parla però così particolarmente come la mia, non essendo lui informato di quello si è trattato per altri mezzi, e particolarmente col Cattolico. Non obstante ch' io sò certo V. A. saper tutto quello che passa et ha forse le sue raggioni a mi incognite che la movono forse a trovar bona questa pratica del de Bye, yo espero che V. A. non haverà per male che io gli dica il parer mio, secondo la capacità mia et colla libertà solita, che tanto farò più animosamente quanto il sig.r de Meulevelt trova la cosa di maggior importanza, et ha giudicato esser necessario d'espedir questa staffeta espressa per questo effetto a V. A., a fine che sappiamo come doviamo governarci al arrivo del sig.r duca in questa corte, che potria esser in breve.

Pare donque che se deve considerar questo negotio del suo principio et del suo autore, el qual si chiama Fouchier, come hò detto, et è sollicitante di non sò che negotio in questa corte, huomo de pessima reputatione, avvezzo a pigliar dinari con certe pretensioni fondate in aria, a pregiudizio del terzo (1), e fù quello che, l'anno passato, condusse il de Bye a Parigi, metendogli questo pensiero in testa, che, per ottener la tregua, bisogna guadagnar, anzi comprar a danari contanti, il favorito del re chiamato mons.r de Torrasse, col qual esso Fouquier pretendeva gran privanza; e questo partito ha proposto il de Bye al sig.r duca di Neoburgh (2), il qual, per sua bontà et credulità (ch' è propriamente la qualità de persone ben intentionate), ha prestatoli intieramente fede et datone parte al re et gli suoi

(1) A la marge : « Costuy è ben cognosciuto dal sig.r de Meule-
« velt, e tenuto per tale quale yo lo descrivo. »
(2) A la marge : « Primo di presenza, poi per lettere mentre il
« sig.r duca s'è trattenuto in Spagna. »

ministri; et, se no m'inganno, ancora si ha stipulato nominato (?) la somma di questa compra, che sarebbe poco, perchè la maggior parte sarà per gli contratanti, se giamai potesse sortir ad effetto. Ma noi siamo d'opinione, considerando il stato presente di questa corte, et crediamo fermamente, che non si potrebbe pigliar una resolutione più aliena ni più lontana dal fine che desideriamo, ni più vergognosa a Sua Ma^{tà} : prima, perchè il duca, venendo di Spagna, sarà sospetto e mesmo, come interessato nella tregua per causa degli suoi Stati che patiscono molto per la guerra di Fiandra, sarà poco creduto, et parerà che Spagna procuri, per il mezzo del sig^r duca e (quello ch'è peggio) per mezzo de i Francesi, l'accommodamento con gli suoi ribelli, che par' d'esser directamente contra la reputatione di Sua Ma^{tà}, poichè sarà il primo a ricercargli, et ancor, secondo il parer nostro, in vano et senza frutto, haviendo gli Francesi, per la lor maxima di Stato, il mantener la guerra sempre viva in Fiandra, et il re di Spagna in continua spesa et travaglio, et ciò lo mostrarono con tanti soccorsi di danari et huomini, sino dal principio del regno di Henrico IV al giorno d'oggi. Et perciò V. A. si deve ricordar ch'il principe d'Orange ha sempre protestato, per il Catholico, che venendo la pratica a notitia degli ministri de i rè di Francia et d'Ingliterra, si romperebbe al instante, et si è lamentato (benche sì, come io credo, a torto) che le sue polizze erano state mandate da noi in Francia, solamente per rompere la confederatione dei stati y buona correspondenza con quella corona. Non servirà donque la proposta del duca di Neoburgh ad altro che a palesar gli nostri secreti, et avertire gli nostri francesi inimici per tempo, a fine che possino con maggior certezza et violenza opporsi a gli nostri disegni et impedirgli con tutte le lor forze, et disgustar intieramente il principe d'Orange, e troncar ogni altra pratica in questa materia, la quale è tanto avanzata come V. A. sa; nè vego come gli Francesi possano in modo alcuno levar l'ostaculo de la impresa che solo impedisce l'effetto, venendo da loro sostentata con tanta pertinacia la parte contraria, come se la perdita fosse del lor proprio interesse. Et mi par ridiculo di credere che noi siamo, alla lor persuasione, per abbandonar l'assedio di Breda, o il principe per darcila alla loro requisitione, nè che gli Francesi siano per desiderar questo, o che possino ritrovar qualche mezzo ydoneo per la cessation d'armi, più di quello che faressimo noi istessi quando la volessimo. Et per il resto non si ha di bisogno del lor favore, come V. A. sa, nè del mezzo del sig.r duca, nè di comprar da Francesi quello che potiamo haver gratis.

Tocante il Thorasse, credame V. A., che gli è una pazzia di esperar da luy la tal cossa, che no è in poter suo (1), perchè luy non s'intromette in cosa di Stato et è tenuto gentilhuomo savio e modesto e chi non ha altro carico che il governo del forte di Sant Luigi soto la Rochella, et per li motivi del Soubise venuto a la corte, per tratar di un porto che gli vorrebbe fare a quella fortezza, et si crede che partirà aquella volta fra pochi giorni; e bisogna credere che tutto il governo di questo regno è in mano de la regina madre et il cardinal de Richelieu per adesso, li quali traversanno il Thorasse dove possono, et sarebbono contrarii a qualsivoglia cossa che da lui o per lui si tratasse. Et per conto della particolar inclination del re verso lui, egli è di gran longa inferiore, nella bona gratia della Maestà Sua, al novo favorito chiamato Barradan, che priva di tal maniera che dà stupore a tutta la corte y gelosia al cardinale istesso, che perciò procura con ogni sorte d'artificii ad obligarselo (2).

(1) A la marge : « Se però il Thorasse presta l'orecchio al tratato, « V. A. vederà che sarà un tradimento o un tratato doppio, per « poterlo poi rivelare al re, et farli parere la sua fede et integrità, « come fece il signor Van Quesel con el padre Oporio. »

(2) A la marge : « Con tutto ciò il re ha detto a Barradan che « non si meta nel maneggio di negotii, ne pensi giamaj d'aver parte « in cosa di Stato. »

Considerando tutte le raggioni sopra dette, suplico V. A. sia servita di darmi licenza di dir semplicemente el parer mio, poichè mi ha fatto l'honore di consultarmi altre volte sopra questo medesimo soggietto. Io giudico il signor duca di Neoburgh esser attissimo a questo trattato, ma non per trattarlo in questa corte, la qual abhorrisce, più d'ogni altra cosa del mondo, la tregua, et mi dispiacce la poca speranza del negocio che mi viene avvisato da diverssi. Di me dubito, cognoscendo il modo di far di quel principe, che ben presto sarà publicato per tutto : il che di quanta consequenza sarebbe, rimetto alla consideratione di V. A. Y perciò parebbe al signor de Meulevelt et a mi necessario che V. A ritenesse in tutti modi il de Bye (1), che dice voler venir a incontrar il duca per la posta sino a Orleans, per assisterlo in questo negotio; et ancora sarebbe bono che V. A. fosse servita di advertire per tempo il sig.r duca (inanzi che possa far alcuna apertura del negotio qui) che non faccia niente senza haver prima communicato con V. A., et che perciò venga a drittura a Brusselles, senza fermarsi punto in questa corte; et poi V. A. havendo tempo da pensarsi, et intesa la mente et instrutione del duca, potranno insieme pigliar quella resolutione che più gli parerà a proposito.

Fra tanto suplico V. A. sia servita di advertirme, quanto prima, come yo debba governarmi co'l duca in questo negotio, et ancora il sig.r de Meulevelt desidera de ser informato della intentione di V. A. (poichè il signor duca facilmente vorrà servirse de la sua assistenza in questa corte), se deve secondarlo o impedire che non meta la mano in questa pasta. Io ancora, come picciol instrumento, per la bona inclinatione che il signor duca ha sempre mostrato verso di me, potrei servire a divertirlo, se fossi instrutto della voluntà di V. A. S.ma, alla quale mi sottometto humillissimamente, et gli preggo perdono del troppo

---

(1) A la marge : « Che credo habbia già ottenuto licenza da V. A.
« di poter venir a Pasqua. »

ardire, suplicandola di voler credere che io mi movo solamente per buon zelo verso il servicio del re et di V. A. et il ben publico della mia patria.

Con che facendo fine, baccio con ogni riverenza gli piedi di V. A. S.

       Pietro Paolo Rubens.

Come il marchese di Mirabello, ambasciator catholico in questa corte, personaggio molto prudente e discreto, havendo inteso qualche vento del cargo del sig^r duca di trattar questo, che él trova malissimo, io credo che procurarà de impedirlo, et perciò sarà necessario che V. A. si lascia intendere quanto prima, perchè non si faccia qua la mala opera al roverso della intentione di V. A., chi forse sa qualche misterio che noi non penetriamo, nè conviene che lo sappiamo (dico di me solo), che basta un minimo...... (1) di V. A. per esser ubedita.

E quando si dovesse trattar di un accommodamento generale di tutte le differenze vertenti tra le corone di Spagna y Francia, sarebbe meglio, al giuditio nostro, che la prima apertura si facesse per il legato pontificio che si dice seguramente che venerà in breve in questa corte, come persona neutrale; et volendovi includere poi la tregua, per levar l'ostaculo di questa guerra di Fiandra, che causa gran'inconvenienti y gasta la bona intelligenza tra le due corone, sarebbe meglior espediente che tal propositione si facesse per terza persona non interessata nè sospetta, come il legato, che di un principe interessatissimo con Spagna et venendo da quella corte (2), non essendo questo un negotio de camino; o al meno se pur il signor duca deve farlo, sarebbe più oportuno il tempo et si farebbe con più decoro doppo l'arrivo del legato y fatto già la propositione da S. S. I^{ma} di qualche accommodamento delli motivi d'Italia y la Valtelina,

---

(1) Ce blanc est dans le manuscrit.
(2) A la marge : « Il tutto sia detto colla debita sumissione y « perdono. »

che facilmente s'attacaria poi un trattato al altro, colla occasione degli soccorsi che il re di Francia dà ad Olandesi et simil cose. Prego di nuovo perdono a V. A. della presuntione che io uso del trattar con troppa libertà di cose di tanto momento.

Se yo fossi informato della voluntà di V. A., yo potrei ancora scrivere al signor don Diego et al signor conte d'Olivares sopra questo soggietto; et haverei ancora scritto al signor marchese Spinola: ma non ardisco d'arrischiar la letra; et se V. A. lo trovarà buono, ben potrà far a Su Ex. parte di questa. Ma io suplico V. A. sia servita di stipular la secretezza e che questa lettera sia buttata nel foco, perchè io sono servitor affectionatissimo et obligatissimo al signor duca de Neoburgh, nè hò causa alcuna di qualche minima malevolenza verso il de Bye (come sa il signor Iddio), ansi gli sono amico, nè vorrey in modo alcuno tirarmi a dosso la sua inimicitia, ma il ben publico et il servitio di V. A. mi move sopra ogni altra passione, e perciò mi raccommando nella prudenza y discretione di Vostra Altezza Serenissima.

(Copie, à la Bibliothèque de la Minerve, à Rome : MS. XX. IX — 4.)

V

Lettre d'Ambroise Spinola à Rubens.

Bruxelles, 21 décembre 1627.

(Voy. p. 73.)

—

La carta de V. S. de 17 del presente he recibido juntamente con la que venia con ella del abad Scaglia. Y haviéndolas visto S. A. entrambas, me a mandado diga á V. S. responda particularmente á Gerbier que me dará órden que en España (para donde parto dentro de dos ó tres dias) dé cuenta al rey, nuestro señor, de todo lo que a pasado, y procure saver su real voluntad, para que después se avise á V. S. que la haga saver al dicho Gerbier, y se procure llevar esta plática adelante. V. S. save quanto dessea S. A. que se ajuste, y en esta conformidad me da la órden que haga las diligencias; y V. S., que save tambien que he tenido yo siempre este parecer, bien juzgará lo que lo he de procurar. Pero para ello dos cosas creo que convendria: una, que esos señores declarasen, poco mas ó menos, la forma en que entienden se podrian concertar; la otra, que quando alguno tiene pensamiento de concertarse con otro, es bien proponer cosa que esté bien á la parte (que así se ajustan). De manera que si essos señores propusieren forma que pueda estar bien al rey, nuestro señor, puede pensar que tendré yo mas facilidad á persuadirle, y consiguientemente la plática á tener su effecto.

Bruselas, á 21 de diciembre 1627.

(Archives de Simancas, *Estado*, leg. 2320.)

VI

Lettre de Rubens à l'infante Isabelle (1).

Anvers, 26 janvier 1628.

(Voy. p. 75.)

—

Serenissima Señora,

El señor marqués me scrivió, á su partencia de Bruselas, que ocurriendo qualquiera cosa de Estado, yo lo avisase derecha-

(1) Cette lettre, comme les autres de Rubens qu'on trouvera plus loin en *espagnol*, est une traduction du texte original. Rubens écrivait en *italien* à l'infante, de même qu'à Ambroise Spinola et au comte-duc d'Olivares.

mente á V. A..... Y así agóra no puedo dexar de dezir á V. A. que aquel residente del rey de Dinamarca en Olanda á quien V. A. dió pasaporte para yr de aquí á Ynglaterra, se halla de algunos dias acá en esta ciudad. Y aviéndome venido á ver, se a alargado mucho conmigo en sus discursos, saviendo acaso, por Ingleses ó por otros, que V. A. me a hecho onrra tal vez de fiarme semejante plática, bien que con poco fruto. Este es olandés y muy enparentado en aquellas partes con los primeros del consejo de Estado, y para decir verdad, yo le hallo bien informado de todo aquello que se trata por diversos medios y se a tratado por lo pasado con Olandeses, y es yntrinsequísimo con el príncipe de Orange. Yo bien me persuado que él a torcido su camino á Ynglaterra por aquí con artificio, solo para mover alguna plática secreta de tratado con V. A. No curándose de venir á Bruselas, pasará tambien por Gante ácia Dunquerque ó Calés. Conténtase con mi medio, entre tanto que yo pudiese obtener órden de V. A. de poder conferir con él á boca y por scrito, quando habrá pasado en Ynglaterra, y para este efecto me quiso dexar una cifra. Yo he tomado ya licencia de oyrle, valiéndome de la confianza que V. A. y el señor marqués han mostrado de mí algunas veces : pero para pasar adelante, me parece que él querria que yo tuviese órden particular de V. A. para tratar con él. Esto se podria hacer con un villete de tres renglones de mano de V. A , como me le dió el señor marqués, de la suya, para calificar y autorisar mi persona en el tratado con Gerbier : este villete quedaria en mi poder, y bastaria mostrársele una sola vez, teniendo él sus comisiones y la órden de su rey en amplísima forma.

El concepto deste residente de Dinamarca puedo decir á V. A. en pocas palabras (haziéndome creer la poca fortuna de su rey que dice verdad y camina sinceramente). Es este : que los intereses del rey de Inglaterra, de Dinamarca y de los estados de las Provincias Unidas son ynseparables así por la religion como por toda otra razon de Estado, y no le tengo por menos ynformado de las cosas de Olanda y del príncipe de Orange que de las de su rey; y por esto se puede dudar si viene de común parecer de todos. Siendo pues los intereses comunes, es tiempo perdido tratar con algunos dellos en particular, que no se deve pensar que jamás aquellos estados cederán un punto de su título de estados libres, ni menos reconocerán al rey de España por su soberano, ni tampoco con el título solo sin otra sustancia, de su propia voluntad; pero sí se deve esperar que tal cosa no se hará mas que por el medio de los reyes sus confederados que acaso podrán apretarlos, aunque no forzarlos, á dar alguna satisfacion al rey de España.

Y si yo no me engaño, el viage deste residente á Ynglaterra se funda, á lo que parece, en demanda y solicitacion de socorros para su rey y para llevar juntamente alguna abertura de acuerdo; y me a tocado algunos discursos sobre los intereses particulares del príncipe de Oranges que algun dia diré á boca á V. A., por los quales juzgo que es verísimil que salen del mismo príncipe. Dixome más que la fama de la sinceridad de V. A. Ser^{ma} es grande en la opinion de todos, y que de mayor gana y con mayor realidad y confidencia se remitirán al medio de V. A. que de ninguno otro para qualquier tratado... Si V. A me da órden, yo sacaré deste residente alguna mayor particularidad y acaso qualquier scritura, y daré al punto aviso á V. A. Ser^{ma}, á quien con umilísima reverencia beso los pies, etc.

PIETRO PAUOLO RUBENS.

De Anveres, á 26 de enero 1628.

Esto apresura mucho su partencia, y por eso será bien que V. A. me responda quanto ántes. Dice que si V. A gustare de entrar en alguna plática, que á su vuelta de Ynglaterra pasará por aquí, y entretanto se podrá negociar por cartas, sin perder tiempo.

(Archives de Simancas, *Estado*, leg. 2517.)

VII

Lettre de Rubens à Ambroise Spinola.

Bruxelles, 30 mars 1628.

(Voy. p. 80.)

Excelentísimo Señor,

He recevido un pliego de Inglaterra de veinte y cinco de hebrero con un espreso, que contiene un discurso largo y confuso con muchas repeticiones y compuesto de diversas lenguas, en respuesta de la carta de V. E. de veinte y uno de diziembre, que me escrivió para que diesse la copia á Gerbier, offreciéndose V. E. con su yda á España hacer todo buen oficio para el acomodamiento de las dos coronas.

Escusanse (1) de no haver podido responder hasta agora por falta de buen recaudo de las cartas, haviendo muerto en Olanda el que las llevava, bolviendo de Amberes, y haberse hallado con gran travajo los despachos que llevava de pocos dias á esta parte. Les pesa mucho desta desgracia, y verdaderamente muestran de continuar en su buena intencion; y siento no poder embiar á V. E. el papel original, por venir parte dél en cifra y (como tengo dicho) compuesto de diversas lenguas y en flamenco : por esto escrivo á V. E. la sustancia á parte.

Yo havía escrito á Gerbier que no havía de encomendar el negocio al abad Scalla por ciertas consideraciones : pero él me

(1) En marge : « Estas no son escusas, sino que verdaderamente
« el hombre murió en la Haya, como me he informado de cierto, y
« haviéndose después hallado las cartas, se detubieron mucho tiempo
« por los vientos contrarios que corrieron en Olanda. »

responde ser imposible, por el gran crédito que tiene con sus amos, y que obra con tanto fervor y valor que se haria agravio á él y daño al negocio con tenerle por sospechoso y escluirle, haviendo mucha variedad de pareceres y muchas personas y ministros del pays y forasteros de grande authoridad (1), que procuran con todo genero de artificio estorbar esta plática y acomodar las cosas con Francia; y para el opósito destos sirve de grande instrumento el dicho señor abad, el qual, ó porque juzga este espediente ser el mejor por el servicio de su señor, ó por odio y disgusto que ha tenido de los Franceses en sus particulares, es de gran servicio en la materia. Y por mayor certidumbre el duque de Boquingan me embia un pasaporte para poder libremente, debaxo del nombre del señor abad, embiar sus correos para Saboya y otras partes (que servirá solamente de pretesto) con naves inglesas, barcas ó chelupas, á Dunquerque, pidiendo otro semejante á S. A. por el mismo effecto, con condicion pero que no pasen en compañía otros pasageros sin pasaporte. Me escrive ser esto necesario, por ser el camino de Olanda muy largo y yncierto por los vientos contrarios y otros inconvenientes, como ultimamente ha sucedido, que en ocho semanas, por causa del mal tiempo, no se han podido tener nuevas de aquellas partes.

El señor abad me escrive tambien largo, asegurando mucho los buenos oficios que haze, rogándome que asegure Su Alteza y Vuestra Excelencia de la buena disposicion de su príncipe para el servicio de Su Mag.d Católica y de la serenísima infanta, y promete que por su parte hará todo lo posible para promover el negocio y no dexarlo hasta conseguir el effecto. De manera que si me conviene decir mi parecer, yo soy de opinion que no se pueda ni se deva escluyr ó disgustar el dicho señor abad, sin evidente peligro de hechar á perder toda la plática,

(1) En marge : « Tambien hay embaxadores estranjeros que hacen « grande esfuerzo en favor de Francia. »

y el Gerbier me lo escrive claramente : que servirá por aviso á V. E.

En lo demás me remito á los papeles que van con esta, y beso á V. E. con humilde reverencia las manos.

De Bruselas, á 30 de marzo mil seiscientos veinte y ocho.

De V. E. humilísimo y devotísimo servidor,

PIETRO PAOLO RUBENS.

(Archives de Simancas, *Estado*, leg. 2517.)

VIII

Lettre de Rubens à Ambroise Spinola.

Sans date (30 mars 1628?).

(Voy. p. 82.)

Excelentísimo Señor,

Haviendo hecho el despacho que va con esta, me sobrevinó otro gran despacho del Gerbier con tres cartas escritas de su mano. La una dellas, que es en lengua francesa, embio á V. E, y de las otras dos, escritas en flamenco, que hinchen quatro manos enteras de papel, diré á V. E. la sustancia.

En todas estas cartas él no hace mencion ninguna del señor abad Scalla, considerando quiza mejor lo que havía escrito acerca desto : pero en una de las dos cartas me escrive, en forma mucho mas clara, todo lo contenido en la del señor abad, sin hacer mencion dél. La otra, que es larguísima, contiene quejas y repeticiones de las cosas pasadas : como se ha hecho tanto por parte de su rey y del duque que no se podia desear mas;

haverle embiado á él en persona á Bruselas por mis persuasiones y haver llebado cartas de creencia de mano propia del duque su señor, y los papeles que después ha embiado, y particularmente el de los nueve de marzo, otorgados y hechos con consentimiento de su rey y aviso del consejo real, pero que nosotros hemos sido siempre tan reservados que nunca ha tenido otra respuesta que de poca sustancia, y solamente que S. A. escriviria á España, sin que V. E. se haya dignado escrivir una pequeña cartilla de su mano, para poderla mostrar á su rey y al duque, en recompensa de tres ó quatro que me ha escrito de su misma mano, y que después de la tardanza de quatro meses á la Haya en compañía de Carlethon, que vinó á este efecto, aunque debaxo de otro pretesto, yo le fuí á visitar ántes como amigo que por otro respecto, sin hacer demostracion de ningun genero de comision de mis señores; y habiéndole detenido mucho tiempo, no le dixe otra cosa mas que una respuesta flaca, que *les deux roys s'estoyent accordés ensemble*, con tanto menoscabo de la reputacion de S. A. y de V. E. como si España se hubiese burlado de sus amos, y servídose dellos solamente para hacer lo contrario; que su rey y el duque se han siempre mantenido en la buena opinion de la sinceridad y buen zelo de S. A. y de V. E., y creen que sus buenas intenciones fuessen divertidas en Francia por malintencionados y quizas embidiosos que se haya antepuesto el medio de la serenísima infanta al suyo (1), pero que el consejo lo haya entendido diversamente, sospechando que los nuestros fuesen artificios por el instinto de España, para coger de repente á los Ingleses, quizas con designio de hacerse señores de sobresalto del reyno de Inglaterra, como si fuese una bicoca que no le da ningun genero de cuidado (2), aunque en gran parte havia

---

(1) En marge : « El marqués de Mirabel. »
(2) En marge : « Esto escrive yronicamente, conforme que el
« S.ᵒʳ D. Diego me dixo en Bruselas, y no sin fundamento. »

quitado esta sospecha la copia que yo emblé de la carta de V. E. de los veinte y uno de diciembre que me escrivió ántes de partir para España, offreciéndose V. E. hazer todo buen oficio con el rey nuestro señor por el acomodamiento de las dos coronas, pero que recebía por mal que yo no le hubiese embiado la carta original, sino solamente la copia.

Y tocante á lo que contiene la carta, dice el Gerbier haverle parecido estraño que V. E. hable de aquella manera : « Dos » cosas creo que convendrían : una, que esos señores decla- » rasen poco mas ó menos la forma en que entienden se » podrían concertar », como si V. E. se hubiese olvidado ó disimulase saber las propuestas hechas por su parte y presentadas, y entre las otras el papel de nueve de marzo en amplísima forma, en la qual su rey se contentava remitir las cosas de Alemania á mejor comodidad, con prometer que el rey de España interpondria su authoridad con el emperador para ajustarlas á su tiempo (1); que el rey de la Gran Bretaña haria al presente todo su esfuerzo para reducir los Olandeses á la razon, y que si no se pudiesse ajustar la disputa del título tan de repente, se podria hacer una cesacion de armas con ellos, pasándolos debaxo del nombre simplemente de confederados de Su Mag.^{d} de la Gran Bretaña, y que á este efecto despachó luego el Carlethon á aquella parte, donde se detiene todavía ; á todo esto no haver jamás parecido respuesta ; por tanto esser insufrible que V. E., sin hacer ninguna mencion de las cosas pasadas, quiera que ellos hagan proposiciones nuevas, no haviendo rehusado las viejas, las quales eran fáciles y fundadas en toda razon en conformidad de las paces del año 1604, las quales podrán servir para exemplo, siendo tan cumplidas en todos aquellos capítulos : no siendo necessario lo que V. E.

---

(1) En marge : « El estilo deste papel era harto oscuro, pero con-
« tenia lo que aquí se dice. »

dice en su misma carta, que quando alguno tiene pensamiento de concertar con otro, es bien proponer cosa que esté bien á la parte, que así se ajustan, porque las proposiciones y la paz sobredicha son tales que el rey de España no podria dessear mas, y particularmente en la sazon que corre: que se remite á la consideracion y prudencia de V. E.

Esto es lo contenido de la una de las cartas de Gerbier escrita en lengua flamenca, de diez y ocho de febrero, estilo antiguo; y lo que dice en la otra lo verá V. E. en el pliego siguiente.

(Archives de Simancas, Estado, leg. 2517.)

IX

Lettre de l'infante Isabelle à Philippe IV.

Bruxelles, 31 mai 1628.

(Voy. p. 88.)

La carta de V. Mᵈ de primero del presente he recivido, que trata de la materia de concierto con Inglaterra que corre por via de Pedro Pablo Rubens, á quien en la conformidad que me manda V. Mᵈ he ordenado que entregue todas las cartas originales y en cifra que le han escrito en esta materia; y ha respondido que está prompto para cumplir lo que se le manda, pero que ninguno entenderá las cartas que él, por los términos dellas y contener otras cosas particulares diferentes de la materia, y que siendo V. Mᵈ servido de nombrar aquí persona á quien las pueda mostrar en confianza, lo hará ó las llevará á essa corte, sirviéndose dello V. Mᵈ, que mandará lo que fuere servido se haga tocante á esto. Y por lo que me refirió el embaxador de Lorena, y por lo que se ha entendido y entiende por otras vías, se tiene por cierto que Ingleses desscan concertarse con V. M^d; y assí, quanto á mí, no pongo duda en que Rubens ha declarado lisamente lo que le ha propuesto Gervier.

De Brusselas, á 31 de mayo 1628.

(Minute, aux Archives du royaume, à Bruxelles : Correspondance, t. XXIII, fol. 280.)

X

Lettre de l'infante Isabelle à Philippe IV.

Bruxelles, 7 juin 1628.

(Voy. p. 91.)

—

Por deziembre último passado se me pidió passaporte para passar por estos Estados, desde Olanda la buelta de Lorena, el conde de Carleil, embaxador del rey de Inglaterra, por medio de Pedro Pablo Rubens. Conzedí el passaporte, pero tratóse de que fuesse con clausula de que no havía de passar por esta villa. Después paresció que bastava dezirlo de palabra á Rubens, el qual lo adbirtió; y assí se quedó de acuerdo. Después desto el dicho conde de Carleil llegó á Olanda, y al cavo de algunos dias que estuvo allí, escrivió al baron de Balanzon, que govierna la villa de Breda, como tenia passaporte mio, pidiéndole passo libre conforme á él, y que vendria á Breda : lo qual le permitió. Pero, aunque llegó junto á Breda, no entró en ella, sino alojóse en un villaje ó aldea, y de allí passó á Amberes; y desde el camino embió persona expressa á don Cárlos Coloma con un recado muy cumplido, mostrando desseo de verse con él en

Amberes. Respondióle don Cárlos con toda cortesía que no podia yr á Amberes á verse con él, pero que le parezia seria bien siguiesse su camino sin llegar aquí. Llegado el dicho conde á Amberes, escrivió á Rubens, que se hallava aquí, que fuesse allá (como lo hizo); y para abrir camino á su venida aquí, comenzó á dar una gran quexa de que le havian prohivido el venir aquí, y en medio della dixo que le parezia imprudencia no permitírselo, pues estando en guerra su rey con V. M^d, seria de gran reputacion nuestra que vea el mundo que él viene aquí, con que podrán inferir todos que es á rogar para llegar á conciertos, y que por todas razones y dessear que yo le hiziesse la cortesía que havía hecho á todos los embaxadores, desseava sumamente la venida aquí. Y assí lo permití, y le he hecho alojar y agasajar par la misma razon que él ha declarado. Y á los 3 del presente me pidió audiencia, la qual le di, y en ella me dixo (con grandes cumplimientos) que yva á Lorena y á Saboya á negocios muy importantes al servicio de V. M^d, como si quisiera dezir à los de Italia. (1) Y todo lo demás fué agradecymyentos y cunplymyentos de su parte; y en medio dellos me dyjo que no traya nada que decirme de parte de su rey : á que yo le respondy que me pesaba de no tener tan poco nada que decylle, pero que con todo eso le preguntarya como estaba el rey y la reyna. Desto yço él tanta estyma que me dyjo era la mas rara pryncesa que abya en el mundo, y otras mill cosas de las que suele : á que yo le atajé, preguntándole por su jornada.

De Brusselas, á 7 de junio 1628.

(Minute, aux Archives du royaume, à Bruxelles :
Correspondance, t. XXIII, fol. 281.)

(1) Tout ce qui suit a été ajouté à la minute, de la main de l'infante.

XI

Lettre de Philippe IV à l'infante Isabelle.

Madrid, 6 juillet 1628.

(Voy. p. 93.)

—

Serenissima Señora,

He visto la carta de V. A. de 31 de mayo en respuesta de lo que escriví á V. A. en órden á Pedro Pablo Rubens. Y pues ha dado á entender que vendrá por acá, si se le ordena, y traerá las cartas y papeles que tiene tocantes á la plática de Inglaterra, será bien que V. A. le mande dezir que lo haga, pero ajustando primero con él lo que se huviere de hazer y diziéndole que trayga todo lo que tuviere deste genero. Y si Ingleses quisiessen embiar alguna persona con poder secretamente á los puertos de Cantabría, podria V. A. dar passaporte : con que seria mas útil la venida de Rubens. Pero en esto no se le ha de hazer instancia, sino dexar que él, como interes suyo, lo disponga. Nuestro Señor guarde á V. A. como deseo.

De Madrid, á 6 de Julio de 1628.

Buen sobrino de Vuestra Alteza,
Yo el Rey.

D. Ju° de Billela.

(Original, aux Archives du royaume, à Bruxelles : *Correspondance*, t. XXIV, fol. 20.)

XII

Lettre de l'infante Isabelle à Philippe IV.

Bruxelles, 6 septembre 1628.

(Voy. p. 102.)

—

Aquí llegó el otro dia el abad Scaglia, embaxador de Saboya, de buelta de Inglaterra, y ha referido lo que mandará V. M.^d veer por la relacion que va con ésta. Con él ha venido Garbier, el que tiene correspondencia con Rubens, y ha declarado lo que va notado en la misma relacion, y ha partido con el dicho abad Scaglia la buelta de Saboya, de donde (segun ha dicho) passará á España. Tambien ha venido juntamente don Antonio Porter, el qual va agora á essa córte en compañía de don Francisco Çapata. Remítome á la relacion que harán el uno y el otro quando lleguen por allá, y de lo que aquí ha passado me ha parescido dar quenta á V. M^d, y de que han sido bien recividos y regalados.

De Brusselas, á 6 de septiembre 1628.

Relation jointe à la lettre de l'Infante.

El abad Scaglia, embaxador de Saboya, que viene de Inglaterra, ha referido lo siguiente:

Que luego que llegó á Inglaterra, hizo oficios con aquel rey para que se pacificase con Su Mag^d Cattólica, paresciéndole que por aquel camino asseguraba los intentos del duque de Saboya, y que, despues que lo vió reducido al servicio de Su Mag^d, continuó la plática mas apretadamente, y que siempre mostraron inclinacion á ello el rey y Boquingam, y que le pidiéron que fuese á España á tratar dello, y él se escusó por razon de su oficio.

Que en Inglaterra persisten en querer incluir al palatino, Dinamarca y rebeldes de Olanda, por los respectos que se saven, y á los Olandeses en particular, por tener con ellos liga ofensiva y defensiva, por algunos años, contra los que quisieren quitarles su pretensa libertad.

Viendo el abad las dilaciones y dificultades que puede haver en esto, propone que se haga suspension de armas entre Su Mag.^d y Inglaterra por algun tiempo, para que, durante él, se trate de la paz y de lo tocante á los interesados y amigos de ambas coronas, dexándoles facultad para entrar en la suspension, si quisieren, y que con éste medio no tendrán causa los unos y otros de quejarse que ambas coronas falten á las obligaciones que les tienen.

Que le dixo Boquingam: « Hágamos nuestra paz con España » y el negocio del palatino, y después harán los Olandeses lo » que quisiéremos. »

Muestra el embaxador saver todas las pláticas que han passado por medio de Rubens, por havérselas dicho Boquingam, y trae consigo á Gerbier, que es el medianero de aquella negociacion.

Encareze mucho que conviene caminar á priesa en este negocio por los accidentes que podrian turbarlo, y particularmente por las pláticas que corren de paz con Francia y por la inconstancia de la córte y cosas de Inglaterra, y aconseja que yendo don Antonio Porter á Spaña, no se le diga solamente que se inclina allá á la paz, sino que se pase á los puntos della ó de la suspension, por ganar tiempo y no dar lugar á mudanzas.

El dicho abad ha declarado que, si agora se tratase del particular de la quietud y libertad de los cathólicos, se romperia todo, y que conviene obmitirlo; que después se podrá tratar y encaminar mejor.

Dize que el duque de Saboya podrá hazer mucho en este negocio por la confianza que hazen dél en Inglaterra, y que el duque es muy interessado en que aquel rey no se concierte con Francia, y assí procurará de veras la paz con Su Mag^d; y afirma el embaxador que Boquingam le prometió que no se haria acuerdo con Francia hasta tener respuesta de España.

Dize assimismo que en Inglaterra desscan que se trate de la paz aquí por diversos respectos, y particularmente por ser puesto cómodo para todos los interessados.

Ofrezese el embaxador á venir aquí y yr adonde convenga para facilitar la negociacion, y muestra desseo de intervenir en ella.

Dize que Olandeses rehusarán que pudieren el dexar sus cosas á disposicion de Inglaterra, porque temen que querrán hazer el negocio del palatino á costa dellos.

Propone que, presupuesto la dificultad que havrá en la restitucion del palatino, que se trate casamiento de su hijo mayor con una hija del emperador, y que con ello creerán que son ciertos los ofrecimientos que se les hicieren de restitucion, y que se aseguraria la sucesion de Inglaterra en un cathólico, pues se havria de criar como tal, aunque con algun recato, por no alterar á los Ingleses.

Propone que, para asegurarse de Francia, se asista á los hugonotes, y se dé por cabeza de los de Normandía y otras provincias vecinas al duque de Bullon, y se ayude á la Rochela.

Gerbier ha declarado, en gran secreto, recatándose del abad y de Porter, que los del consejo de Inglaterra inclinan todos á la paz con Francia, y persuadieron á su rey que diesse órden á Boquingam para que si, ántes de intentar el socorro de la Rochela, le propusiesen algo por parte de Francia, lo oyesse, y que el rey vinó en ello. Por cuya causa le pareze será bien que se apresure la plática.

(Minute et copie, aux Archives du royaume, à Bruxelles :
Correspondance, t. XXIV, fol. 104 et 106.)

XIII

Lettre de Philippe IV à l'infante Isabelle.

Madrid, 27 avril 1629.

(Voy. p. 114.)

—

Serenissima Señora,

La plática de pazes con Inglaterra que se ha yntroduzido como V. A. save, he juzgado por conviniente se continue, y assí he resuelto vaya á Inglaterra Pedro Pablo Rubens, con la instrucion que, con órden mia, le ha dado el conde duque y mostrará á V. A. Y porque en ella se dize que siga la que V. A. le diere, solo se me offreze que adbertir que en caso que no hayn aparencia de acomodarse las cosas con Olandeses por el camino que agora se trata (y no de otra suerte), ordenará V. A. á Rubens que en buena ocasion diga al gran thesorero don Ricardo Weston que alguna vez havía oydo referir acá que para ajustar la paz, que puede tener mas largo discurso que parescia en Inglaterra, que erá bien huviesse suspension de armas; que siendo assí, por mi parte no habria dificultad en assentarla con aquel rey y con Olandeses, ni en procurar que el emperador haga la misma suspension con el de Dinamarca. Y viniendo en ella podrá V. A. effectuar la suspension, acordando que para la paz embie después el rey de Inglaterra persona en la conformidad que se apunta en la instrucion de Rubens. Y por si se encamina la dicha suspension, se embia á V. A. poder para aceptarla y concluirla; y por tenerle ya V. A. para hazerla con Olandeses, no va con estension en quanto á ellos. Y ajustándose esta suspension de armas, el concierto con Olandeses ha de ser en todo en la conformidad que tengo escrito á V. A., con la entrada en el principio della que tiene ajustada Queseler: pero pudiéndose conseguir la suspension con Olandeses por el dicho Queseler, solo ha de tratar Rubens de la suspension con Inglaterra y oficios que se harán con el emperador para que la haga con el rey de Dinamarca, sin mezclar en la materia á Olandeses.

Tambien se ordena, en la instrucion de Rubens, trate con Mos. de Subisa sobre lo que ha propuesto de tomar puesto en Francia; y segun lo que negociare, siendo en conformidad de lo que se le ordena por la instrucion, hará V. A. que se provea luego el dinero que se ha de dar, que con puntualidad y toda brevedad se remitirá á V. A. la cantidad que fuere. Nuestro Señor guarde á V. A. como deseo.

     Buen sobrino de Vuestra Alteza,
       Yo el Rey.
D. Ju° de Billela.

De Madrid, á **27 de abril 1629.**

     (Original, aux Archives du royaume,
     à Bruxelles.)

XIV

Lettre de Philippe IV à l'infante Isabelle.

Madrid, 27 avril 1629.

(Voy p. 117.)

Madame ma bonne tante,

Les services et bonnes parties de Pierre-Paul Rubens me font prier V. A. de faire dépêcher à son profit patente de l'office de secrétaire de mon conseil privé par delà, à condition de ne le desservir et qu'ayant son filz aisné l'eage et souffisance pour exercer ledict estat, et s'en déportant ledict Rubens, luy en serons données lettres patentes de commission, afin de par effect le desservir et en estre mis en possession.

Je prie Dieu, madame ma bonne tante, conserver V. A. en parfaicte santé, à longues années.

De Madrid, le 27ᵉ d'avril 1629. Mᵉ Lᴇɢⁱ vᵗ.

Vostre bon nepveu,
Philippe.

J. O. De Brito.

(Archives de Simancas, *Secretarias provinciales*, reg. nᵒ 2625, fol. 146 vo.)

XV

Lettre de l'infante Isabelle à Philippe IV.

Bruxelles, 17 mai 1629.

(Voy. p. 119.)

—

La carta de V. Mᵈ de 27 del passado he recivido con Pedro Pablo Rubens, y en la conformidad que me manda V. Mᵈ, partirá luego para Inglaterra á tratar lo de la suspension de armas entre la corona de V. Mᵈ y aquella. Y no lleva órden para tratar de incluir en ella á Olandeses, porque el comis Juan Khesseler está platicando de la tregua con ellos en Rossendal, y hasta agora pareze que ay alguna aparencia : pero con lo que he dispuesto y ordenado, se verá presto su intencion y inclinacion, de que daré quenta á V. Mᵈ. Y si acaso se rompiere la plática que Khesseler trae con ellos y no se viere aparencia de conseguir lo que se dessea, entónzes se avisará á Pedro Pablo Rubens que, ántes que salga de Inglaterra, trate de que sean incluidos los Olandeses en la suspension de armas con los demás; y espero que llegará á tiempo la órden que se le embiare. Y yo he dado á Rubens las instruciones convinientes, conforme á la mente de V. M^d.

De Brusselas, á 17 de mayo de 1629.

(Minute, aux Archives du royaume, à Bruxelles.)

XVI

Lettre du secrétaire Barozzi, envoyé de Savoie à Londres, au duc Charles-Emmanuel.

Londres, 6 juin 1629.

(Voy. p. 121.)

—

È poi giunto Rubens, dal quale mi è stato consegnato un pliego con molte lettere del abate (1)............

Hò fatto conoscere a Rubens quanto si debba a Vostra Altezza per la buona parte che hò trovato qua in sostenere gl' interessi del re suo signore. Li ha benissimo confessati, conosciuti, e dettomi che in Spagna li hanno toccati con le mani per le lettere che hò scritto all' abate e che da lui erano communicate a quelli ministri......

Esso Rubens ha visto il re, al quale ha largamente spiegato le sue commissioni, tanto per la sospensione d'armi che per il trattato di pace e stretta unione tra la Spagna e questa corona, non replicando io minutamente i soggetti del negotio particolarmente.

(1) L'abbé Scaglia.

Sua Maestà, sul principio di discorso, disse a Rubens che l'aggiustamento con Francia non era che una sospensione d'armi, e che romperebbe dalla sera alla mattina contro essa quando si potesse aggiustar con Spagna......

Circa la sospensione d'armi il re l'escluse subitò totalmente, e gli comandò di non farne motto ad alcuno de' ministri, eccetto ch'al gran tesoriere, perchè disse che penserebbero che questo fosse un artificio di Spagna per ingannare l'Inghilterra, e con questa sospensione portar avanti il negotio per far li fatti suoi; che se la Spagna avesse prevenuto la Francia, era cosa fattibile, ma ora no altro che l'assedio di Bolduch la difficolterebbe con grandissime lunghezze.

Per le trattazioni e poteri di conchiudere per la pace totale ed unione tra questa corona e quella di Spagna, mostrò di desiderare che da Spagna si rimettesse il negotio in Fiandra, contro quello che desiderava altre volte......

Per il Palatinato il re non restò soddisfatto che la soddisfazione proposta per Rubens, di ordine del suo re, consista solamente in officii che per ambasciatore ed altri si faranno da Spagna ed imperatore appresso Baviera ed altri protestanti.

Rubens disse che se si immaginavano qui che Spagna potesse restituirlo presentemente, bisognava disingannarsi, e che la Spagna ingannerebbe l'Inghilterra quanto dicesse di poterlo fare; che bisognava guadagnarlo co'l negotio, ed, aggiunse Rubens, che in tempi di maggior' disgusti tra Spagna ed Inghilterra fece una scrittura approvata dal re, per la quale si mostrava di restar contenti che Spagna promettesse di far i sudetti officii, il che Spagna rifiutò allora di fare: la quale scrittura Rubens l'ha portata seco. In oltre ha detto che se Inghilterra pensasse che Spagna volesse far una guerra all'imperatore ed a Baviera e ad altri per haver il detto Palatinato, che non occorreva pensarvi; che gl'interessi di Spagna con detti principi erano maggiori di quello che possa avere con questa corona....

Ha indi detto Rubens detto che Spagna ha la pace di Francia

nelle mani, la quale si accetterà quando qui non si faccia cosa alcuna......

Tutto questo mi disse Rubens esser passato nella sua udienza, sendo dopo stato rimesso al gran tesoriere, dàl quale il re voleva intendere di nuovo il tutto, e poi si direbbe al detto Rubens con quali d'altri ministri avrebbe a trattare......

La serenissima infante si è valsa, per le necessità che apporta Bolduch, del denaro che le ha portato Rubens per Soubise, allegando detta serenissima infante che non poteva credere che qui fossero così perfidi che muovessero contro la Francia tre giorni dopo l'aggiustamento. Scrissi con tutto ciò in Spagna che facessero nuova provisione per detto Soubise, giacchè il tempo della negoziazione di Rubens darebbe tempo, massime tenendo Rubens ordine di non impagnarsi con Soubise che prima qui si risolvino li trattati, etc.

(Archives royales, à Turin.)

XVII

Première lettre de Rubens au comte-duc d'Olivares (1).

Londres, 30 juin 1629.

(Voy. p. 129.)

—

Excelentísimo Señor,

A xxv de junio me hizo llamar el rey á Gruenitz y habló conmigo á solas largamente, diciéndome que, porque veya que yo traya mis instruciones suficientes y á su satisfacion,

(1) Cette lettre et les trois suivantes furent, comme on le voit dans le chapitre VI, communiquées à la cour impériale par le cabinet de Madrid, qui, avant de les envoyer, les fit traduire en espagnol.

quería tratar conmigo libremente para ganar tiempo, y que assí si yo traya alguna commission mas particular reservada, no dilatasse mas el manifestársela, y si no la traya, no quería por esso dexar de declarar abiertamente de su parte todo aquello á que se estendia su possibilidad para hacer la paz con España; la qual puso Su Magestad á Dios por testigo que la desseava con todo el corazon, mas que era necessario que el rey nuestro señor hiciesse tambien alguna cosa de su parte para facilitar el negocio; que los buenos oficios que el rey de España promete hacer con el emperador y duque de Baviera son términos muy generales que no assientan cosa de cierto; que era necessario venir al individuo. Juróme Su Mag^d estar obligado y empeñado, no solamente por sangre y naturaleza, mas por ligas y confederaciones estrechissimas, de manera que, salva su fé, conciencia y honor, no podia entrar en concierto ninguno con Su Mag^d Cathólica sin la restitucion del Palatinato, pero que conosciendo ser cierto que no está en mano del rey de España el darle el Palatinato entero, se contentava por esto de hacer la paz con España de corona á corona, en la forma de paz del año 1604, con condiciones que el rey de España le diesse las plazas que tiene con su presidio en el Palatinato, y ser esta su última resolucion, sin poder hazer más, y que yo podia dar quenta dello donde conviniesse.

Escusándome yo con no tener órden de tratar desto, y que se devía remitir á los embaxadores, y que requiriendo el negocio principal tiempo y comodidad para tratarlo, con intervencion de todos los interesados, como era justo, havía traydo la suspension de armas firmada de Su Mag^d Cathólica, por ganar tiempo para valerse de las ocasiones presentes, me respondió Su Mag^d que no la podía acetar, porque estava escluyda por todas sus confederaciones como la paz misma, y que haviendo ya dado quenta en todas partes de su tratado de paz con el rey de España, seria menester hacer de nuevo las mismas diligencias con todos, lo qual causaria mucho mayor dilacion, y asst desseava que la paz se tratasse en Madrid, y que Su Mag.d Cathólica procurasse que el emperador y duque de Baviera embiassen tambien ahí sus embaxadores, para tratar el negocio entero, con intervencion de todos los interesados, y que esto devía hacerse con la comodidad y tiempo que se requeria, con tal que le assegurasse Su Mag.d Cathólica el entregarle las plazas dichas, y que con esta seguridad se podria hacer la paz anticipadamente, sin aguardar el fin del tratado total.

Viendo el rey tan determinado y resuelto, le dixe que de buena gana daria quenta al rey nuestro señor de todo lo que Su Mag.d me havía dicho, con tal que entretanto no passase adelante con la paz entre Francia y Inglaterra, sino que la tuviesse suspensa en el estado que aora estava: lo qual no quiso concederme, diciendo ser impossible hacerlo, haviendo de llegar dentro de pocos dias aquel embaxador y partir el suyo; pero, despues de muchos debates, me dió su real palabra y fee de que, durante el tratado con España, no estrecharia liga ninguna offensiva ni defensiva ni renovaria ninguna antigua hecha con Francia contra España.

Esto es quanto se ha podido hacer por aora, y creame V. E., que yo dixe y alegué todas las razones en contrario que se podian imaginar, que seria molesto referirlas á V. E. en carta; y en quanto á mí, segun lo que puedo alcanzar, se hará poco más, porque el Veston y Cotinton, quando les hice relacion de lo referido, teniendo la plática por rota, me dixeron que el rey se havía alargado mucho, y que temian que viniendo el negocio al consejo, no se concederia, porque manifestamente recibiendo una parte se excluya del todo lo restante. Yo bolví el mismo dia al rey, sin mostrar satisfacion ninguna, sino con pretexto solo de mi poca memoria, pidiéndole me bolviesse á dezir y confirmar las mismas cosas que Su Mag.d me havía dicho por la mañana, como lo hizo muy distintamente; y yendo á su audiencia los dos señores arriba dichos, aprobó y confirmó de nuebo quanto me havía dicho.

No refiero estas cosas tan menudamente por pensar haver conseguido algo que pueda dar alguna satisfacion y gusto á V. E., sino porque temo mucho de la instabilidad de los humores ingleses, que raras vezes permanecen en una resolucion, sino que cada hora la mudan y siempre de mal en peor, de suerte que no espero notable mejoría, sino que con la venida del embaxador y el grande esfuerço que hará el de Venecia con toda la facion francesa, el rey sará contrastado de manera que no cumplirá ni aun lo que de si mismo ha offrecido, porque assí como en otras córtes se comiençan los negocios por los ministros y se acaban con palabra y firma real, aquí se comiençan con el rey y se acaban con los ministros.

Díxome el rey que bien se acordava de las cartas que el abad Scalla le escrivia; que los engañava con su gran zelo á él mismo y al rey de España y á V. E., haciéndoles creer que podia hacerse la paz sobre promessas en términos generales, y que assí juzgava ser necessario, por la reputacion de su señor y por propio valor, que él interviniesse en el tratado de Madrid; y diciendo yo que la restitucion de las plazas dichas no se podia hacer sin el consentimiento del emperador y del duque de Baviera, y que yo estava bien cierto que Su Mag^d Cathólica no quería enemistarse con ninguno de aquellos príncipes por tener paz con Inglaterra, me respondió Su Mag^d que lo creya assí, queriéndolo hacer de improviso, mas que esto dependia del tiempo y modo que se tomaria para effetuarlo; que en lo uno y lo otro se remitiria á la razon y se concertaria facilmente con Su Mag^d Cathólica, estando seguro de que se seguiria el efecto á su tiempo.

Yo me huviera retirado con esta resolucion á Bruselas á dar quenta della á la serenissima infanta, si Cotinton me lo huviera permitido, el qual afirma que si yo me parto en esta ocasion, que el negocio quedará desesperado para siempre, y me promete que dentro de pocos dias podremos hacer un despacho de comun acuerdo; el qual caminando á la larga, y sabiendo que será sobre el mismo pie, me ha parecido seria bien ganar tiempo y avisar á V. E. quanto ántes, sin noticia suya, porque conozco que este despacho no se hará sino despues de haver venido y oydo al embaxador francés.

He escrito tambien á la serenissima infanta, suplicándola me mande dar licencia para retirarme á mí casa, porque el tiempo y el estado presente del sitio de Bolduque, que tiene una y otra parte suspensas, fuera de la mala disposicion de los negocios de por acá, no me dexan esperar ningun buen suceso. Pero entiendo que será necessario, por no disgustar al rey de Inglaterra y por satisfacion del Veston y Cotinton, esperar tambien la respuesta de V. E., cuyas órdenes obedeceré puntualmente.

PIETRO PAULO RUBENS.

De Londres, á 30 de junio 1629.

(Copie, aux Archives Impériales, à Vienne.)

XVIII

Deuxième lettre de Rubens au comte-duc d'Olivares.

Londres, 30 juin 1629.

(Voy. p. 133.)

Excelentísimo Señor,

Háme parecido necesario avisar á V. E. de lo que hasta aora se offrece, viendo que el despacho que yo pensava hacer, con beneplácito y de comun acuerdo del rey y sus ministros, va á la larga, y penetrando que esto se hace con artificio para aguardar la venida del embaxador francés y entender primero sus proposiciones, para arimarse después á lo que les pareciere más ventajoso. Ayer, por la mañana, pasaron las carozas del rey á encontrar al embaxador de Francia, y antenoche se puso en camino el señor Edmonts, embaxador deste rey en Francia; y háse disputado un poco sobre hallarse tan lexos el rey de Francia, no pudiendo llegar este embaxador con la misma brevedad á Lenguadoca que el de Francia á Londres, para hacer el juramento en un mismo dia: pero háse acomodado esta diferencia con que, no obstante que se halle aquí el embaxador francés, se diferirá el juramento hasta que el de Inglaterra avise á su rey haver llegado adónde está Su Mag^d Christianissima y ajustado el dia señalado para aquella solennidad; y assí entretanto ha capitulado el embaxador francés, llamado Chasteauneuf (solía llamarse mons^r de Préaux) que tendrá libre entrada y será admitido como embaxador de Su Mag^d y de sus ministros para tratar de las cosas contenidas en sus instruciones. Dentro de quatro dias se aguarda aquí, y ya, como se sabe publicamente, ha embiado delante su secretario con cartas para el rey y sus ministros, advirtiéndoles que no apresuren tratado ninguno con España, cuyo rey, estando reducido al último estremo, hará en esta occasion todo esfuerço para divertir que la paz entre Francia et Inglaterra no se estreche en una apretadissima confederacion de liga offensiva y defensiva, en daño y perjuicio suyo; que él trahe poder absoluto de Su Mag^d Christianissima para hacerla y tratar particularmente sobre el Palatinato, para hallar modo de unir las fuerças comunes de Francia e Inglaterra para recuperarlo. El Cotinton me dixo en confianza haver visto tambien una carta del cardenal de Richelieu escrita al gran thesorero, que contenia todas las cosas dichas á la letra.

Ay en esta corte muchas facciones: la una (y de ésta es cabeza el conde Carleil) quería la paz con España y guerra con Francia; la segunda es mucho mayor y quería la paz con todos, y para dezir verdad, creo que el gran thesorero es déste parecer, y que tambien concurriria a él el conde de Hollanda ; la última es la peor, que quería guerra contra España y liga offensiva con Francia contra ella, y ésta cobra grande ánimo con la venida deste embaxador francés, y hace grande esfuerço por vía del embaxador de Venecia, malissimo instrumento en esta córte para la turbacion de toda Europa. Ya el marqués de Mirabel me havía escrito sobre la commission que trae este embaxador de Francia, y la serenissima infanta me despachó un correo expresso para que, no pudiendo hacer otra cosa, procurasse impedir dicha liga entre Francia y Inglaterra contra España : sobre que he tratado largamente con el rey de Inglaterra con otro pretexto, como verá V. E. en el papel incluso. Solo diré que Su Magestad persevera en la resolucion tomada de embiar su embaxador á España, y pensamos que desde aora quiere nombrar el sujeto, sobre qué he discurrido con el Cotinton, desseando que esto cayesse en su persona; más él me ha hablado claro, y á mi parecer dice la verdad, que en su ausencia se correria riesgo de que el negocio se destruyesse y arruynasse por la flaqueza de los sujetos que le sustentan, por ser el Vesion hombre frio y pesado en el tratar y que totalmente se apoya sobre él, Cotinton, fuera de que tambien se junta á esto el particular interés, siendo cierto que el Cotinton ha subido aora aquí á lugar tan eminente y tan grande altura que está en punto de fabricarse su fortuna, y no me parece hombre tan inprudente que la dexará ir de las manos: de manera que bien podria venir á parar esta embaxada en Carleil, que muestra todo buen zelo, ó en don Gualtero Aston ; más Cotinton preferiria el primero, por causa del valor y efficacía, pero teme que le podria dañar la excessiva costa que hace en semejantes ocasiones.

Entretanto el Subiza va continuando sus instancias, y yo he escrito largamente á V. E. sobre este particular en mis passadas de 15 de junio : pero digo que si la tal provision huviera estado aquí prompta, no huviera el rey de Inglaterra diferido un momento hacer de su parte quanto offrecía: pero esté cierto V. E. que quando bien yo tuviesse dicha provision en mi poder, no me alargaria á gastar un escudo sin mirar primero por la seguridad del rey nuestro señor; pero si me es licito dezir mi conjetura, no puedo creer que no pudiendo el rey de Inglaterra salvar aquel partido por armas, no procurará hacerlo por conciertos con la occasion de la venida de este embaxador de Francia. De donde escriben (y el mismo Subiza me lo ha assegurado, más él no cree que esto aya tenido efeto, porque ellos no pueden fiarse más en ninguna promessa ó palabra del rey de Francia, haviendo sido engañados tantas vezes) que la reyna madre, por órden de su hijo, había hecho librar de la prision á madama de Rohan la madre, y embíadola al duque su hijo á proponerle algunas condiciones de paz de parte de Su Mag^d. Con todo esso tengo el successo por inciertissimo; y si nuestra provision estuviesse aquí ántes, á mi parecer no se haria jamás, porque ya el Subiza promete jurar que no entrará en acuerdo ninguno con el rey de Francia sin consentimiento del rey nuestro señor; y quando no viniesse á efeto, daria el poder hacer tal oferta con los efetos en la mano una reputacion increyble al partido de España en esta córte, y principalmente para con el rey y todo el reyno. El Cotinton me ha dicho en secreto haver entendido del gentilhombre mismo que el rey de Inglaterra embió á Holanda, que havía traydo la última respuesta de los estados y del príncipe de Orange, que tomando ó no tomando á Bolduque, se contentavan de entrar en tratado con el rey de España. Yo creo que esto es verdad; pero durante el sitio sera dificultoso, si no me engaño.

El otro dia llegó aquí un gentilhombre de Turin, favorecido del príncipe de Piamonte, que trae cartas de sus señores haciendo instancia á este rey para que el negocio de la paz entre España y Inglaterra se remita á S. A., diciendo que Su Mag^d Cathólica le ha cometido con autoridad plenaria al marqués Spi-

nola, para tratarlo juntamente en Italia: sobre que haviendo
sido yo preguntado, respondí no saber cosa ninguna.

No haga caso V. E. de la negociacion del marqués de Ville,
porque es sin ningun genero de fundamento, haviéndose alargado tanto en el particolar del Palatinato que no me maravillo
que llevasse buena respuesta; y á dezir verdad, yo creo que con
su facilidad ha cassi hechado á perder el negocio y empeorado
harto nuestra condicion. Y si yo tuviera la commission, como él
pensava que la tenia en la faltriquera, de ofrecer cosa semejante,
me atreviera á romper la paz entre Francia y Inglaterra dentro
de 24 horas, á pesar del embaxador francés y de toda la faccion
contraria, porque el rey de Inglaterra me dixo, de su propia
boca, que aquella paz con Francia se hacía por culpa nuestra,
porque no nos queríamos resolver á darle materia para poderse concertar con nosotros, salva su fee, consciencia y honra;
que en lo demás él aborrecía á Franceses y no se fiaría jamás
dellos, que en todos los tratados passados le havían engañado y
violado siempre la fee.

Y por no cansar más á V. E., acabo, y encomendándome humilissimamente á su buena gracia, le beso los piés.

PIETRO PAULO RUBENS.

De Londres, á 30 de junio 1629.

(Copie, aux Archives impériales, à Vienne.)

XIX

Troisième lettre de Rubens au comte-duc d'Olivares.

Londres, 30 juin 1629.

(Voy. page 142.)

Excelentísimo Señor,

He entendido del Cotinton que haviendo venido á noticia de
algunos pocos ministros la propuesta que me hizo el rey de

Inglaterra, ha sido despreciada y tenida por imprudente, porque era cosa cierta que con aquel modo él no recibiría aquella parte, sino después de larguíssimas dilaciones, y por ventura nunca, pues no faltarían pretextos al rey nuestro señor, por colusion del emperador y duque de Baviera, para proponer siempre nuevos modos y condiciones con que alargar el negocio al infinito; y quando bien al fin recibiesse esta, quedaría totalmente excluydo con buena razon de todo lo restante, porque el rey nuestro señor avrá satisfecho, y aquellos príncipes no se havrán obligado á nada : pero quando se quisiesse esperar algun útil, ántes por discrecion de la parte que por obligacion de concierto, se havía por lo menos de señalar un término limitado de tiempo competente á la grandeza del negocio, y por consequencia á la restitucion de las plazas, sobre que el rey me havía apretado mucho. Mas yo le excuse con dezir que la dilacion no procedería de parte del rey nuestro señor, sino de los demás que havían de intervenir en aquella conferencia, y que era cosa injusta querer que él respondiesse y se obligasse por otros que no dependen de su voluntad.

Tambien han discurrido aquí, y el rey mismo me ha hablado con afecto, que seria bien proponer algun casamiento entre los hijos del palatino y del hermano del duque de Baviera, aunque ninguno tiene noticia de la edad y calidad destos niños : pero si en esto huviesse conformidad, todos lo aprueban.

Las dos memorias inclusas son : la una del Subiza sobre una impressa particular de un tercio, como V. E. verá en su papel.

La otra es del conde de Laval, cuñado del duque de Bullon. V. E. verá lo que contiene, y podrá juzgar conforme su mucha prudencia. Es cierto que él es muy principal en aquel partido y de gran seguito. Yo no he podido escusar embiar estos papeles á V. E., por la instancia que me hacían, y será bien que por lo menos venga alguna respuesta de cumplimiento. Afirmava el rey que no estuvo jamás por lo passado de otra opinion, ni huviera podido, por las causas dichas, hazer más

de lo que ofrece hazer aora, y que ántes su inclinacion era
aora mejor que quando estava en España con esperanza de
conseguir su pretension de ser cuñado de Su Mag.¹ Cathólica.

PIETRO PAULO RUBENS.

Londres, á 30 de junio 1629.

(Copie, aux Archives impériales, à Vienne.)

XX

Quatrième lettre de Rubens au comte-duc d'Olivares.

Londres, 2 juillet 1629.

(Voy. p. 143.)

Excelentísimo Señor,

En 30 del passado hize un despacho y le embié á la serenissima infanta, para remitirle luego á España con correo espresso; en que dí larga quenta á V. E. de toda mi negociacion en esta córte, y en qué término estava el caso principal del tratado, el qual, estos pocos dias que ha havido de por medio, no se va empeorando, ántes parece que por buen oficio de nuestros amigos, Su Magestad se va confirmando en la resolucion avisada á V. E. De que pudiendo alcanzar alguna certeza, pienso que no seria malo que yo passasse á Brusselas, para dar menuda relacion de todo á la infanta: lo qual hiziera de mucho mejor gana á boca á V. E.; pero la distancia de los lugares es tan grande, y el tiempo que corre en medio de tanta consideracion, que no lo podría hazer sin perjuizio del negocio, mas estando en Bruselas, podré siempre en pocos dias bolver á passar á Inglaterra, si V. E. lo juzgare á propósito. Y en quanto á todo lo que he escrito con el passado, yo lo apruebo de nuevo, y espero poderlo confirmar con un despacho más particular y más cierto dentro de pocos dias, sobre que podrá V. E. tomar resolucion, assegurándole que á todo lo que yo puedo penetrar y entender de Veston y Cotinton, no ay que esperar otra cosa por esta parte, y que los que dan esperanza de poderse concertar el negocio sobre términos generales de buenos oficios, etc., se engañan á simismos y á sus amigos juntamente.

He apretado mucho sobre el nombramiento del embaxador que el rey de Inglaterra ha de embiar á España, y el tiempo en que partirá; y sobre ambas cosas me dió Su Mag^d ayer resolucion por su secretario de Estado el Carleton. Y no obstante que Cotinton ha hecho quanto ha sabido por escusarse, el rey de Inglaterra no ha querido hacer otra eleccion que en su persona, y ha declarado el tiempo para su partida á primero de agosto que viene; que éste es un término acomodado para tener ántes alguna respuesta sobre el despacho que hemos de hazer de acá de comun acuerdo, que sará en la misma sustancia, pero por ventura con más certeza, como el passado de 30 de junio. Me ha confirmado tambien el señor Cotinton, de parte del gran thesorero (que está indispuesto), en nombre del rey, que durante el tratado con España no hará ni renovará alguna liga offensiva con Francia contra España.

Esto es quanto puedo escrivir á V. E. en este particular, exceto que el secretario Carleton me dixo tambien que Su Magestad no tenía por bueno el expediente propuesto por el duque de Saboya de remitir la conferencia á Turin, sino que convenía que se hiciesse en Madrid, y quando ben se huviesse de tratar por medio de un tercero, preferiría á la señora infanta á qualquier otro medianero, y á Bruselas á Turin por la cercanía.

Esta va con un extraordinario que el agente de Savoya despacha á Turin por la vía de Paris sobre los puntos dichos.

PIETRO PAOLO RUBENS.

De Londres, á 2 de julio 1629.

(Copie, aux Archives impériales, à Vienne.)

XXI

Écrit remis à Rubens par le grand trésorier d'Angleterre, Richard Weston.

Londres, 13 juillet 1629.

(Voy. page 150.)

—

Le roy d'Espagne ayant faict offre, par monsieur Rubens, son secrétaire du conseil privé au Pays-Bas, d'une suspension d'armes par la signature de la sérénissime infante donna Isabel, autorisée par la signature de Sadicte Majesté, et le roy, mon maistre, n'ayant trouvé convenable, pour quelques raisons fondées en l'estat présent de ses affaires, d'accepter ladicte offre, et ayant ledict Rubens faict des autres ouvertures en vertu de ses instructions, tendantes à un traicté de paix entre les deux roys, l'on n'a pas trouvé bon de renvoyer ledict Rubens sans luy bailler quelque response qui puisse servir à l'avancement d'une affaire si bonne, utile et nécessaire au bien publicq des deux couronnes et de toute la chrestienté.

Il se déclare doncques que ledict Rubens ayant asseuré, par ses instructions suffisamment exhibées et approuvées, la bonne intention du roy d'Espagne, son maistre, à contracter une parfaicte paix et amitié perpétuelle avecq le roy de la Grande-Bretagne, qui de sa part est porté, de la mesme affection et bonne volonté, à faire ledict accord durable et inviolable à jamais, et voyant que les interestz et différens touchants les deux couronnes en leur particulier ne sont pas de si grande considération, lesquels pourroyent estre aucunement vuidez et accommodez, mais que la plus grande difficulté sera au regard de ses

parens et amys, ausquels, outre l'obligation de sang et de
nature, le roy mon maistre se trouve obligé et engagé par
traictez et confédérations très-estroites à ne négliger pas leurs
intérestz, et que partant ne les pouvoit abandonner, sa foy,
honneur et conscience sauve, ne faire aucun traicté avec le roy
d'Espagne à leur désavantage et exclusion; et puisque le roy
catholique ne peut aucunement disposer des choses d'autruy et
qui ne sont pas en son pouvoir, mais bien promet toutesfois de
faire tous ses devoirs et bons offices qu'il pourra avec l'empereur et le ducq de Bavière pour le contentement et satisfaction
des parents de Sa Majesté touchant le Palatinat, le roy mon
maistre n'a pas voulu mancquer d'envoyer son ambassadeur en
Espagne, faisant ledict roy catholique le mesme envers luy.
Aussy il s'est trouvé très-nécessaire que le roy d'Espagne
procure, pour l'avancement de l'affaire, que l'empereur et le
ducq de Bavière envoyent pareillement leurs ambassadeurs en
Espagne, avecq pouvoirs requis pour accommoder promptement
ce différent, avecq l'intervention de touts les intéressés à
Madrid. Mais, considérant que ceste négociation, non obstant
touts les devoirs qu'on pourra faire pour la diligenter, requiert
temps et commodité compétente à la grandeur d'icelle, le roy
mon maistre déclaire, par cette lettre, sa volonté royale de ne
faire la susdite paix sans estre asseuré, à tous événements, que
le roy d'Espagne luy délivrera les places qu'il tient en sa main
par ses garnisons au Palatinat, et estant esmeu du seul respect
de ne retarder pas le bien publicq, et seulement pour anticiper
le fruit que ceste paix pourroit apporter présentement aux intérestz des deux couronnes, déclare que la promesse et foy royalle
que le roy d'Espagne luy donnera, qu'en cas que ledict roy,
par son intercession, autorité et employ de touts ses bons
offices, ne pourroit réduyre l'empereur et le duc de Bavière à
la raison qu'eux deux trouveront raisonnable sur le subject du
Palatinat, au contentement de ses parens, de luy délivrer les
places susdictes qu'il tient au Palatinat, sera un des grands et

principaux motifs à induire une bonne et prompte paix entre les deux couronnes.

De quoy ledict sieur Rubens pourra donner part au roy son maistre. Et pendant qu'il se donnera ordre pour l'expédition des ambassadeurs d'un costé et d'autre, et pour oster au roy d'Espagne tout ombrage que luy pourroit rendre la paix faicte entre le roy de la Grande-Bretagne et celluy de France, le roy mon maistre promet, de sa part et sur sa foy royale, de ne faire, durant ce traicté, aucune ligue avec la France contre et au préjudice de l'Espagne.

WESTON.

(Original chiffré en partie et déchiffré, aux Archives de Simancas, *Estado*, leg. 2519.)

XXII

Lettre de Rubens au comte-duc d'Olivares.
Londres, 14 décembre 1629.
(Voy. page 181.)

Eccellentissimo mio Signore,

Io mi vado mettendo in ordine per il ritorno a casa mia in conformità della licenza concessami da V. Ex.ª di poter andármene qualquè giorni doppo l'arrivo del signor don Carlos in questa corte, perchè veramente non posso più differirla senza gran pregiudicio delle cose mie domestiche, che per la mia longa absenza de dieciotto mesi vanno in perditione, nè si possono rimettere in buon stato se non mediante la mia presenza. Io supplico humilmente V. Ex.ª sia servita di conservarmi nella sua buona gracia e protettione, et tenermi per escusato se non si è fatto davantaggio nel negocio incargatomi, considerando che arrivai in questa corte de pessima staggione, trovando la fattion contraria nel colmo per la pace fatta immediatamente con Francia e rinforzata per la presenza di quel ambasciatore : che non fù poco di sostener la nostra prattica in piedi, et attacar il negocio in qualque forma con quella poca facultà che mi restò in mano, sendo mancato il principal soggietto della mia commissione, oltra che si sono spianate difficoltà grandissime toccante l'andata del signor don Francesco Cotinton in Spagna, e doppo la sua partita sopra la venuta di don Carlos. Di maniera che non mi resta altro che di sperare che la mia rettissima intentione et buon zelo verso il servicio de S. M. se non agradecimiento, al méno meritarà perdono. Yo sarò in ogni luoco sempre prontissimo a ricevere i commandamenti di S. M. et di V. Ex.ᵃ et a spendere la vita e robba per il lor servicio ogni hora che si dignaranno d'impiegarmi. E con quest' animo bacio humilissimamente con ogni affetto e rispetto gli piedi di Vostra Eccellenza, come

Humilissimo e devotissimo suo servitore,
Pietro Paolo Rubens.

Di Londra, il 11 di decembre 1629.

(Original autographe, aux Archives de Simancas,
Estado, leg. 2148.)

XXIII

Lettre écrite aux états généraux des Provinces-Unies par Albert Joachimi, leur ambassadeur en Angleterre.

Chelsea, 5 mars 1630.
(Voy. p. 180.)

Hooge ende Mogende Heeren,

Mynheeren, eene onverwachte sake geeft my subject om desen aen Uwe Hoog Mogende te scriven.

De schilder Gerbier is desen naermiddagh gecomen aen mijn logement ende heeft gesegt dat monsieur Rubbens, die mede in het dorp was, mij begeerde te begroeten voor sijn vertreck ende sekere sake te recommanderen; hij heeft al over eenige dagen sijn affscheid van den coningh ende van de coninginne ende meent morgen te vertrecken. De voors. Rubbens met Gerbier voors. gecomen sijnde, droegh voor dat seker schip van Duinkercke aen Engelant gestrand sijnde, het volck twelck daerop was bij de Engelsche overgelevert is aen de schepen van oorloge van Uwe Hoog Mogende ende vervoert tot Rotterdam ten getaele van dertich persoonen, die aldaer seer qualick werden getracteert, soo sijlieden hadden te kennen gegeven ofte laten gheven aen don Carlos Coloma, ende versocht dat ick wilde scriven aen de heeren van het collegie ter admiraliteit tot Rotterdam, ten eynde de voors. Duynkerckers, voor soo vele als van henlieden noch in leven sijn (want eenige waeren gestorven van ongemack, soo aengegeven was), mochten werden ontslagen, oock voor het besluyt van de handelinge op de verlossinge van de gevangens van wedersijden, daermede men doende is, sonder dat hij eenige naerdere specificatie dede, waer, wanneer ofte met wat schip de voors. Duynkerckers waeren gestrand, ofte door wye ende aan wye sijlieden sijn overgelevert. Daerop ick hem heb geantwoord dat ick van die advertentie niet heb gehoort, hoewel ick meene kennisse te hebben van alle de schepen die de onse binnen een jaer herwaerts hebben doen stranden op de custen van Engelant, ende dat ick oock niet konde gelooven dat de gevangene van d'andere sijde reden hebben om te claegen van het quaed tractement, twelck henlieden in Hollant in de gevangenissen werd aengedaen, doch alsoo de gevangenen gerekent werden onder miserabele personen ende haere sake daarom favorabel is, dat ick desen aengaende wel eens soude scriven aen de gemelde heeren van het collegie van Rotterdam : daerover hij mij danck seijde, ende beloofde dat hij des versocht sijnde mij in gelijcke sake mede alsoo soude bejegenen. Waernaer is hij gevallen in propost van verscheidene saken, als van het bederff van het platteland van Brabant, van sijn emploi ende kennisse van den hertoge van Buckingham, van de goedheit van de infante, van de goede qualiteiten van den coningh van Spaegnien ende desselfs reyse naer Saragossa met sijne suster, item van de commissien van Peckius omtrent het eynde van den treve, mitsgaeders van de expeditie van den cardinael van Richelieu, ende mengde onder de proposten ende discoursen dat de Spaegniaerden den vrede met Engeland seker sijn, als sij maer willen, alsoo hij gesien heeft dat Cotinton bij sijne instructie last heeft om dien te besluyten, daerbij hij noch voechde dat van dese sijde eenen stilstant is versocht, ende dat de laetste courier had tijdinge gebracht datter hope is van goed succes, ende dewijle aen Uwe Hoog Mogende gheene communicatie is gedaen van de instructie van Cotinton, soo hij seijde, soo wilde hij gelooven dat Uwe Hoog Mogende niet souden laten voort te gaen in de handelinge met den coningh van Spaegnien, sonder te letten op den coningh van Engelant. Ick heb onbeantwoord ende ongedebatteert gelaten hetghene dat hij had gesegt van de sekerheit van den vrede met Engelant, ende op het vordere hem bejegent met een vrage off hij meent dat bij soo verre als Engelant yet wat had gedaen buten het contract, Uwe Hoog Mogende daerom van het contract souden wesen gelibereert : daerop eenige sachte debathen gevallen sijn ende is dat propost daerbij gebleven. Lestelick, naer dat hij veel verhaelt had van de goede qualiteiten van mijnheere den prince van Orangien, ende dat hij d'eere had van gekent te wesen van Sijne Excellencie, heeft hij versocht dat Ick, aen deselve scrivende, soude vermelden de aenbiedinge van sijnen willigen ende genegen dienst, soo veel als met eere ende ede kan bestaen. Ik vermoede dat van sijn eerste voorstel niet en is, de waerheit daervan kan geweten werden door de heeren raeden ter admiraliteit tot Rotterdam, ende Uwe Hoog Mogende kunnen naer haere hooge wijsheijt wel verstaen, wat hij met sijne voorscreven proposten ende discoursen heeft voorgehadt.

Hiermede, mij onderdanichlijck aen Uwe Hoog Mogende gebiedende, bidde ick Godt, hooge ende mogende heeren, dat hij Uwe Hoog Mogende regieringe wil segenen.

Tot Chelsey, den vijfden martij 1630.

Uwe Hoog Mogende onderdanichste dienaer,
ALB. JOACHIMI.

(Original, aux Archives du royaume, à la Haye.)

XXIV

Lettre de Philippe IV à l'infante Isabelle.
Madrid, 6 avril 1631.
(Voy. p. 197.)

Serenissima Señora,

Juzgo que estará ya ahí don Cárlos Coloma, de vuelta de Inglaterra, segun lo que me escrivió en carta de dos de febrero pasado. Y aunque Enrique Teller, á quien Vuestra Alteza imbió á aquella negociacion, me dizen es persona de la confianza y inteligencia que conviene, podria ser que como natural se recatasen dél aquel rey y sus ministros. Y así ordeno á Necolalde que pase luego : con que podrá volver Teller, sin que parezca novedad ni él se desconfie. V. A. mandará que esto se haga assí. Rubens es muy bien visto en aquella córte y arto á propósito para qualesquier negocio, por la discrecion con que los trata. Estos accidentes de la prision de la reyna madre podrán dar occasion de tratar algo allí, particularmente con la reyna, disponiéndola á declararse por su madre con el sentimiento que el tiempo aconsejare. V. A. le mandará tambien que pase á aquella córte luego, pues no faltará pretexto para ello; y allá se le adbertirá de lo que hubiere de hazer. Y en estas ocasiones donde quiera son menester ministros de inteligencia y satisfacion. Dios guarde á V. A. como desseo.

Madrid, á 6 de abril 1631.

Buen sobrino de Vuestra Alteza,
Yo EL REY.

ANDRÉS DE ROÇAS.

(Original, aux Archives du royaume, à Bruxelles.)

XXV

Consulte du Conseil suprême de Flandre, adressée à Philippe IV, sur la requête de Rubens tendante à obtenir le titre de chevalier.

Madrid, 16 juillet 1631.

(Voy. p. 200.)

Señor,

Pablo Rubens, secretario de V. M^d en su consejo privado en Flándes, representa que ha servido á V. M^d en los negocios que á V. M^d y á sus ministros son notorios, y con toda fidelidad y satisfacion. Y desseando continuarlo con mas lustre y autoridad en las ocasiones que se ofrecieren, supplica á V. M^d se sirva de honrarle con título de cavallero.

La serenissima infante escrive á V. M^d en recommendacion désta pretension con mucho encarecimiento, representando los servicios del suplicante, y suplicando á V. M^d se sirva de hazerle la merced que pide. V. M^d le conoce y sus buenas partes, y save quan raro es en su profession : por lo qual y sus servicios hechos en cosas de importancia, y ser ya secretario de V. M⁴, no podrá causar consequencia para otros de su arte el hazerle la dha merced. El emperador Carlos Quinto la hizo á Ticiano de un hábito de Santiago. Y assí parece al consejo que V. M⁴. podrá servirse de hazersela al suplicante del título de cavallero que pretende. Ordenará V. M⁴. lo que más fuere servido.

En Madrid, á 16 de julio 1631.

Apostille du Roi : Hagasse.

(Archives de Simancas : *Secretarias provinciales*, leg. 2435.)

XXVI

Lettre de Rubens à M. de Valavez (1).

Anvers, 27 mars 1631.

(Voy. p. 204.)

—

Molto illustre Signor mio osservantissimo,

Io sono debitore di risposta a due lettere di V. S. delle quale la prima fù delli 17 di januario, e l'ultima, che ricevetti per mano del signor suo fratello, di dieci di febraro, che mi fece l'honore di visitarmi et mostrò colla sua gentillezza e cortesia d'esser vero fratello di V. S. Mi dubito che il signor ducca suo padrone sarà partito di qui con poco gusto, perchè, si come mi raccontò della sua propria bocca, non restò troppo sodisfatto delli marchesi d'Aytona e Leganes, e quelli reciprocamente pichati ansi scandalizati del suo procedere. La causa fù che il signor ducca di

---

(1) L'original ne porte pas de suscription. Une main étrangère y a écrit qu'elle fut adressée à Gevaerts : mais c'est évidemment une erreur. Le destinataire ne pouvait être que Valavez ou Peiresc, et, selon toute apparence, c'était le premier.

Vandosme si faceva trattar d'Altezza e ricevetti le visite di grandi di Spagna, aspettandole di piè fermo nella sua camera, et al uscire gli accompagnava scarsamente: che parve più strano perchè il principe di Conde si contentava d'Eccellenza e nel resto s'accommodava al uso della nostra corte. Gli disgusti di Brusselles causarono d'altre consequenze, di maniera che, nè al suo arrivo nè al partire di questa città, fù sparata una sol canonata e recusata l'intrata nel castello: di che mostrò gran sentimento, et a me rincrebbì in estremo di vederlo partire con tanto di mal talento. È però vero che della serenissima infanta restò intieramente contento. Fù notata una puntualità in Brusselles, che venendolo vedere il giovanetto principe di Chimay, volse al uscire il duca di Mercurio acccompagnarlo, ma fù dal padre ritenuto: che si prese in malissima parte. In somma se n'andò senza rendere le visite a gli duoi marchesi sudetti, anzi si fece scusar per un paggio, fingendosi indisposto, la sera precedente alla sua partenza.

Ma lasciamo andar questo principe per il mondo, che non mancarà di riscontrar delle cortesie conformi al suo merito e grado, e vediamo un poco le novità della corte di Francia che certo sono grandissime, e piacerà a Dio che la catastrophe non sia infelicissima. Io hò gran obligo a quella disputa toccante le misure co'l signor abbate di Sant Ambrosio, che mi ha tenuto sospeso più di quattro mesi senza mettere la mano a l'opera, e pare che qualque buon genio mi habbia ritenuto a non imbarcarmi più avanti. Certo io tengo tutto quello che hò fatto per fatica buttata a perdere, perchè è da temere che una persona tan eminente non si confina per rilasciarla, e l'essempio della scappata precedente causarà tal cautela *in posterum* che non occorre sperarla più. In somma tutte le corti sono soggiette a gran varietà di casi, ma quella di Francia n'abunda più d'ogni altra. È difficile far giudicio perfetto delle cose che si vedono da lontano, et perciò me ne tacerò più tosto che censurar male.

'Qui facciamo apparato di guerra con più fervore del solito, havendo Spagna proveduto denari più largamente del solito, et le provincie obedienti fanno un sforzo estremo a mantener molta gente a spese proprie: di maniera che potiamo sperare ch' el nemico non farà progresso quest' anno.

Con che, non avendo altro, mi raccomando humilmente nella buona gracia di V. S. e del signor suo fratello, et ad ambidue bacio di vero cuore le mani, restando per sempre.

Di Vostra Signoria molto illustre

Servitor affettionatissimo,

PIETRO PAOLO RUBENS.

D'Anversa, il 27 di marzo, l'anno 1631.

Viene da Milano per generale del essercito reggio in Fiandra il marchese di Santa Croce, che si crede sia già incaminato.

Quei libri mentionati nella sua lettera, cioè del imperator Juliano et Strologi greci, si trovono qui, e perciò non occorre che V. S. s'incommodi a mandarmeli: che nulla di manco resto obligatissimo alla cortese offerta di V. S.

(Original autographe, appartenant à M. Hagemans, membre de la Chambre des représentants.)

XXVII

Lettre écrite à Philippe IV par don Francisco Moncada, marquis d'Aytona, son ambassadeur extraordinaire aux Pays-Bas, sur la retraite de Marie de Médicis dans ces provinces.

Mons, 30 juillet 1631.

(Voy. p. 200.)

Señor,

Al mismo tiempo que se supo la retirada del duque de Orlians de Francia, llegó persona expresa suya à Bruselas pidiendo á Su Alteza que le socorriese, y juntamente vinó un gentilhombre del duque de Lorena avisando á Su Alteza de lo mismo y pidiendo tambien que ayudase y socorriese al de Orlians. A todos los ministros de V. M. que asistimos á S. A. nos pareci que no se podía dejar de asistirle y amparalle en todo aquello que no fuese rompimiento con Francia, para que el cardenal de Richelieu no le oprimiese ó le obligase á unirse con él. Y así S. A. despachó el graffier de finanzas Jaques de Brecht, persona de inteligencia y confianza, á Lorena y Borgoña, para que persuadiese á entrambos príncipes que el uno viniese á Lorena y el otro le reciviese. Y le llevó al duque de Orlians 25,000 escudos del dinero que está en Amberes á disposicion del marqués de Miravel; y esto se hizo para desviar al de Orlians, quanto se pudiese, que á estos Estados viniese. El duque de Lorena vinó bien en lo que de aquí se le propuso, y recogió al de Orlians, que de ninguna manera quiso tocar á los 25,000 escudos que se le embiáron: con que se volvió el graffier Brecht, dejando allá depositados los 25,000 escudos, para que se le diesen al de Orlians, siempre que los huviese menester, porque éste fué el parecer del duque de Lorena.

Después fué continuando el mismo duque el embiar personas á S. A. dando quenta de lo que pasava, que todo era cosa de muy poca consideracion, hasta que, poco ántes de salir en campaña, vinó el comendador de Valencé con cartas de crehencia del duque de Orlians y del de Lorena, persona al parecer de juyelo y de resolucion y muy dependiente de la reyna madre. S. A. me le remitió, para que yo oyese sus propuestas y tratase con él. Pero como yo huve de salir en campaña luégo, supliqué á S. A. se sirbiese de encargar á Rubens que platicase con este personage, para ver si podía sacar dél alguna firmeza y seguridad. De sus discursos y propuestas, de las réplicas que se le hicieron por mi parte y la de Rubens, nació él pedir licencia para volver á Lorena á traer mas firme resolucion del duque de Orlians y del de Lorena; y así, al retirarnos de Brujas, vinó Rubens, por órden de S. A., á comunicarme la resolucion de Valencé, que yo tuve por buena, porque con esto se ganava algun tiempo para dar quenta á V. M.

Fué y bolvió con gran diligencia, pero no vió al ordinario del rey (1), porque así se lo aconsexó el mismo duque, sino al duque de Lorena fuera de Nancí; no truxo la seguridad que se prometía, y me dixo á mí que para asegurar el partido del ordinario del rey era necesario que la reyna madre estubiese en libertad. Y al mismo tiempo que me dixo esto, llegó un gentilhombre enviado del duque de Lorena á saver de S. A. si recogería á la reyna madre en estos Estados, en caso que se escapase de la prision. S. A. lo consultó con el cardenal de la Cueva y conmigo, y nos pareció á entrambos que este caso no dava tiempo ni para consultallo con V. M. ni para dejar de dar respuesta categórica; y así se respondió que si los negocios de la reyna madre estubiesen en estado que permitiesen alguna dilacion, diese lugar á que se consultase á V. M., no porque dudase de recivir á la reyna, sino para que Su Mag^d tuviesse lugar para poder prevenirse contra lo que el cardenal quisiese executar en estos Estados, viendo á la reyna en ellos, pero que en caso que la reyna se viese tan apretada que no pudiese dilatar su resolucion, que S. A. no dejaría de hacer lo que se devía á su persona.

Con esta respuesta se despachó la persona enviada por el duque de Lorena. Y entretanto que se estava ordenando el despacho para dar quenta dello á V. M., vinó Mos. de Sigot, secretario y confidente del duque de Orlians. Y estando tratando con él, llegó á Bruselas un gentilhombre enviado de la reyna madre á dar quenta á S. A. de que se havía retirado á estos Estados, y á saver de S. A. si podía estar con seguridad en

(1) *Sic* dans le manuscrit. Par *ordinario del rey*, il faut entendre le frère du roi, Gaston.

ellos : con que se hechó de ver que aun no le havía llegado el aviso del duque de Lorena de la respuesta que acerca desto se le dió. S. A. respondió con el cumplimiento que se devía, y me mandó hir á Avenas, donde se hallava ya la reyna, á visitarla de su parte y saver sus intentos.

Yo llegué á Avenas á 26 de julio, y hallé á la reyna con grandísimo reconocimiento de la buena acogida que havía hallado en S. A. Y después de haver hecho todos los cumplimientos que S. A. me mandó, dixe á la reyna que S. A. deseava saver su gusto y lo que mandava que se hiciese en su serbicio, y que todo lo que S. A. pudiese hacer sin órden de V. M. lo haría. Y apretando lo que pude para descubrir su ánimo, me respondió, riéndose, que pues ella estava ya en manos de V. M., habría de hacer lo que V. M. quisiese. Díxome que olgaría de que yo platicase con el marqués de la Viovila, y vinó bien en que Rubens (á quien yo llevé conmigo con éste intento) fuese el interprete.

Hasta aora no ha avido lugar de ajustar materias tan grandes para dar quenta dellas á V. M. fixamente : pero lo que yo puedo colegir es que pedirán á V. M. 200,000 escudos y permission ó ayuda secreta para levantar alguna gente, para que con la que ellos tienen ya levantada en diferentes partes, y las grandes inteligencias que tienen en Francia, que son las mayores que jamás a tenido ningun partido, puedan ponerse en campaña; también pienso que an de pedir navíos, porque tienen alguna empresa de consideracion en sus costas del mar Oceano.

Anoche entró la reyna en esta villa de Mons, porque yo dí priesa á que saliese de Avenas, por ser aquella plaza muy flaca, y por no dar tambien ocasion al rey de Francia de que, viendo á su madre sobre la frontera, arrimase sus fuerzas á ella.

El intento de la reyna, quando salió de Compiena, fué con alguna inteligencia de sus criados y del governador de la Capela, donde se quiso recoger : pero, dos leguas ántes de llegar á aquella plaza, tuvo aviso de que el padre del governador había entrado en ella y hechado á su hijo: con que la reyna se halló casi perdida, y entónces se resolvió de entrar en estos Estados, y llegó á una aldea dentro el confin, donde pasó toda la noche sin atreverse á llegar á Avenas hasta saver si la recivirían. Luégo que se vió con seguridad en esta plaza, despachó un gentilhombre al rey su hijo á darle quenta de como había salido de Francia. Encontró este gentilhombre al rey al salir de Paris, y entre otras cosas le dió grandes quejas del governador de la Capela, de que no huviese admitido á su madre en la plaza y de que huviese hecho traycion semejante, porque con esto se halló obligada á salir fuera del reyno, y que si la reyna hallára lugar de poder hablar con la libertad con él, que nunca huviera salido de aquel reyno. El rey se fué luégo adonde el cardenal estava, y de allí respondió á su madre, á gusto del cardenal. No prendiéron á este mensajero ni prenden á ninguno de los que aora envia la reyna á Francia.

Un villano, que fué guia de la reyna, fué á Paris y pidió albricias al rey por lo bien que había guiado á su madre, y el rey se lo agredeció y le dió seis doblones: pero dicen que al otro dia el cardenal le mandó prender. La recámara y bagaxe de la reyna an dejado salir; solo an arestado á su thesorero.

Todos los dias van llegando no solo los criados de la reyna, sino tambien otros muchos cavalleros y personas de mucha calidad. Dicen que el cardenal ofrece á la reyna una de las provincias de Francia en govierno con todas las plazas para su seguridad, y que al duque de Orlians le darán 30,000 hombres pagados para que busque su fortuna fuera del reyno. La reyna y todos sus ministros están persuadidos que V. M. no romperá con Francia, y ellos casi aseguran que el rey de Francia tampoco romperá con V. M., y tambien como V. M., teniendo una guerra tan grande contra Holandeses, no les puede asistir poderosamente. Ellos tienen, como he dicho, grandes inteligencias en Francia, y esperan, en poniéndose en campaña, tener la mayor parte del reyno.

V. M. ni ninguno de sus reales predecessores an tenido ocasion como ésta para humillar sus mayores enemigos y que mas contrapesan su grandeza, porque nunca se ha visto como aora á disposicion de V. M. una reyna que tantos años ha governado á Francia y que tiene tanta gente obligada, y un hermano del rey presentemente heredero forzoso de aquella corona.

Suplico á V. M. se sirva de mandar avisar de su real voluntad, no solo por el camino de Francia, sino por Italia, Inglaterra, por si acaso en Francia con estas novedades hicieren mal pasaje á los correos de V. M., porque hasta que se sepa lo que V. M. ordena en este negocio, no se podrá obrar cosa de importancia en él, si no es que la necesidad fuerze, como lo seria el romper el rey de Francia primero : que, aunque no es cosa creyble, puede suceder. V. M. se hallará en estos Estados con gruesso exército en llegando la gente que viene de Italia, y si los hombres de negocios pagan las letras, se podrá mantener esto.

Guarde Dios á V. M., etc.

(Bibliotheque royale de Bruxelles, MS. 16149, fol. 60.)

XXVIII

Lettre de Rubens au comte-duc d'Olivares.

Mons, 1er août 1631.

(Voy. p. 213.)

—

Eccellentissimo mio Signore,

No si doverà maravigliar V. E. se io mi ritrovo ancora qui, perchè ley sa che no si ha sodisfatto sin adesso del canto suo

alle obiettioni fatte della Serenissima et di me circa la qualità
della mia missione, et fra tanto si sono offerte delle occasioni
così segnalate d'impiegarmi nel servicio di S. M. per di qua,
ch'io ardisco di rimettere al giudicio del istesso signor abate
Scaglia se conviene abbandonarle et venirme in Ingliterra
nella congiuntura che il sig.r Necolade si è partito aquella volta,
oltra che non abbiamo ancora aviso del arrivo del sig.r abate a
quella corte. Non aspetti però V. E. altro di me che una pura
e semplice ubedienza in tutto et per tutto, et creda ch'io non
mi trattengo qui nè m'ingerisco in cosa alcuna senon d'ordine
espresso de la Serenissima e del signor marchese d'Aytona.

Grandi sono le novità di Francia, sendosi venuta a jettar nelli
braccia di S. A. la regina madre, spinta della violenza del
cardinal de Richelieu, senza risguardo che lui sia creatura et
che ella l'habbia non solo alzato del fango, ma posto nel luoco
eminente donde fulmina contra di lei le saiette della sua ingra-
titudine. Se io dovessi far il calculo secondo gli interessi di
persona privata, rimeterei in dubio il negocio: ma considerando
che gli gran prencipi devono fundar le lor raggioni di Stato
nella reputatione e buona opinione appresso tutto il mondo,
non veggo che per questo conto si possa desiderar davantaggio
che la madre e suocera di tanti rè venga con tal confidenza a
mettere la sua persona nel arbitrio di S. M. Catt.ca, dando si
stessa per ostaggio del suo figliuolo similmente fugitivo fuori del
regno nel qual immediatamente deve succedere al fratello.

Certo che habbiamo nella età nostra un esempio chiaro quanto
possa far del male un privato che si muove più per l'ambicion
propia che per il ben pubblico et il servicio del suo re, et a
che signo si lascia trasportar un buon prencipe mal informato
a violar gli obligj della natura verso la madre et il proplo
sangue. Al riscontro, si come ogni cosa dal suo opposito riceve
maggior lustro, vede il mondo nella persona di V. E. di
quanto appogio et allivio sia ad una monarchia come
la nostra un ministro dotato di valore e prudenza e che non

aspira ad altro che a la vera gloria e grandezza del re suo signore : che sarà più evidente secondo ch'ella saprà valerse della occasione che il signor Iddio gli ha posto nelle mani.

Et se mi è lecito, per la solita sua benignità, di dire la mia opinione, pare quanto V. E. si mostrarà più avversa d'ogni rispetto o collusione co'l cardinal di Richelieu, declinarà non solo maggiormente la invidia et infamia che luy causa generalmente a tutti li favoriti de' prencipi, ma si acrescerà et confirmarà in infinito la verissima opinione che si ha universalmente della sua sincerità et felicità del suo governo.

Io non crederey alle relacioni delli nemici del cardinal, se non havessi provato, nella negoziazione di Inglaterra, che colla sua perfidia si è reso incapace di poter giamai più per l'avenire ingannar alcuno : che mi pare la peggior raggione di Stato che si possa pratticar nel mondo, poichè nel solo credito si funda ogni comercio del gener humano. Questo ha causato la fuga de la regina madre ; questo rende irreconciliabile la sua causa e quella di Monsieur. Perciò la regina me ha detto di sua bocca propia ch' ella non si accomodarà giamai co'l re suo figliuolo mentre che il cardinal non sia per terra, perchè sa di certo che se giamai, sotto pretesto di qualsivoglia trattato, si fidaranno di luy, saranno persi senza rimedio.

Io non hò giamai trattato di guerra, come V. Ex. ne pò far fede, ma procurato sempre, in quanto hò potuto, la pace da per tutto, et se io vedessi che la regina madre o Monsieur mirassero a causar rottura tra le due corone, io mi retirerei della prattick : ma perchè mi assicuranno che non hanno tal fine, non mi ritrovo scrupulo alcuno, sendo molto chiare le lor raggioni, perchè il servirse apertamente delle armi di Spagna contra el cardinal, che si copre sotto la persona e manto del re di Francia, gli renderebbe tanto odiosi a tutti Francesi che sarebbe la ruina del suo partito; anzi si renderebbe Monsieur quasi incapace della corona di Francia, alla quale tanto è lontano che lui aspire in vita del fratello quanto è certo che luy si defende della violenza del cardinale e piglia l'armi di necessità, non trovando sicurtà per la sua vita e della madre in alcun genero di pace.

È pero ben verisimile che un partito sia grosso, sendo composto di tre fattioni, poichè non trovandosi il re di Francia troppo ben complessionato, tutti spettano verso il sol Oriente, desiderando ognuno nella sua affectione preoccupar la sua buona gracia : di che potrei dar buon conto a V. E., havendomi il signor marchese d'Aytona impiegato a far la diligenza per informarmene particolarmente : ma di questo bisogna fidarsi della lor parola, non potendosi exigere documenti delle intelligenze secrete, che veramente sono grandissime rispetto Monsieur solo, oltra che la regina, per il spazio di trenta anni, si è guadagnata et obligata una infinità de principi e gentilhuomini nelli quali consiste il nervio del regno di Francia : ma sopra tutto valerà l'odio universale contra il cardinal, che va crescendo ciascun momento per l'estremo rigore che usa con tutti, carcerando gli uni et exilando gli altri et confiscando lor beni senza formar processo. Manca solo che Monsieur possa alzar la bandiera e mettersi in campagna, a fine che possino levar la mascara e ricorrere alla sua piazza d'armi, perchè non sendosi formato ancora il partito, nissuno pò scuprirsi.

Con quelli che hanno delle fortezze in mano mi dicono haver intelligenze grandi, et che, tra gli altri, il duca di Bullon riceverà gente di Monsieur in Sedan, per mantenersi contra il re di Francia; et il conde de la Rochefocaut, governator del Poictou, farà il simile con tutta la provincia, come mi assicura il propio suo fratello il marchese d'Etissac che qui è in persona. Similmente dicono che il governator di Calais si è offerto di rendere la piazza a Monsieur, il cui bravo fratello il commendatore de Valançay già di un pezzo si ritrova a Brusselas. Il simile dicono de la ciudad di Reimsi et altri luochi di Picardia. Mi assicuranno ancora d'haver intelligenza colli duchi di Guisa et Epernon et altri signori di qualità, oltra che hanno pratticato gli medesimi coroneli e capitani delli reggimenti di guardia di Sua Ma.tà che, venendo alle mani, promettino di voltar la casacca. Parte della nobiltà è già ricorsa verso Monsieur, come mons.r de Ligniere, el conde de la Fullade, el marchese de la Ferté, mons.r de Caudray Montpensier, mons.r du Roy, fratello del duca de Bullon, mons.r de la Ferté. Non occorre nominar il duca d'Elbeuf o Bellegarde, ne gli altri che già si sono dichiarati o stanno già con Monsieur, come il conde de Moret, fratello naturale del re, e il duca de Roane, cognato del duca d'Elbeuf, il marchese de Boisi, suo figlio, e molti altri che s'oferiscano a far le lor troppe, come s'usa nelle guerre civile dentro il regno di Francia. Et in primis il duca de Bullon farà 4,000 fanti et 1,500 cavalli; un prencipe esterno l'istesso numero de fanti et 500 cavalli; mons.r di Vateville, suissero, 4,000 fanti; un personnagio secreto, 3,000 fanti e 500 cavalli, et di più una infinità della nobiltà francese s'offerisce a far delle levate per Monsieur in tal quantità che si trova in pena per scusarse. Ma tutto questo andarà in fumo in breve tempo se Monsieur non venerà soccorso prontamente de danari per pagar le levate; et come mi dice il marchese de la Vieuvilla, persona primaria appresso la regina, se lasciaremo raffredare quel furore propio della nazion francese senza servirsi del primo impetu, daremo tempo a gli artificj del cardinal, e sventarano fra tanto l'imprese et intelligenze, sendo la lor anima la secretezza e pronta essecutione, et il tutto si risolverà in niente, et gli amici di Monsieur e di la regina riceveranno, in premio della lor buona volontà, crudelissimi castigi, e pagaranno col sangue, vita e robba gli altrui mancamenti; et se Monsieur in questi principj non si farà valere per falta de la nostra assistenza, perderà il credito appresso gli suoi nè potrà giamai ricuperarlo.

La somma che dimanda por adesso è tanto poca che non par verisimile a noi che possa farle gran effetto. È ben vero ch'io hò representato largamente a la regina la mala staggione che corre, stando il nostro esercito in fronte del nemico in campagna, al qual non potiamo, per non incorrere maggiori inconvenienti, levar le page per impiegar altrove. È però la necessità di Monsieur si urgente, e tanto fuor di raggione di lasciare scappar delle mani una così bella occasione qual non si è presentata in cent'anni, che bisognaria far della necessità virtù e contribuire il sangue per la reputatione et interesse di Stato di S. M. Cattolica, perchè in effetto la liga cattolica co'l duca di Guisa e fratelli, nella quale gastò il rey don Felipe Secondo tanti milioni, non era da comparare in modo alcuno colla occasion presente.

Gran falta ha fatto a Monsieur che il duca di Feria non habbia pagato li 200,000 ducados al tempo preciso, che doppo molte dilacioni sono remessi al marchese de Mirabel, che poi gli assigna sopra il marchese de Aytona, che ben potrebbe pagarli se il milione destinato per Alemania e Francia fosse effectivo : ma consistendo in papelli, no volendo los hombres de negocio anticipar cosa alcuna, resta il povero Monsieur in bianco, e la regina madre burlata, che mi disse il marchese de Mirabel haverli offerto quella somma in Compiena per terza mano.

Sola V. E., appresso Iddio, pò remediar a questo, che di sua generosità naturale ama l'imprese grandi, et ha non solo la prudenza et il valore ma anco la sustanza in mano per esecutarle. Ma bisognarà mandar prontamente qualche raggione nel provisione che possa arrivar a tempo per potersi metere in campagna prima che manchi il forraggio et si vuotino li granari. Questo non è negocio da farlo a metà, perchè se non si socorre Monsieur di maniera che possa salir colla sua intentione, sarà ruinarlo doppiamente, e nel poco più o meno consiste el obligarselo in eterno co'l buon successo, o di perderlo insieme co'l beneficio; che in fine non potendo subsistere co'l nostro socorro, sarà sforzato a jettarsi nel azilo delli Hollandesi, si come già il prencipe de Oranges gli ha offerto per sua retirata il suo prencipato : che di quanto pregiudicio et infamia sarebbe a Sua Maestà Cattolica rimetto da considerar bene a la prudenza di V. E.

È però risoluta la regina e Monsieur di non servirsi in alcun modo delli ugonotti, nè rilevar in parte o in tutto quel partito, nè causar altra ruyna nel regno di Francia, che tocante la persona del cardinale, il qual veramente non ha giamai procurato altro, con tutta la sua industria e forze, che contramminar, affrontar et abbassar la monarquia di Spagna, che doverebbe comprar a miliari la ruyna di un nimico tanto pernicioso, nè l'haverà giamai a si vil prezzo che per le mani e co'l sangue delli medesimi Francesi, li quali si dubitano che forsè, essendosi prevaluti di nostri subsidj, non lo recognosceranno colla debita gratitudine, benchè non si possa sospettar, al meno colle discordie intestine, si consumerà gran parte di loro è s'indebbolirà quella nacion feroce per se stessa : di maniera che vinza o perda l'uno o l'altro, haveremo un nimico di manco.

Non è da temere che gli Holandesi siano a far qualche cosa di quest'anno, et habbiamo un esercito potente in piedi, del quale si potranno in apparenza reformar alcuni tercj e lasciargli passar alla desfilata verso Monsieur, si come s'ha praticato a tutti tempi, e particolarmente durante la tregua, senza dismembrar le compagnie, ma solamente cangiando di comissione, nè perciò corressimo un minimo pericolo di rottura. Questo genero di soccorso, e quando pure ancora si desse passaggio alla deshilada a qualchè truppe di Monsieur per l'impresa di Calais o Sedan, non sarebbe ancora per contrapesar la minima parte delli aiuti che dà il re di Francia alli Holandesi, che permette si batti il tamburo in mezzo Paris, e non solo provvede ma spedisce e signa di sua mano le patenti de carichi et ufficj di quei reggimenti che mantiene a sue spese a lor servicio, commandati da marichialli, duchi e pari di Francia. Certo mi parerrebbe la maggior indignità e indicio di fiachezza di suffrir tal cosa senza ardire di servirsi alla pareglia d'una occasione così pia et honesta come il soccorso della suocera et cognato di Sua Ma.tà. Anzi mi rallegro di poter dare il parabien a V. E. per esser caduta, come dal cielo, nelle sue mani, questa materia così atta per dar lustro e splendore al suo governo, sperando ch'ella vorrà e potrà disporla di maniera che ne resultarà una gloria eterna al re nostro signore, e a V. E. fama immortale e merito immenso appresso tutti gli ben affetti verso questa monarquia.

In effetto la somma che si dimanda per mettere Monsieur a cavallo, compresi li ducento mille del marchese de Mirabel, monta a trecento mille scudi d'oro, di 12 reali l'uno : che non essendo la provision di due mesi per Fiandra, con questo se farà la prova. Che si succede bene l'impresa, alimentaràse stessa dentro le viscere del regno di Francia; et se forse Monsieur non havesse seguito che si credi, si havrà sodisfatto con questo poco, dal canto nostro. Ma quando fosse necessario di continuar il subsidio, al mio parer non si potrebbe impiegar meglio la hazienda real per sicurtà nostra che nel sustento delle guerre civili in quel regno, che per il manco non potrà in quel mentre dar assistenza alli nostri nemici in Fiandra et Alemania.

Il marchese de la Vieuvilla mi disse che il duca de Fritlandt haveva offerto il suo servicio a la regina, e credeva che venirebbe in persona con altri prencipi di Alemania, permettendo Sua Ma^{tà} Catto^{ca} che si facino delle levate nelli suoi Stati per servicio di Monsieur : che non mi par cosa di poca consideratione.

Il signor Gerbier fa gran offerte a Monsieur da parte del re suo signore : di maniera che verisimilmente il signor abate Scaglia arrivarà in buona congiuntura, che certo ha molto male instrutto in questa materia il suo amicissimo marchese di Santa Croce : ma credo, se stessero una hora insieme (se ben cognosco l'humor del uno e l'altro), lo tirarebbe facilmente nel suo parere. Che se V. E. pigliare, come spero e richiede l'honor suo, il corrente negocio a petto, bisognarà proveder subito subito il più necessario, come ho detto, e lasciar agire la serenissima infanta et il marchese d'Aytona secondo le occorrenze che si offriranno d'hora in hora, et che del altro canto il marchese di Santa Croce servi di riparo contra li Holandesi, ove, al parer mio, correrano poche faccende. Il prencipe d'Oranges favorisce ancora il partito di Monsieur di sotto mano, essendo lui irritato contra il cardinal per il tradimento della fortezza d'Oranges. Sarebbe cosa desiderabile che riuscendo bene il negocio, si facesse finalmente, a spese del cardinal, che tiene il mondo imbrogliato, una buona pace universale, colla interventione di Francia e Inghilterra, non solo in Fiandra, ma anco nella Germania, anzi per tutta la cristianità. Io spero che il signor Iddio l'habbia reservato a V. E., che per la sua pietà e santa divozione verso il servicio di Sua Divina Maestà et del re nostro signore, merita questa e maggior gloria d'esser l'unico stromento d'una si grande buon' opera.

Non posso traslaciar di dire a V. E. che il marchese de la Viovilla, esiliato come è, e confiscata la maggior parte delli suoi beni, contribuisce, per il sustento del negocio comune, 50,000 pistole : il qual mi disse, trattando seco d'ordine della regina e del marchese d'Aytona sopra la materia, anco con interventione di mons^r Monsigot, primo secretario di Stato di Monsieur, che se si trovasse colla comodità solita, no farebbe difficoltà d'assistere un amico con tal somma che si pretende per Monsieur : che me parve una voce molto generosa et che doverebbe incitar il maggior monarcha del mondo a far più di questo per il suo cognato e suocera, insieme per non lasciarsi vincere della magnanimità di un huomo privato. E perciò supplico V. E. sia servita di levar questo opprobio della sua generosissima nacion spagnuola, che se gli imputa a torto, per una inveterata opinione generalmente, ch'ella non si pò risolvere ad abbraciar promptamente l'occasioni, quando si presentano, ma che deliberando senza fine manda ben spesso *post bellum auxilium* : che non quadra colla celere fretezza, virtù propia di V. E.

Non penso che il marchese de Mirabel incitarà V. E., non so per qual gelosia, a far gran cosa per Monsieur, perchè, a dire il vero, questi signori francesi non ardiscono di communicarli le lor imprese secrete, con tutto ciò che lui facia instanza per saperlo, non perchè si diffidano della sua persona, ma della poca secretezza di qualche suo ministro, il quale non cognosco, nè voglio cargar alcuno, ma solo riferisco quello che mi viene detto da buona parte. È però vero che il marchese de Mirabel ordena si paghino a Monsieur 50,000 ducados, che pare tanto poco che si buttarà a perdere senza frutto alcuno; et al parer mio gli soccorsi si devono dare a proportione del bisogno, o lasciargli del tutto, per non perdere l'amico et il danaro in una volta. Io aspetto della generosità di V. E. delle gran resolucioni in questa congiuntura, benchè dura fatica di persuaderlo a questi signori, che non hanno considerato così d'appresso, come io, il genio heroico di V. E.

Con che humilmente mi raccommando nella gracia di V. E., et di verissimo cuore li baccio i piedi.

Pietro Paolo Rubens.

Mons en Haynault, 1° de agosto 1631.

Mi disse la regina, rengraciando Sua Alt* per gli regali ch'ella gli havera mandato, che certo furono gentilissimi et gratissimi a S. M., che il maggior regalo et il più caro sarebbe prompto soccorso al suo figliuolo, onde depende tutto il suo contento; che del resto si passaria leggiermente per la sua persona, servendo solo il favore e gracia secondo il bisogno prontamente in quel particolare. Mi disse voler mandar in Spagna persona espressa per jettarse a gli piedi di Sua Maestà, benchè la necessità sia tan pressante che la risposta sarà tarda per aspetarla prima del soccorso, havendo già il re di Francia gran truppe che marciano per opprimer Monsieur ancora imparato.

(Copie, aux Archives de Simancas, *Estado*, leg. 2045.)

XXIX

Lettre de Philippe IV à l'infante Isabelle.

Madrid, 23 août 1631.

(Voy. p. 227.)

—

Serenissima Señora,

Las cartas de los ministros dan alguna luz de los intentos del Monsieur y de la reyna madre en estos accidentes, y de los malcontentos de Francia que pareze seguirán su partido, y hablan (particularmente Rubens) en lo que conviene no perder esta ocasion para mortificar á Francia, apartar al cardenal de Richelieu de la mano y authoridad que tiene en el govierno, y poner á aquel rey en cuydado de su própria casa y en obligaciones de gasto que le diviertan y retiren de las assistencias que en Holanda y en Alemania da á nuestros enemigos, pudiendo nosotros juntamente dexar á la reyna madre y al Monsieur obligados y agradescidos para lo venidero. Yo no dudo que es muy bueno el zelo con que discurren en esto, ni que de mi parte ay razones que justifiquen el poder emprendello: pero, considerados los medios que el tiempo y la materia da de si, y el estado de nuestras cosas y de las de Francia, se vee quanto conviene entrar con pié fijo en qualquier designio.

Las relaciones por que Rubens se muebe, de que tambien se dexa llevar el marqués de Aytona, son de Franceses fáciles á movimientos y á palabras poco seguras. Pero quando fiemos dellos, he considerado que queriendo encarezer las assistencias que tendría el Monsieur, el que las refirió á Rubens llega á dezir que serían 15,000 infantes y 2,500 cavallos, todo gente francesa, sin señalar por quanto tiempo se la manterdrán; y si aun bien mantenida, se deshaze presto por su natural inquietud, ésta podría ser que, aun sin llegar á la plaza de armas, se deshiziesse en quatro dias; y el presupuesto de que el de Guisa y Pernon assistirán al Monsieur y Bullon le meterá en Sedan, no tiene mas seguridad que una relacion : con que vienen á ser flacos los fundamentos de todo. Y haviendo de ser mis assistencias de dinero effectivas y en cantidad tan considerable como cerca de 400,000 escudos en dos meses, no parezería buen acuerdo aventurarlos para solo irritar al rey de Francia y quedarnos en mayor embarazo y con verísimil impossibilidad ó difficultad grande de salir del empeño de la reyna madre ; y quando se quiera alentar lo possible el partido del Monsieur y se halle con un exército de 24,000 infantes y 6,000 cavallos, pagado por seis meses (de que no ay apariencia), devemos considerar al rey con sus regimientos viejos y de la guardia, y reforzado de nuevas recrutas, con las plazas por suyas cubiertas de su exército animado todo de su persona, y se hechará de ver que Monsieur puede obrar poco :

Porque, si quiere sitiar plazas, se deshará su exército y verisímilmente podrá socorrer el rey qualquiera que sitiare; si toma algun puesto, con ponerse el rey á la frente, se le hará inútil y le cortará los vivres; no teniendo Monsieur segundo exército, si se mete en una plaza, el rey le cerrará en ella, y sería perderse; dar una batalla será con fuerzas inferiores á las del rey en el número y calidad de la gente; empeñarse con esperanza de que los guardas del rey se passarán al Monsieur, sería mal acuerdo; creer que se moverá el de Guisa y Pernon ó otros es vano fundamento, porque la facilidad con que Franceses solían moverse contra su rey nacía de ver fuerte y seguro el cuerpo de los hugonotes, donde hallavan assistencia y acojimiento. Oy falta esto, y todos se contendrán; el de Guisa, segun dizen, no tiene mucha opinion en Francia; Pernon está acabado; Candala no es reputado por hombre de partes; el duque de la Valeta, se cree, es amigo grande del cardenal de la Valete, su hermano, y éste del cardenal de Richelieu con estrecheza. Y assí parezen flacos los fundamentos que mis ministros se proponen; y si se haze pié en ellos para empeños grandes, se aventura hazienda y reputacion con poca ó ninguna esperanza de buen successo.

Dixe á V. A. que en el partido del Monsieur no se podía hacer designio de cantonar la Francia, porque no querría de buena razon ver dividido el reyno en que espera ha de succeder. Parece que se antevió lo mismo que la reyna madre y sus ministros declaran ahora, pues excluyen el valerse del partido de los hugonotes y qualquier intento de restaurarle: en que se vee quan atentamente miran por los intereses y conveniencias del Monsieur, y que la reyna madre no pretende otra cosa que la ruina del cardenal.

No haviendo pues partido en Francia de subsistencia, ni fuerza considerable ni que pueda tener fines en beneficio de mi corona, ni aun mezclar mis conveniencias con las suyas, sino sólo apartar del lado del rey al cardenal de Richelieu, parece que se herraría si se assistiesse al Monsieur con lo que se me propone, y que no sería más que gastarlo vanamente, concitar el odio del rey, dar mayor cuerpo al enemigo; y inconvenientes désta natura dificultan los fines y el consuelo de la reyna madre y el acomodamiento de todo. Y si bien no se me propone rotura de corona á corona por la reyna (aunque el marqués de Aytona y el de Mirabel, no sin admiracion mia, inclinan á ello), no se puede negar que, siendo públicas, como lo havrían de ser necessariamente, mis assistencias de dinero al Monsieur, y estando él en campaña, se da ocasion al rey su hermano para que rompa conmigo, y si no lo hiziere oy, podrá mañana; y llegar á estos empeños sin fines grandes y medios proporcionados y seguros, no cabe en buen consejo.

Si, como avise á V. A. en mi despacho antecedente de 13 deste, se embarcassen el emperador, el rey de Ingalaterra, el duque de Saboya y el de Florencia, cada uno con designio proprio, y unidos á la satisfacion de la reyna madre, tomaría el negocio otro color y otra fuerza, porque estos príncipes meten reputacion en la barca, tienen intereses que pueden assentar, tienen sustancia y fondo para mantenerse, y una vez unidos, á su sombra y á su nombre se puede esperar que sigan movimientos grandes. Podría se entónzes formar liga con la reyna madre y con Monsieur, y el adherir yo con dinero hasta su reduccion á Francia no sería romper de corona á corona, ni áun quando (en caso de no poderse escusar) me obligára yo á la diversion que apunté por la Provenza. Pero sin la firmeza y ajustamiento destos medios parezc desacierto y en alguna manera indignidad embarcarme yo con casi 100,000 escudos el primer dia y con navíos de Dunquerque en el partido del duque de Bullon y de los otros embozados, que lo aparente y lo encubierto, quando lo creamos como lo figuran, no pueda ser bastante para assegurar los successos ni la reputacion.

Háme parezido dar parte á V. A. destas consideraciones que offreze la misma materia, y no dudo que allá se havrá pensado en ellas y en otras que puedan persuadir lo mismo que acá se entiende, para poder mis ministros decir á la reyna madre, por vía de consideracion, en primer lugar, quanto he estimado que me aya dado ocasion de assistirla y acudir á su consuelo, y que esto haré siempre con muy buena voluntad; que en quanto á su reducion á Francia ay dos medios: el uno, el de la tratacion, en que yo offrezco todo lo que puedo enteramente; el otro, el de la fuerza, y en esto desseo hazer quanto pudiere. Y porque no podrá ser lo necessario mientras durare la guerra de Flándes, no querría que S. M. Christianissima errasse el lanze, pues si se yerra una vez, queda intratable su reduccion y casi en desconfianza de conseguirse. Y advertidos los ministros de las razones y consideraciones que he apuntado, y de las que á ellos se les havrán offrezido, para juzgar que con los partidos que havía descubiertos, de que se me ha dado quenta hasta ahora, ningun empeño es conveniente ni seguro, podrán dezir á la reyna el que pareze lo será y tendrá fuerza para poder obrar cosa de consideracion en la forma que va referido, en que desde luego vendré de muy buena gana ; con que hechará de ver la reyna madre que no quiero escusar el gasto, sino gastar con utilidad y conveniencia suya, de manera que el obrar á priesa sin union y fuerza proporcionada, por lo ménos de dos exércitos, no estorve lo que, obrando prudentemente y con fundamentos seguros, se puede esperar en qualquier designio que la reyna madre se proponga.

Tambien se me offreze que se le podría dezir (anteponiendolo á todo en razon de conveniencia) que en caso de tener Monsieur (como se apunta en la carta de Rubens) modo para meterse en Calés ó en otra plaza semejante á quien no pueda quitarsele el socorro, yo lo apruebo y ayudaré á semejante hecho de muy buena gana ; y se le podrá offrezer lo que pareziere á caso executado. Y con esto los interesados podrían aminarse y cobrar reputacion todos los partidos de Francia ; y mientras se forma el de Monsieur y las negociaciones se dan la mano con él, causaría gran diversion á su hermano, y todo correría bien y podría disponerse con nervio y reputacion.

. . . .

De Madrid, á 23 de agosto 1631.

Yo el Rey.

(Original déchiffré, aux Archives du royaume, à Bruxelles :
Correspondance, t. XXIX, fol. 97.)

XXX

Lettre de Rubens à l'infante Isabelle.

Anvers, 11 mai 1632.

(Voy. p. 235.)

Serenissima Signora,

Un gentilhuomo del ducca di Buglion è venuto a trovarmi secretamente d'ordine del suo padrone; e dice che va a Brusselles per rimostrar a monsieur il ducca d'Orleans la necessità di fare, prima che possa in persona andar a Sedan, una levata de 1,200 huomini per obviar ad ogni novità che potrebbe causar nelli suoi vassalli la sua dichiaracione per Monsieur; e questo gentilhuomo va a far la sudetta levata nelli contorni di Sedan. Costui mi assicura che il ducca suo signore è portato appassionatamente al servicio di Monsieur, et che non mancharà di un sol punto di tutto quello che ha concertato col marques de Stissacq: ma desidera d'esser assicurato da Vostra Altezza de due cose. La prima, che il scritto della sua protettione (1) sia fatto di maniera che V. A. non solo prometta, a suo nome et del re di Spagna, di defendere e mantenerlo contra il re di Francia et ogni altro che vorrà offenderlo, in quanto che la sua causa sarà congiunta col partito di Monsieur, ma ancora che quando per qualque mal successo (che il signor Idio non voglia) o per qualsivoglia incidente o altra raggione, venisse a cessar questa congiunction del partito commune tra luy et Monsieur, V. A. lo deve assicurar che perciò non sarà da V. A. nè del re nostro S⁺

---

(1) A la marge : « Che V. A. ha promesso di farli signato della sua
« mano. »

abbandonnato, ansi mantenuto, etc., come di sopra. L'altro punto è che il ducca di Buglion, sapendo che tutto quello che il marques de Stissacq (1) gli ha promesso a nome di Monsieur deve venir dalle mani di V. A., desidera parimente d'essere assicurato che haverà effetto et che Monsieur sia in stato di mantenerlo (2). E sopra tutto, si come il ducca si obliga a comparire in persona e servire Monsieur a Sedan, o personalmente nel suo essercito, nel punto che si ha da far l'executione della sua impresa, così non gli staria bene nel suo particolare, ne per il servicio del partito, di venir prima e scuoprirsi mal a proposito inanzi tempo. Perciò desidera d'essere informato certamente se Monsieur è in procinto è pronto, et gli nostri soccorsi in ordine per marciar, o se passarà ancora qualque poco di tempo inanzi (3) che si possa montar a cavallo, et per quando precisamente si potrebbe limitar il giorno per non venire troppo presto nè tardo.

Questa è la supplica del ducca di Buglione, sopra la quale desidera di haver quanto prima risposta per il mio mezzo. E non ostante che quel gentilhuomo trattarà a Brusselles con quei signori francesi fra tanto, la resolucione del ducca depende da quello ch'io farò gli sapere da parte di V. A. Ma che sia con secretezza, et che queste sue domande non venghino alla notitia di Francesi, che potria causar di gran inconvenienti (4).

(1) En marge : « Come V. A. averà visto nella lista che portò il
« Stissacq d'Ollanda. »

(2) En marge : « Questo non s'entende delle cose che dependono
« di Monsieur solo. »

(3) En marge : « Il ducca vorrebbe ancora qualque poco di tempo
« inanzi di dichiararsi per richiamar il vicomte di Tourayne, suo
« fratello, che si trova alla corte di Francia e correrebbe rischio
« d'esser posto alla Bastiglia, no salvandosi prima. »

(4) En marge : « Se V. A. incargarà al signor marques de Aytona
« di farmi la risposta, la supplico sia servita di raccommandar la
« prestezza, perchè questo gentilhuomo tornarà a trovarmi fra tre o
« quattro giorni. »

Con che finisco et humilmente mi raccommando nella buona gracia di V. A., e con ogni devocione le bacio y piedi.

Di Vostra Altezza Serenissima

Humilissimo e devotissimo servitore,

PIETRO PAULO RUBENS.

D'Anversa, il xi di maggio l'anno 1632.

(Original autographe, aux Archives du royaume, à Bruxelles.)

XXXI

Lettre de l'évêque de Gand, Antoine Triest, au secrétaire d'État Martin de Axpe.

Bruxelles, 11 août 1635.

(Voy. p. 258.)

Señor mio,

Yo recibí la carta de V. S. de 3 deste mes á 7, y luégo dí parte della al S.r Rubens, el qual se irá disponiendo á su voiage de Hollanda para ber las pinturas y curiosidades, segun que he escrito per my carta de 28 de julio, y tratará con la prudencia, circumspection y buena menageria, el concierto de la mejor pieça que sabe V. S. Pero será menester que S. A. R. sea servido de haz r despachar un passeporte por él y su criado ó camerada sin haser mention en ello del nombre de rebeldes. Yo sé que el presidente hará difficultad : pero V. S. lo podrá haser con la firma de S. A. R. y sello ó del S.r marqués d'Aytona. El dicho Rubens dessea que tambien sea antedatado d'un mes ó tres semanas por consideraciones buenas y útiles.

. . . .

Brucelas, 11 de agosto 1635.

Ant. Obispo de Gante.

(Original autographe, aux Archives du royaume, à Bruxelles.)

XXXII

Lettre écrite au doge de Venise par Francesco Michiel, ambassadeur de la république auprès des états généraux des Provinces-Unies.

La Haye, 18 octobre 1635.

(Voy. p. 259.)

—

. . . .

I stati generali che qui s'attrovano sono chiamati all' armata.... Alcuni credono per la neutralità di Brandemburgh; altri per consigliare di attacar il cardinale... Altri stimano per parlar delle tregue, grandissime dispositioni riconoscendosi ne' Spagnuoli. In ordine di che ben merita gran riflesso supplica presentata al conseglio di Stato, a nome di Rubens, pitore celebre d'Anversa, per venir egli con due suoi figliuoli in queste provincie, per passar poi in Inghilterra con piture, a fine d'haver più facile et più sicuro il viaggio da questa parte. Il conseglio di Stato ha mandato la supplica all' assanblea generale, la quale l'ha trasmessa a quella d'Holanda. Questo tale è pieno d'artificj, molto atto a trattar negocj, ed in altre occasioni ben gravi da Spagnoli impiegato. Ogn' uno crede che egli venghi più per metter sopra il tapetto il negocio delle tregue, poichè i primi tocchi nè l'ultimi maneggi dallo stesso furono fatti. Così dichiaratosi il segretario di Francia che la venuta di costui non potrebbe che dar gran gelosie al re suo padrone, con sconcerto de gl'affari, fa meraviglie acciò negatosi sij il passaporto.... Anchè si dubbita che fatta la propositione delle tregue, passi egli in Inghilterra per trattare del Palatinato, come per altre occorrenze, già pochi anni, ben importanti, fù egli a quella corte spedito. Quelli d'Holanda hanno fatto consulte e dispute longhissime, senz' essersi per anchè risoluti. . . .

Haya, á 18 ottobre 1635.

(Original, aux Archives royales d'État, à Venise.)

XXXIII

Mandement de don Francisco de Mello, gouverneur général des Pays-Bas, à la chambre des comptes de Flandre, pour le payement à la veuve de Rubens des gages de son mari comme peintre de l'hôtel de l'infant don Ferdinand (1).

(Voy. p. 262.)

Président et gens de la chambre des comptes du roy, à Lille, nous vous ordonnons de passer et allouer, en la despence des comptes et rabattre des deniers de la recepte de mess^e Ambroise Van Oncle, chevalier, conseillier et receveur général des domaines et finances de Sa Majesté, la somme de dix-neuf cens septante-neuf livres trois solz quatre deniers, du pris de quarante gros, monnoye de Flandres, la livre, à quoy monte une lettre de descharge, datée du dernier de juillet XVIe quarante-

(1) Ce mandement fut expédié à la suite d'une requête de la veuve de Rubens, Hélène Fourment, ainsi conçue :

« La vefve de feu le secrétaire Pierre-Paul Rubbens supplie très-humblement messeigneurs des finances du roy de faire changer la lettre de descharge de 1,979 livres 3 sols 4 deniers cy-jointe (levée, par ordre de Vos Seigneuries Illustrissimes, sur Bauduin Bleyleven,

ung, levée sur Bauduin Blyleven, conseillier et receveur général de Brabant au quartier de Louvain, faisant mention en deniers payez à la vefve et héritiers de feu le secrétaire Pierre-Paul Rubbens, pour semblable somme à quoy montent quatre années moins quinze jours de gaiges dudit défunct de PEINTRE DE L'HOSTEL DE SON ALTÉZE, à l'advenant de cincq cens pareilles livres par an, commencées le treiziesme de juing XVIe trente-six, jour qu'il at presté son serment, et finies le xxviiie de may XVIe quarante, JOUR DE SON TRESPAS. Et comme ladicte lettre de descharge n'a sorty effect, Son Excellence at ordonné audict receveur général des finances de la reprendre et la porter ès mises de ses estatz et comptes comme deniers comptez et non receuz, et au lieu d'icelle dépescher aultre nouvelle sur Pierre Vanden Plas, receveur des licentes à Gand, en rapportant avecq ceste ladicte vielle lettre de descharge originelle tant seulement.

Faict à Bruxelles, le xiiie de janvier XVIe quarante-trois.

Don FRANCISCO DE MELLO,
Mis DE TORDELAGUNA.
COMTE DE NOYELLE. J. B. MAES. J. VANDER BEKEN.

(Archives du royaume, à Bruxelles: Acquits de la recette générale des finances, carton des années 1643 et 1644.)

conseiller et receveur général de Brabant au quartier de Louvain, pour les quatre dernières années, moins quinze jours, de gages dudict feu secrétaire Rubbens comme peintre de l'infant cardinal) sur le receveur des licentes à Gand, Pierre Vanden Plas, attendu qu'elle n'a sceu consuivre aucun payement dudict receveur général nonobstant tous debvoirs possibles rendus à cest effect l'espace d'environ dix-huit mois. »

FIN DES APPENDICES.

TABLE DES MATIÈRES.

CHAPITRE PREMIER.

Retour de Rubens à Anvers, après neuf années d'absence. — Son portrait à cette époque. — Il est nommé, par les archiducs Albert et Isabelle, peintre de leur hôtel. — Il épouse Isabelle Brandt. — Bienveillance que les archiducs lui témoignent. — L'infante lui assigne un traitement mensuel à la citadelle d'Anvers, dont le chiffre est augmenté par Philippe IV. — Il sollicite des lettres de noblesse; rapport que fait au roi, sur sa requête, le président du conseil de Flandre à Madrid. — Les lettres lui sont octroyées. — L'infante l'admet au nombre de ses gentilshommes. — Comment il vient à s'entremettre des affaires publiques. — Expiration de la trêve conclue avec les Provinces-Unies. — Conseils tenus à ce sujet à Madrid et à Bruxelles. — Communications faites à l'archiduc Albert, par le sieur de Villebon et la dame de T'Serclaes, sur les dispositions favorables de Maurice de Nassau. — Albert envoie à la Haye le chancelier Pecquius, pour proposer aux états généraux de reconnaître l'autorité du roi d'Espagne. — Refus énergique des états; blâme infligé par le prince d'Orange à la mission du chancelier. — Déception des archiducs. — La dame de T'Serclaes explique la conduite du prince et continue ses démarches pour le renouvellement de la trêve. — Autres personnes qui s'y emploient. — Rubens est du nombre de celles-ci; lettre qu'il écrit au chancelier Pecquius. — Lettre que le chancelier lui adresse. — Attention qu'éveille, à l'ambassade de France, son intervention dans cette affaire. — Point auquel en était la négociation lorsque Rubens part pour Paris. — Il écrit de cette capitale à l'infante Isabelle au sujet d'une commission dont il suppose que le duc de Neubourg est chargé par le roi d'Espagne à la cour de France, lui parle du sieur de Bie, des favoris de Louis XIII, etc. — Les négociations entamées avec Maurice de Nassau cessent par la mort de ce prince. — La part qu'y a prise Rubens contribue à développer son penchant pour la politique. (Pag. 1 à 37.)

CHAPITRE DEUXIÈME.

Relations entre l'Espagne et l'Angleterre. — Paix de 1604. — Projet de mariage du prince de Galles avec l'infante doña María. — Voyage du prince à Madrid ; accueil qu'il y reçoit. — Buckingham se brouille avec Olivares. — Le prince retourne en Angleterre et persuade à son père de renoncer au mariage d'Espagne. — Le parlement, consulté, vote dans ce sens. — Le roi Jacques renvoie de sa cour les ambassadeurs de Philippe IV. — Il fait passer des secours aux Provinces-Unies. — Sa mort. — Charles Ier forme une ligue contre la maison d'Autriche et le roi d'Espagne. — Il envoie des troupes en Allemagne et une flotte contre Cadix. — Mauvais succès des unes et de l'autre. — Philippe IV use de représailles. — Charles Ier cherche à se rapprocher de l'Espagne. — Relations de Rubens avec Gerbier. — Ouvertures que Buckingham lui fait faire par celui-ci. — Venue de Gerbier à Bruxelles. — Lettre qu'il remet et proposition qu'il présente à Rubens de la part du premier ministre d'Angleterre. — Réponse qu'y fait Rubens. — Nouvelle communication qu'il reçoit de Buckingham. — Arrivée à Bruxelles de l'abbé Scaglia, ambassadeur de Savoie. — Audience que lui donne l'infante. — Ce qu'il dit à Rubens touchant les dispositions mutuelles de la France et de l'Angleterre. — Philippe IV approuve ce que l'infante a fait répondre à Buckingham. — Il lui envoie des pouvoirs pour traiter avec l'Angleterre et les Provinces-Unies. — Il lui recommande de n'écouter aucune proposition de l'abbé Scaglia. — Il lui témoigne son déplaisir qu'un homme de si peu de consistance qu'un peintre ait été employé en de semblables affaires. — L'infante justifie auprès du roi l'intervention de Rubens. — Scaglia quitte Bruxelles. (Pag. 38 à 56.)

CHAPITRE TROISIÈME.

Désir ardent de Rubens de voir aboutir à un résultat la négociation entamée avec Gerbier. — Apprenant que celui-ci doit être envoyé à la Haye, il le prie de lui procurer un passe-port pour qu'il puisse s'y rendre également. — Le passe-port lui est transmis. — Il va à Breda et propose à Gerbier une conférence à Zevenbergen. — Étonnement que cause à Gerbier cette proposition. — Il la décline et dit pourquoi. — Rubens alors part pour la Hollande. — Sensation que sa présence y cause dans le monde politique. — Communications insignifiantes qu'il fait à Gerbier. — Impatience de celui-ci. — Il écrit à Rubens une lettre pressante pour avoir réponse aux propositions du duc de Buckingham. — Arrivée à Bruxelles de don Diego Messia, marquis de Leganes. — Ligue de l'Espagne et de la France contre l'Angleterre. — Rubens fait à Gerbier une réponse qui lui est dictée par les ministres. — Mécontentement que lui cause la politique espagnole. — Il s'excuse auprès du duc de Buckingham. — Gerbier retourne à Londres.
(Pag. 57 à 69.)

CHAPITRE QUATRIÈME.

Situation peu brillante des affaires de l'Angleterre. — Échec de Buckingham devant l'île de Ré. — Il tente de nouveau un rapprochement avec la cour de Madrid. — Lettres de Gerbier et de Scaglia à Rubens, qui en rend compte à Spinola. — Réponse de ce ministre. — Visite que reçoit Rubens du résident du roi de Danemark à la Haye, Josias de Vosberghen. — Il informe l'infante Isabelle de l'entretien qu'il a eu avec lui. — Il accompagne Vosberghen à Bruxelles et est son intermédiaire auprès de l'infante. — Les ouvertures de ce diplomate restent sans suite, n'ayant pas été jugées sérieuses à Madrid. — Lettres de Rubens à Spinola où il l'instruit de nouvelles communications qui lui ont été faites par Gerbier. — Assurances qu'il donne à celui-ci des bonnes intentions de l'infante. — Philippe IV demande que toutes les lettres reçues par Rubens lui soient envoyées. — Rubens offre de les porter lui-même à Madrid. — Témoignage que l'infante rend de sa sincérité. — Arrivée du comte de Carlisle à Anvers; ses entrevues avec Rubens. — Sa réception par l'infante. — Philippe IV consulte la junte d'État sur l'offre de Rubens. — La junte est d'avis de l'accepter. — Philippe écrit en conséquence à l'infante. — Isabelle annonce au roi le prochain départ de Rubens pour Madrid.   (Pag. 70 à 93.)

CHAPITRE CINQUIÈME.

Rubens traverse la France. — Il va voir le siége de la Rochelle. — Il arrive à Madrid. — Curiosité que sa présence excite parmi les diplomates étrangers. — Ce qu'écrivent à ce sujet le nonce et l'ambassadeur de Venise. — Arrivée à Bruxelles de Scaglia, Gerbier et Porter. — Changement survenu dans les relations entre l'Espagne et la Savoie. — Communications de Scaglia à l'infante Isabelle sur les sentiments du gouvernement anglais. — Confidence que l'infante reçoit de Gerbier. — Elle rend compte au roi de tout ce qu'elle a appris. — Scaglia et Gerbier partent pour Turin, Porter pour Madrid. — Olivares consulte la junte d'État sur la question des négociations avec l'Angleterre. — La junte fait appeler Rubens. — Assassinat de Buckingham. — Instruction que Philippe IV donne à l'infante. — Correspondance entre don Cárlos Coloma et les ministres anglais Weston et Cottington. — Occupations artistiques de Rubens à Madrid. — Arrivée dans cette cour de l'abbé Scaglia; il presse les négociations avec l'Angleterre. — Communication importante du grand trésorier Weston. — Olivares prend la résolution d'envoyer Rubens à Londres. —

Instruction qu'il lui donne. — Dépêches de Philippe IV à l'infante Isabelle. — Le roi nomme Rubens secrétaire du conseil privé et lui fait présent d'une bague. — Celui-ci quitte Madrid.

(Pag. 94 à 117.)

CHAPITRE SIXIÈME.

Rubens traverse de nouveau la France. — Son arrivée à Bruxelles et sa réception par l'infante. — Paix entre la France et l'Angleterre. — Isabelle presse le départ de Rubens pour Londres. — Instruction qu'elle lui donne. — Impression favorable que produit sur la cour d'Angleterre le choix de sa personne. — Il s'embarque à Dunkerque. — Accueil gracieux que lui fait le roi Charles. — Premier entretien avec ce monarque sur l'objet de sa mission. — Il va voir les principaux ministres. — Jalousie et remontrances des ambassadeurs de Venise et de Hollande; réponse du roi au premier. — Deuxième audience donnée par Charles à Rubens. — Commissaires qu'il nomme pour négocier avec lui. — Ouverture des conférences. — Dépêche de Rubens au comte-duc d'Olivares sur l'état de sa négociation. — Autre dépêche sur la prochaine arrivée de l'ambassadeur de France, les partis qu'il y a à la cour d'Angleterre, l'affaire du duc de Soubise, la venue à Londres d'un gentilhomme du duc de Savoie, la proposition faite par le marquis de Ville. — Troisième dépêche sur des objections que les offres du roi Charles rencontrent de la part de ses ministres. — Danger que court Rubens dans une partie de plaisir sur la Tamise. — Quatrième dépêche où il exprime le désir d'aller rendre compte à l'infante Isabelle de ce qu'il a négocié, et annonce que le roi a nommé Cottington son ambassadeur en Espagne. — Intérêt que ces dépêches excitent à Madrid; le cabinet espagnol en envoie copie à la cour impériale. — Philippe IV veut que Rubens ne quitte pas Londres; il désigne don Cárlos Coloma pour être son ambassadeur en Angleterre. — Nouvelle audience donnée par le roi à Rubens. — Entrée à Londres de l'ambassadeur français Châteauneuf. — Sa réception par le roi et la reine. — Proposition qu'il fait. — Commissaires chargés de négocier avec lui. — Rubens demande au roi un écrit qui contienne ce qu'il lui a déclaré de bouche; il l'obtient. — Arrivée à Londres d'un émissaire de Richelieu, chargé de faire des ouvertures hostiles à l'Espagne. — Remarques de Rubens sur la cour d'Angleterre. — Lettre qu'il reçoit du comte-duc d'Olivares et dont il est blessé; réponse qu'il y fait. (Pag. 118 à 154.)

CHAPITRE SEPTIÈME.

Satisfaction qu'on a de Rubens à Madrid. — Témoignages avantageux que rendent de sa personne et de sa conduite les ministres anglais et l'ambassadeur d'Espagne à Paris. — Éloge que fait de lui la junte d'État. — Remercîments qu'Olivares lui adresse. — Il notifie au roi Charles et à ses ministres la nomination de Coloma. — Explication qu'il a avec Weston et Cottington. — Fête donnée en son honneur par le chancelier de l'échiquier. — Démarches des ambassadeurs de France, de Hollande et de Venise pour empêcher ou faire avorter l'ambassade de Cottington. — Réflexions de Rubens à ce sujet. — Il informe la cour de Madrid d'une intrigue diplomatique ourdie, à son détriment, par la Savoie. — Il l'instruit aussi de l'idée, qui avait été conçue, d'adjoindre à Cottington, en Espagne, une personne titrée et un docteur. — Il remercie Olivares de la permission de retourner aux Pays-Bas après l'arrivée de Coloma. — Il remet au secrétaire Barozzi des lettres de recommandation auprès de l'infante Isabelle. — Ce qu'il dit des sentiments et du caractère de Charles Ier à propos d'une demande de l'abbé Scaglia. — Mécontentement que lui témoignent les ministres du silence gardé par la cour d'Espagne. — Il s'en explique avec le roi, à qui il donne toute satisfaction. — Désir sincère de ce monarque de s'entendre avec l'Espagne. — Rubens informe en détail Olivares des sentiments et des dispositions personnels de Cottington. — Il combat les menées de l'ambassadeur de France; portrait qu'il fait de celui-ci. — Impression pénible que produit sur le roi et sur ses ministres la reddition de Bois-le-Duc. — Olivares communique à la junte d'État la correspondance de Rubens des mois d'août et de septembre. — La junte loue l'habileté du peintre diplomate et propose que de nouveaux remerciments lui soient adressés. — Il va à Cambridge, où il est proclamé *magister in artibus*. — Départ de Cottington pour l'Espagne. — Les ministres anglais s'étonnent que Coloma n'arrive pas à Londres; ils font des reproches à Rubens, qui exprime à l'infante le déplaisir qu'il en ressent. — Causes du retard que subit le départ de Coloma. — Isabelle annonce à Rubens qu'il sera, le 20 décembre, à Dunkerque. — Cette nouvelle ranime son zèle. — Il écrit à Olivares qu'il se dispose à retourner aux Pays-Bas. — L'infante, nonobstant les observations du conseil des finances, lui fait payer le prix des peintures qu'il a portées en Espagne. — Arrivée de Coloma à Douvres. — Son entrée à Londres. — Rubens est retenu par l'ambassadeur pendant six semaines encore. — Il peut enfin aller prendre congé du roi et de la reine. — Charles le crée chevalier, lui fait de riches présents et lui donne des armoiries empruntées à son propre blason. — Avant son départ de Londres il visite l'ambassadeur des Provinces-Unies. — Absence de renseignements sur les particularités de son retour aux Pays-Bas. — Isabelle nomme son fils Albert secrétaire du conseil privé. — Elle ordonne que lui-même reçoive son traitement à partir du jour de sa nomination, quoiqu'il n'ait prêté serment que longtemps après.

(Pag. 155 à 191.)

CHAPITRE HUITIÈME.

Arrivée de Cottington à Madrid. — Plénipotentiaires nommés par Philippe IV pour négocier avec lui. — Conclusion de la paix. — Écrit particulier concernant les prétentions du comte palatin. — Publication du traité; joie de la nation anglaise. — Délibération du conseil d'État sur le choix de celui qui, en attendant la nomination de l'ambassadeur, sera chargé des fonctions de résident à Londres : Juan de Necolalde, Rubens, Jean-Baptiste Van Male. — Necolalde est préféré et nommé par le roi. — Rubens ambitionnait-il d'être ministre à Londres? Aucun document connu n'autorise à le croire. — L'infante Isabelle, ayant besoin de Necolalde, envoie en Angleterre Henri Taylor. — Philippe IV n'en est

pas satisfait ; il ordonne à l'infante de faire partir pour Londres Necolalde et d'y envoyer aussi Rubens. — Objections faites par celui-ci. — Son mariage avec Hélène Fourment. — Taylor demeure agent de l'infante à la cour d'Angleterre, qui accrédite auprès d'elle Gerbier en la même qualité. — Requête de Rubens à Philippe IV pour être fait chevalier. — Rapport du conseil suprême de Flandre sur cette requête, qui est accueillie favorablement par le roi.
(Pag. 192 à 201.)

CHAPITRE NEUVIÈME.

Marie de Médicis se brouille avec le cardinal de Richelieu. — Louis XIII la relègue à Compiègne. — Le duc d'Orléans se retire en Franche-Comté. — Impression que ces événements produisent sur Rubens. — Démarches des ducs d'Orléans et de Lorraine auprès de l'infante Isabelle. — Ils envoient à Bruxelles le commandeur de Valençay ; Rubens est chargé de négocier avec celui-ci. — Marie de Médicis s'enfuit de Compiègne, et se réfugie à Avesnes. — L'infante la fait complimenter, d'abord par le prince d'Épinoy, et ensuite par le marquis d'Aytona. — La reine choisit, pour traiter en son nom avec les ministres du roi d'Espagne, le marquis de la Vieuville. — Rubens est désigné par le marquis d'Aytona pour le représenter auprès de la reine. — Marie de Médicis vient à Mons. — Lettre de Rubens au comte-duc d'Olivarès sur les affaires de France et sur le parti que l'Espagne pourrait tirer des dissensions de ce pays. — Ses idées sont appuyées par les marquis d'Aytona et de Mirabel. — Elles sont combattues par le conseil d'État de Madrid, et n'ont pas l'approbation du roi. — Lettre que Philippe IV écrit à ce sujet à l'infante Isabelle. — Marie de Médicis quitte Mons et arrive à Bruxelles. — Rubens continue d'être l'intermédiaire de la reine et des ministres espagnols. — Il tient le comte-duc d'Olivarès informé de tout ce qui se passe parmi les réfugiés français. — Il fait un voyage secret à la Haye. — Il obtient l'autorisation de retourner chez lui, et est remplacé auprès de la reine mère par l'abbé Scaglia. — Il reçoit la visite d'un gentilhomme du duc de Bouillon chargé de l'entretenir d'une affaire importante : lettre qu'il écrit à ce sujet à l'infante Isabelle.   (Pag. 202 à 238.)

CHAPITRE DIXIÈME.

Guerre entre l'Espagne et les Provinces-Unies. — Perte de Wesel et de Bois-le-Duc. — Siége de Maestricht par Frédéric-Henri. — L'infante Isabelle charge Rubens de négocier avec les Hollandais. — Il se rend à cet effet à Liége et au camp du prince d'Orange. — Convocation à Bruxelles des états généraux. — Ils nomment des députés pour aller traiter à la Haye. — Ils demandent à l'infante copie de l'instruction qu'elle a donnée à Rubens. — Lettre de celui-ci au prince d'Orange pour avoir un passe-port, qui lui est envoyé. — Mécontentement que les états généraux ressentent de cette démarche. — Ils s'en plaignent à l'infante. — Explication qu'elle leur donne. — Lettre de Rubens au duc d'Arschot. — Réponse du duc. — Les états prennent fait et cause pour ce dernier. — Rubens n'en persiste pas moins à vouloir aller à la Haye. — Lettre piquante qu'il s'attire de la part de d'Arschot. — Nouvelles plaintes des états contre lui. — L'infante le justifie une seconde fois. — Mort d'Isabelle. — Rupture des négociations entre les états belges et hollandais. — Traité de partage des Pays-Bas espagnols conclu entre la France et les Provinces-Unies. — Premiers succès de leurs armes. — Revers dont ils sont suivis. — Le cardinal infant don Ferdinand prend Limbourg et le fort de Schenck. — Découragement des Hollandais. — L'évêque de Gand, Antoine Triest, propose d'en profiter pour renouer les négociations de paix. — Il confère là-dessus avec Rubens, qui offre de se rendre en Hollande. — Son offre est acceptée par le cardinal infant. — Il fait ses apprêts de voyage et demande un passe-port aux états généraux. — Opposition des envoyés de France et de Venise à cette demande. — Le passe-port est refusé. — Fin de la carrière politique de Rubens : lettre qu'il écrit à Peiresc. — Il est nommé par le cardinal infant peintre de son hôtel. — Il reçoit la visite de ce prince à Anvers. — Sa mort.

(Pag. 239 à 263.)

APPENDICES.

Pages.

I. Ordonnance de l'infante Isabelle qui assigne à Rubens dix écus d'entretien par mois au château d'Anvers. Bruxelles, 30 septembre 1623.   265

II. Rapport de l'évêque de Ségovie, président du conseil suprême de Flandre à Madrid, au roi Philippe IV, sur la requête de Rubens tendante à obtenir des lettres de noblesse. Madrid, 29 janvier 1624.   266

III. Lettre de Rubens au chancelier Pecquius. Anvers, 30 septembre 1623.   267

IV. Lettre de Rubens à l'infante Isabelle. Paris, 15 mars 1625.   270

V. Lettre d'Ambroise Spinola à Rubens. Bruxelles, 21 décembre 1627.   276

VI. Lettre de Rubens à l'infante Isabelle. Anvers, 26 janvier 1628.   277

VII. Lettre de Rubens à Ambroise Spinola. Bruxelles, 30 mars 1628.   280

VIII. Lettre de Rubens à Ambroise Spinola. Sans date (30 mars 1628?).   282

IX. Lettre de l'infante Isabelle à Philippe IV. Bruxelles, 31 mai 1628.   285

X. Lettre de l'infante Isabelle à Philippe IV. Bruxelles, 7 juin 1628.   286

XI. Lettre de Philippe IV à l'infante Isabelle. Madrid, 6 juillet 1628.   288

XII. Lettre de l'infante Isabelle à Philippe IV. Bruxelles, 6 septembre 1628.   289

XIII. Lettre de Philippe IV à l'infante Isabelle. Madrid, 27 avril 1629.   292

XIV. Lettre de Philippe IV à l'infante Isabelle. Madrid, 27 avril 1629.   293

XV. Lettre de l'infante Isabelle à Philippe IV. Bruxelles, 17 mai 1629.   294

XVI. Lettre du secrétaire Barozzi, envoyé de Savoie à Londres, au duc Charles-Emmanuel. Londres, 6 juin 1629.   295

XVII. Première lettre de Rubens au comte-duc d'Olivarès. Londres, 30 juin 1629.   297

XVIII. Deuxième lettre de Rubens au comte-duc d'Olivarès. Londres, 30 juin 1629.   301

	Pages.
XIX. Troisième lettre de Rubens au comte-duc d'Olivares. Londres, 30 juin 1629.	305
XX. Quatrième lettre de Rubens au comte-duc d'Olivares. Londres, 2 juillet 1629.	307
XXI. Ecrit remis à Rubens par le grand trésorier d'Angleterre, Richard Weston. Londres, 13 juillet 1629.	309
XXII. Lettre de Rubens au comte-duc d'Olivares. Londres, 14 décembre 1629.	311
XXIII. Lettre écrite aux états généraux des Provinces-Unies par Albert Joachimi, leur ambassadeur en Angleterre. Chelsea, 5 mars 1630.	312
XXIV. Lettre de Philippe IV à l'infante Isabelle. Madrid, 6 avril 1631.	315
XXV. Consulte du Conseil suprême de Flandre, adressée à Philippe IV, sur la requête de Rubens tendante à obtenir le titre de chevalier. Madrid, 16 juillet 1631.	316
XXVI. Lettre de Rubens à M. de Valavez. Anvers, 27 mars 1631.	317
XXVII. Lettre écrite à Philippe IV par don Francisco Moncada, marquis d'Aytona, son ambassadeur extraordinaire aux Pays-Bas, sur la retraite de Marie de Médicis dans ces provinces. Mons, 30 juillet 1631.	319
XXVIII. Lettre de Rubens au comte-duc d'Olivares. Mons, 1ᵉʳ août 1631.	324
XXIX. Lettre de Philippe IV à l'infante Isabelle. Madrid, 23 août 1631.	334
XXX. Lettre de Rubens à l'infante Isabelle. Anvers, 11 mai 1632.	339
XXXI. Lettre de l'évêque de Gand, Antoine Triest, au secrétaire d'État Martin de Axpe. Bruxelles, 11 août 1635.	341
XXXII. Lettre écrite au doge de Venise par Francesco Michiel, ambassadeur de la république auprès des états généraux des Provinces-Unies. La Haye, 18 octobre 1635.	342
XXXIII. Mandement de don Francisco de Mello, gouverneur général des Pays-Bas, à la chambre des comptes de Flandre, pour le payement à la veuve de Rubens des gages de son mari comme peintre de l'hôtel de l'infant don Ferdinand.	343

FIN DE LA TABLE DES MATIÈRES.

www.ingramcontent.com/pod-product-compliance
Lightning Source LLC
Chambersburg PA
CBHW070451170426
43201CB00010B/1298